作者简介

陶鹏飞

毕业于北京交通大学土木工程专业,高级工程师,管理学硕士,一级注册建造师(铁路工程专业、水利水电工程专业)。现任职于中铁(广州)投资发展有限公司,广州市南沙区专家库成员,从事轨道交通工程27年,完成工程项目10余项,其中深圳市轨道交通11号线工程荣获"2018—2019年度中国建设工程鲁班奖""第十七届中国土木工程詹天佑奖"。公开发表本专业论文2篇,获得1项发明及实用新型专利。

卢 进

毕业于华中科技大学工程管理专业,高级工程师。现任职于中铁建工集团有限公司,从事工民建及轨道交通工程21年,完成工程项目10余项,其中江苏省妇幼保健院住院综合楼项目荣获"2020—2021年度国家优质工程奖"。公开发表本专业论文2篇,获得2项发明及实用新型专利。

魏晨亮

毕业于华东交通大学土木工程专业,中铁(广州)投资发展有限公司高级工程师,专业方向为市政工程。主要从事市政轨道工程建设技术管理工作。公开发表本专业核心及EI等论文5篇,获得6项发明及实用新型专利,获得省部及厅级科研奖2项。

赵先锋

毕业于西华大学土木工程专业,高级工程师。现任职于中铁六局集团有限公司,曾从事广州地铁28号线延长线、深圳地铁5号线、北京地铁6号线二期等项目的管理工作。出版专业著作1部,公开发表专业核心及EI等论文2篇,获得5项发明及实用新型专利,获得国家、省部及厅级科研奖3项。

何　列

毕业于山东科技大学交通工程专业,高级工程师,现任职于中铁隧道局集团有限公司,广州盾构研究所专家成员,专业方向为市政工程。已完成轨道交通等市政项目9个,公开发表专业论文4篇,获得9项发明及实用新型专利。

王阿龙

毕业于石家庄铁道大学交通工程专业,高级工程师,一级注册建造师,现任职于中铁隧道局集团有限公司,专业方向为市政工程。已完成轨道交通等市政项目5个,公开发表本专业论文2篇,获得10项发明及实用新型专利。

工程建设理论与实践丛书

DITIE TUJIAN GONGCHENG
SHIGONG JISHU YU ANQUAN GUANLI

地铁土建工程
施工技术与安全管理

陶鹏飞 卢进 魏晨亮 赵先锋 何列 王阿龙 主编

华中科技大学出版社
http://press.hust.edu.cn
中国·武汉

图书在版编目(CIP)数据

地铁土建工程施工技术与安全管理/陶鹏飞等主编.—武汉:华中科技大学出版社,2023.3
ISBN 978-7-5680-9189-3

Ⅰ.①地… Ⅱ.①陶… Ⅲ.①地下铁道-铁路施工-安全管理 Ⅳ.①U231

中国国家版本馆CIP数据核字(2023)第026725号

地铁土建工程施工技术与安全管理
Ditie Tujian Gongcheng Shigong Jishu yu Anquan Guanli

陶鹏飞　卢　进　魏晨亮
赵先锋　何　列　王阿龙　主编

策划编辑：周永华
责任编辑：周怡露
封面设计：王　娜
责任监印：朱　玢
出版发行：华中科技大学出版社(中国·武汉)　　电话：(027)81321913
　　　　　武汉市东湖新技术开发区华工科技园　　邮编：430223
录　　排：华中科技大学惠友文印中心
印　　刷：武汉科源印刷设计有限公司
开　　本：710mm×1000mm　1/16
印　　张：19.75　插页:1
字　　数：365千字
版　　次：2023年3月第1版第1次印刷
定　　价：98.00元

本书若有印装质量问题,请向出版社营销中心调换
全国免费服务热线：400-6679-118　竭诚为您服务
版权所有　侵权必究

编 委 会

主　编　陶鹏飞(中铁(广州)投资发展有限公司)
　　　　　卢　进(中铁建工集团有限公司)
　　　　　魏晨亮(中铁(广州)投资发展有限公司)
　　　　　赵先锋(中铁六局集团有限公司)
　　　　　何　列(中铁隧道局集团有限公司)
　　　　　王阿龙(中铁隧道局集团有限公司)

副主编　蔡　婕(广州地铁建设管理有限公司)
　　　　　涂志诚(中铁建工集团有限公司)
　　　　　何　明(中铁隧道局集团有限公司)
　　　　　李现朋(中铁隧道局集团有限公司)
　　　　　娄志豪(中铁隧道局集团有限公司)

前　言

随着交通运输行业的不断发展,地铁工程的建设数量也在不断增多。地铁施工技术与安全管理是地铁工程建设的重中之重。但是在许多工程项目中,施工技术与安全管理方面出现的问题较多,不仅影响了施工的质量,而且威胁到了施工人员的安全。因此,本书对地铁土建工程施工技术和施工安全管理等问题进行了具体探究。

本书主要分为绪论、地铁车站土建工程、地铁区间土建工程、地铁车辆基地土建工程、地铁土建工程安全管理5章,阐述了地铁车站、区间及车辆基地土建工程的基本内容、施工工艺流程和施工方法等,介绍了地铁土建工程的安全问题、安全隐患及预防、管理手段等。

本书在编写过程中,参考了相关学者的著作以及相关城市地铁建设的技术规格书、技术文件、施工组织文件等。在此,特此致谢。

由于编者的水平有限,本书的内容如有不足之处,敬请读者批评指正,非常感谢。

目 录

- 第1章 绪论 …………………………………………………………… (1)
  - 1.1 地铁发展介绍 …………………………………………………… (1)
  - 1.2 地铁土建工程概述 ……………………………………………… (7)
- 第2章 地铁车站土建工程 ……………………………………………… (34)
  - 2.1 明挖法地铁施工技术 …………………………………………… (34)
  - 2.2 盖挖法地铁施工技术 …………………………………………… (43)
  - 2.3 浅埋暗挖法地铁施工技术 ……………………………………… (64)
  - 2.4 高架车站地铁施工技术 ………………………………………… (78)
  - 2.5 地铁车站附属工程施工技术 …………………………………… (91)
- 第3章 地铁区间土建工程 ……………………………………………… (115)
  - 3.1 矿山法施工 ……………………………………………………… (115)
  - 3.2 盾构法区间施工 ………………………………………………… (128)
  - 3.3 TBM法地铁区间施工 …………………………………………… (148)
  - 3.4 高架地铁区间施工 ……………………………………………… (165)
- 第4章 地铁车辆基地土建工程 ………………………………………… (182)
  - 4.1 车辆基地及配套工程 …………………………………………… (182)
  - 4.2 车辆段施工技术 ………………………………………………… (186)
  - 4.3 地铁车辆基地施工方案——以宁波东钱湖车辆段施工工程为例
     ……………………………………………………………………… (191)
- 第5章 地铁土建工程安全管理 ………………………………………… (251)
  - 5.1 地铁土建工程施工安全管理概述 ……………………………… (251)
  - 5.2 地铁土建工程施工安全事故致因理论 ………………………… (255)
  - 5.3 地铁土建工程施工安全事故原因及对策措施 ………………… (263)
  - 5.4 基于信息化的地铁施工安全管理 ……………………………… (274)
  - 5.5 宁波地铁建设单位安全信息化管理案例 ……………………… (294)
- 参考文献 ………………………………………………………………… (305)
- 后记 ……………………………………………………………………… (308)

第1章 绪 论

1.1 地铁发展介绍

1.1.1 地铁的发展概况

1.1.1.1 国外地铁发展概况

地铁,属于轨道交通行业名词,是地下铁道交通的简称,它是一种独立的有轨交通系统。与其他交通方式相比,地铁不受地面交通的影响,且速度快、运量大、能耗小,能够给旅客提供安全、舒适的环境,被誉为现代城市的大动脉,是一座城市融入国际大城市现代化交通的显著标志。

伦敦地铁是世界上最早的地下铁路,于1856年开始修建,采用明挖法施工,为单拱砖砌结构,1863年1月10日正式投入运营,以蒸汽机车牵引列车。从1863年至今,伦敦地铁技术日益成熟,是当今世界先进地铁系统的重要代表。伦敦地铁为人口密集的城市如何发展公共交通提供了良好的榜样示范,世界上一些著名的大都市相继开始建设地下铁路,极大改善了公共交通客运环境和服务条件,地铁建设显示出强大的生命力和发展潜力。

截至19世纪,英、美、法、匈牙利、奥地利5国率先建成了地下铁路。即使在第二次世界大战期间,各国忙于应对战争、都着眼于自身国家安危,地铁建设处于低潮时期,但仍有日本的东京、苏联的莫斯科等城市在此期间修建了地铁。

回顾世界城市轨道交通的发展历程,大致可划分为四个阶段:19世纪60年代至20世纪20年代初,初步发展阶段,欧美国家轨道交通发展迅速,地铁的诞生极大地缓解了公共交通的拥挤问题;20世纪20年代末至20世纪40年代末,萎靡停滞阶段,由于汽车工业的发展以及二战带来的影响,城市轨道交通发展滞后;20世纪50年代初至20世纪60年代末,重新发展阶段,汽车工业得到迅速发展,但带来了城市道路堵塞、空气污染严重、影响生活环境的问题,清洁环保的城市轨道交通再次进入人们视线;20世纪70年代至今,快速腾飞阶段,世界各国经济质量和效益提升、城市化深入发展,城市交通在城市的发展过程中有着举足轻重的作用,大力发展城市轨道交通成为重中之重。

1.1.1.2 国内地铁发展概况

相较于西方,我国地铁建设起步较晚。我国实行改革开放后,成果显著:国民经济不断发展,人民生活水平不断提高;城市化进程加快,城市人口急剧增加;工业化进程加快。但与此同时资源、环境问题逐渐凸显。在这样的情况下,地铁凭借速度快、运量大、污染少、不占用地面空间等优势,受到越来越多人的青睐,成为解决城市交通问题的最佳选择,在大城市中悄然兴起。直至21世纪伊始,我国第一次将"发展地铁交通"列入国民经济计划发展纲要,并将其视为带动大城市经济稳健发展的重要举措。

我国地铁建设以大城市与省会城市为主,北京地铁一期工程于1969年基本建成,两年后试运营,是我国第一条地铁。我国香港地区的地铁自1979年起为乘客提供市区列车服务,台湾地区的地铁(当地称为"捷运")则始运营于1996年,是台北的木栅线。澳门地区的首段地铁——澳氹线于2009年建成,轨道捷运系统总长度约为27千米,全程均为双向行车轨道。

纵观我国城市轨道交通建设的过程,主要经历了三个阶段。

20世纪初至20世纪40年代末,我国处于有轨电车时代。该时期我国城市轨道交通建设的特点表现为数量少、质量低以及布局不合理,有轨电车线路的建设主要集中于北京、上海、武汉、哈尔滨、沈阳等大都市。

20世纪50年代至20世纪80年代末,我国城市轨道交通处于低速发展阶段。从中华人民共和国成立到改革开放的近30年间,有轨电车由于载客能力小、速度慢等特点逐渐退出历史舞台,我国地铁建设逐渐起步,这一阶段的地铁建设形式单一,以战备为主兼顾交通,尚未形成城市轨道交通网络。1969年投入运营的北京地铁,开创了我国地铁建设的先河。

20世纪80年代末至今,我国城市轨道交通处于高速发展阶段,由于城市化、工业化进程的加快,城市交通需求剧增,交通拥堵问题突出,加快建设大容量公共交通,形成灵活、系统的城市交通网络成为这一时期的迫切需求,轨道交通在百万人口的大城市中具有广阔的市场和前景。2018年,国家发改委下发的《关于进一步加强城市轨道交通规划建设管理的意见》,2020年共批复43个城市建设轨道交通地铁线,越来越多的城市投入城市轨道交通的建设。我国城轨道交通正处于大发展、大建设时期。《城市轨道交通 2021 年度统计和分析报告》显示,截至 2021 年底,中国大陆地区(不含港澳台)共有 50 个城市开通城市轨道交通运营线路 283 条,运营线路总长度 9206.8 千米。其中,地铁运营线路 7209.7 千米,占比 78.3%;其他制式城轨交通运营线路 1997.1 千米,占比 21.7%。当年新增运营线路长度 1237.1 千米。

1.1.2 地铁出现的意义及优势

交通基础设施是影响城市化发展的重要因素之一,城市化的发展需要以交通基础设施建设为支撑。城市公共交通对城市政治、经济、文化、教育、环境等的发展具有重大影响,是城市现代化建设的重要环节。

1.1.2.1 交通工具的发展与地铁出现的意义

交通工具的发展不是一蹴而就的,最初人们主要靠步行来相互走访联系,距离较远的两地无法很好地沟通,科技、政治、经济发展也极其缓慢。人类开始驯服一些动物,如马、驴子等作为交通工具或乘坐工具的动力,与此同时,轿子也作为一种交通工具与畜力交通工具长期并存。马车的历史极为久远,它几乎与人类的文明一样漫长。马车,一般用来载人和拉货,最初的形态是一只马拉的双轮马车,后来是四轮马车或四只马拉的马车,这种马车的速度远胜于从前。一直到 19 世纪,马车仍然是城市中使用频率最高的工具。第一次工业革命是交通工具取得发展的重要契机,该时期代表性的交通工具为蒸汽火车、蒸汽轮船等。蒸汽火车是世界上的第一代火车,曾以其巨大的力量开启过人类历史上一个崭新的时代。蒸汽火车在中国也有百余年历史。蒸汽火车的发明,使得铁路交通迅速发展,为人们的生产和生活带来了极大的便利。

第二次工业革命极大地推动了社会生产力的发展,对人类社会的经济、政治、文化、军事、科技和生产力产生了深远的影响。以往的马、马车、蒸汽火车等交通工具已经无法满足人们的出行要求以及城市发展的需求。在此背景下,汽车、火车进入人们视野。1879 年,德国西门子电气公司研制了第一台电力机车。1885 年是汽车发明取得决定性突破的一年,汽油发动机研制成功,同年,一辆以汽油机为动力的三轮车被德国工程师卡尔·奔驰制造出来,真正的现代汽车由此诞生。随着汽车、火车技术的不断创新和完善,汽车、火车逐渐普及,改变了人们以骑马或以其他牲畜为主要动力的出行方式,加速了城市化和工业化的进程。

21 世纪城市化进入飞速发展阶段,世界各国在享受城市化带来的硕果的同时,也不得不面对城市环境污染问题、交通问题和住房问题。中国也不例外,由于中国人口基数大,城市交通问题表现得更为突出,成为制约城市经济可持续发展的关键因素。农村人口随着城市化进程的深入不断涌入城市,机动车数量快速增长、城市规模逐渐扩大,城市交通矛盾越来越突出,突出表现为交通堵塞、交通事故频发、停车难、步行困难、事故多发以及土地资源稀缺等问题,此外还加剧了城市环境污染问题,尤其是城市大气污染。

伴随着城市化而来的交通问题在一定程度上背离了人们最初使用汽车等交通工具来快速接近人、货物和劳务的初衷。城市发展和城市交通是相辅相成、相互促进的统一体,而非相互对立的两大命题。选择适当的交通工具,减少污染物排放,合理利用有限的资源,是解决城市交通问题的出路。为了缓解现代城市交通压力,完善现代化交通体系,世界各国与地区都大力发展地铁交通。地铁给人们带来了快捷、便利、有序的交通环境和良好的乘车环境,使人们更多地感受到生活质量的提高,并以无法比拟的优越性,成为解决特大城市交通问题的理想方式。地铁像奔流在城市地下的动脉,昼夜不息地为城市注入生机与活力,促进城市的绿色、可持续发展。

1.1.2.2 地铁作为交通工具的优势

汽车、火车等交通工具的发展带来了诸多问题,如能源的过度消耗、噪声污染、大气污染、城市交通拥堵、城市交通事故频发等。随着经济的快速发展,地铁作为一种铁路运输方式,越来越受到人们的青睐。地铁所拥有的独特属性优势,使得其成为人们出行的必乘交通工具之一,成为世界众多国家重点发展的城市交通基础设施。

首先,地铁不占用地上空间,安全快捷。现代城市,人口密集,寸土寸金。地铁的建设和运行均在地下,不会占用任何地上空间。地铁既能为人们带来方便,又快捷,还能节省时间,具有良好的经济价值。此外,由于地铁是在专用轨道上行驶的,其他车辆不允许进入,运行靠电脑控制,减少了因地面路况、车况复杂以及驾驶员行驶操作的不确定性带来的不安全因素。

其次,地铁能够有效缓解交通拥堵。地铁的运量大,一般情况下,其运量是公交、大巴等常见交通工具的数倍,这也是越来越多的城市选择修建地铁的关键原因;车次多,车辆间隔时间小于地面交通工具;速度快,地铁列车每小时行驶的里程一般为80千米甚至更高,大大减少了乘客的通勤时间。地铁的运输路线是独立的,不与其他路线重叠,因此避免了干扰其他车辆的情况出现,提高了车辆行驶效率,节省通勤时间。

最后,推进节能减排、促进城市绿色发展。车辆排放的尾气中含有危害人类生命健康的一氧化碳、二氧化碳等化合物,也是空气环境污染来源之一。与汽车相比,地铁使用电能,不会给城市环境带来危害。城市地铁的开通,对城市居民的出行产生了重要的影响,地铁车厢干净、整洁,地铁列车准时、迅速,成为人们出行的首选。地铁建在地下,隔音效果好,减少了车辆带来的城市噪声。综上,地铁凭借以上的主要优势,成为现代城市交通网络和现代生活中不可替代的一部分。

1.1.3 我国城市交通现状及问题解决途径

1.1.3.1 我国城市交通现状

我国城市交通拥堵问题日趋严重,高峰时期机动车的平均速度低至 10 km/h,极大地影响了居民的出行速度和效率。造成这种现象的主要原因如下。

(1) 公共交通发展滞后。目前我国城市公共交通系统建设总量严重滞后,结构比例失调。世界大城市的公共交通系统承载的人口出行比例在 50%～60%,日本东京更是达到了 80%,而我国的公共交通占出行比例还不足 30%。

(2) 交通拥堵严重。交通拥堵造成时间浪费、消耗大量的能源和其他不可再生资源,产生严重的空气、噪声污染,且易发生交通事故。交通事故会造成大量的人员伤亡、财产损失,直接或间接地阻碍城市经济和环境的健康发展。

(3) 混合用道交通模式造成交通秩序混乱,步行、低运输量的公共交通工具为主的出行方式导致交通事故频增,限制了客流的有效运输。

(4) 私人汽车数量增速迅猛、耗能多、污染严重。机动车的快速增长,导致环境进一步恶化,交通秩序紊乱进一步加剧。

(5) 道路及其基础设施滞后于车辆数量的发展。

(6) 人口密集、客流量大、缺乏科学管理。近年来,我国城市化步伐加快,百万人口以上的城市已达 40 座,50 万～100 万人口之间的城市也超过 44 座。按照国际标准,城市人口密度大于 2 万人/km^2,属于拥挤情况。我国城市人口平均为 4 万人/km^2。高峰时期,我国许多大城市交通主干道每小时客流量均超过 3 万人次,有的高达 8 万～9 万人次,低运输量的公共交通运输工具很难适应客流增长的需要。

(7) 路网规划不合理。各种交通工具换乘联运不便,现有的道路、高架、地铁使用效率没有达到理想效率。

1.1.3.2 城市交通问题解决途径

解决城市交通问题的途径就是大力发展公共交通,特别是具有交通运量大、速度快、安全可靠、准时舒适的城市轨道交通系统。城市轨道交通的主要功能如下:缓解城市交通拥堵;优化城市布局结构;有利于节约资源、改善环境;促进社会经济发展、沿线房产开发、旧城改造、新区开发与资源配置;人防功能,以交通为主,实现人防及地下空间综合开发等;文化功能,如伦敦、巴黎、纽约、莫斯科等地铁的车站建筑和站内装饰装修。

目前,在伦敦、纽约、巴黎、东京核心地区的交通结构中,公共交通占67%～87%,居绝对主导地位。公共交通又以轨道交通为主体,占58%～86%;小汽车交通(包括出租车)仅占12%～32%。

城市轨道交通系统主要有城市地下铁路、轻轨交通、有轨电车和市郊客运铁路等。不同的交通系统,其交通量依次为市郊铁路5万～8万人/h、地铁3万～7万人/h,轻轨1万～3万人/h,有轨电车小于1万人/h。一般公共汽车速度为10～20 km/h,而轻轨和地铁的速度为30～50 km/h,并且地铁最快可达100 km/h。

1.1.4 我国地铁发展前景

从微观角度看,其发展趋势为:地下街道的发展将日趋完善,它将从纯粹的商业性质发展为一个多功能的,交通、商业和其他设施组成的相互依存的地下综合体。在未来的城市中心区,将建设不受气候影响的地下步行道系统,解决了行人和车辆的交通问题,缩短了地铁和公交换乘距离,而地铁站和大型公共活动中心也可以利用地下道连接起来。未来地下空间的开发是高效利用空间,将能源、物流、交通和排水等集中在地下处理,为城市的地面空间预留了一个新的天地。目前,我国的地下城发展不够完善,但随着经济的发展,完整高效的地下城市将成为现实。

从宏观角度看,其发展趋势为如下。

(1)政策更加明晰。地铁交通在城市公共交通系统中发挥着越来越重要的作用。地铁将作为有条件的城市优先发展的项目,超前规划、及时建设。国家政策导向使地铁交通建设有了更好的发展前景。

(2)技术更先进。地铁建设技术的快速发展,除了可以提高地铁的运行效率以及提高相关服务水平,还有效降低了地铁建设成本。

(3) 经营模式市场化。地铁运营有国有垄断经营模式和市场运作模式。市场机制在地铁运营中的运用已经成为趋势。

(4) 管理更加法治化。地铁交通管理法治化最初并不完善。目前,许多地铁交通实施法治化管理,以确保地铁的连续、稳定和高效运行。地铁交通综合管理是地铁交通发展的一个重要趋势。

(5) 建设运营安全化。地铁交通规模大而复杂,对其施工和运营阶段的安全因素有很大影响,一旦发生事故,将造成重大人员伤亡和财产损失,必须坚持"安全第一"的观念。

(6) 设备国产化和标准化。在创新型国家建设政策指导下,推进地方化、标准化建设。要不断加强组织创新、整合创新、引进吸收再创新。标准化是提高生产效率的重要手段,是实施资源共享的重要措施。

(7) 公共交通网络化。以地铁为主干,与公共电动汽车等组成公共交通网络。地铁与公共交通车辆的出发站、终点站相连,并设有停车场供车辆换乘地铁。这样,公共电动汽车和汽车就如同地铁的支线一样,通达地铁的未及之处,为地铁集结和分配客流。

1.2 地铁土建工程概述

1.2.1 地铁车站土建工程概述

1.2.1.1 地铁车站结构与组成

1. 地铁车站

地铁车站是城市地铁路网中的一种重要建筑物,它是供旅客乘降、换乘和候车的场所,应保证旅客使用方便、安全、迅速地进出车站,并有良好的通风照明、卫生、防火设备等,给旅客提供舒适、清洁的环境。

地铁车站应容纳主要的技术设备和运营管理系统,从而保证城市地铁的安全运行。地铁车站里的辅助设备包括自动扶梯、直升电梯、卷帘门、防洪门、旅客引导标志、照明系统、售检票系统、车站设备自控系统等。根据需要,地铁车站还可设置屏蔽门和防核辐射门等。

地铁车站是城市建筑艺术整体的一个有机部分,一条线上各车站在结构和建筑艺术上应既有共性,又有个性。

(1) 地铁车站功能。

地铁车站是客流的节点,地铁车站是乘客出行的基地,旅客上下车以及相关的作业都是在地铁车站进行的,地铁车站也是列车到发、通过、折返、临时停车的地点。地铁车站是地铁线路的电气设备、信号设备、控制设备等集中的场所,也是运营、管理人员工作的场所。

(2) 地铁车站的特征。

地铁车站从功能上简单概括就是为乘客提供换乘的场所。车站主体由站台层、站厅层、出入口等组成,是地铁整个土建项目中很重要的一项,在实际工程建设中需满足以下几个方面的要求及特点。

①根据实际选择规模合适的车站,以经济适用为主。

②车站的建筑设计能够遵循当地的风土人情、城市风格、环境特点。

③因客流量较多,需采取措施和选用相关设备,以保证环境清洁、集散迅速、温度合适等。

④选取车站的类型应结合周围交通线路情况及环境特点,最大化利用城市面积空间。尽量减少对周围环境的影响,整个工程应向管线改迁小、拆迁房屋少、造价低的目标发展。

⑤车站地理位置的选取应兼顾各种因素。例如,交通是否便利、距离商业区远近程度、是否有利乘客换乘等,一定要根据高峰期人流量确定站台、站厅及相关公共区域的规模。

(3) 地铁车站的设计原则。

地铁的设计应该满足下面几点原则。

①地铁是一项非常庞大的便民工程,但因工程量大、周期长、风险多等因素,耗资巨大。为了减少政府的资金负担,在满足项目可行性的条件下,尽量减少相关费用支出,车站规模适中为最佳。

②为方便居民上下乘车,车站的布设应尽量位于交通的关键线路上。整体的建筑风格应与当地城市建筑相协调,力求有特点而又不标新立异。

③根据实际工程情况选择车站平面形式后,参照规范严格控制站内相关的设计,例如风亭的布置、出入口布置、站台宽度等,使其既能满足规范要求又合情合理。

④车站内人流量大,应具备一定数量的消防和应急设备保障乘客安全。若

有突发事故，人群能够依据标识有序到达指定的安全出口。

⑤地铁作为现代经济快速增长而诞生的新的交通方式。虽然主要功能是客流集散点，但可以提供便民服务，如餐厅、商店、热水间等，以满足不同人员的需求。装饰也应以降噪、防湿、防滑等材料为主。

（4）车站人流。

地铁车站是人流相对集中的地下交通建筑，所以在设计中必须有序地组织人流进站和出站，并方便出行人员地铁换乘，满足客流高峰时所需的各种面积规定及楼梯、通道等的宽度要求，上下楼梯位置的设置能均匀地接纳客流。

①进站客流路线：地面出入口—自动售票机—进站检票机—站厅层付费区—楼梯、扶梯—站台—上车。

②出站客流路线：下车出口—站台—楼梯、扶梯—站厅层付费区—出站检票区—地面。

（5）车站类型。

①按车站所处位置划分。

地下站：线路、主体建筑和设备设施设置在地下隧道的车站。

地面站：线路、主体建筑和设施设备设置在地面的车站。

高架站：线路、主体建筑和设备设施设置在高架桥上的车站。

三者的位置示意图如图1.1所示。

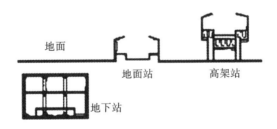

图 1.1　地下站、地面站、高架站位置示意图

②按运营性质划分。

中间站：只提供乘客上下的车站，大多数地铁车站都属于此类。

中间折返站：设有折返线路设备，在较大客流区间的末端设立。

换乘站：既用于乘客上下又提供换乘的车站。

尽端站：地铁线路两端的车站，除了供乘客上下，通常还供列车停留、折返、临修及检修。

2. 车站组成

地铁车站一般由站厅区域、站台区域、出入口、风亭和冷却塔等使用空间组成。车站使用空间应按运营要求划分功能分区，可分为公共区和设备区。地铁车站空间分布示例如图1.2所示。

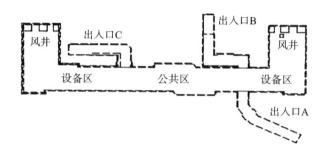

图1.2 地铁车站空间分布示例图

（1）站厅区域。站厅区域一般划分为公共区（分非付费区和付费区）、设备区两部分。

（2）站台区域。站台区域一般划分为候车区及部分设备区。地铁站台按照线路分布情况，又可做如下分类。

岛式站台：站台位于上、下行行车线路之间。

侧式站台：站台位于上、下行行车线路的两侧。

岛、侧混合站台：将岛式站台及侧式站台一同设在一个车站。

站台线路分布分类简示图见图1.3。岛式站台和侧式站台示意图见图1.4。

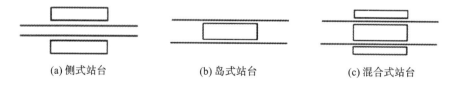

(a) 侧式站台　　　　　(b) 岛式站台　　　　　(c) 混合式站台

图1.3 站台线路分布分类简示图

岛式站台和侧式站台的对比：①侧式站台候车客流换乘不同方向的车次必须通过天桥才能完成，一旦乘客走错方向，会给换乘带来很多不便；但侧式站台候车方式带来的轨道集中布置，有利于区间采用大的隧道或双圆隧道双线穿行，具有一定的经济性；②岛式站台候车便于客流在站台上互换不同方向的车次，岛式站台候车方式的两根单线单隧道布线方式在城市地下工况复杂的情况下穿行则具有较大灵活性。

图1.4 岛式站台和侧式站台示意图

（3）出入口。地下车站一般出入口设4个，分期修建时，不小于2个。车站的规模、人行楼梯及自动扶梯的设计除应满足上、下乘客的需要外，还应满足站台层的事故疏散时间不大于6 min。

车站出入口平台标高，一般应比附近规划地面或车站防洪设防高程高。

（4）风亭、冷却塔。

风亭的设置应尽量考虑与地面建筑合建，合建时应考虑防火措施和基本卫生要求，独立修建的风亭一般应在道路红线以外。

冷却塔应尽量布置在邻近建筑物的屋顶上。当因条件限制不能布置在邻近建筑物的屋顶上时，可布置在周围的地面上。特殊地段冷却塔可采用下沉式或全地下式的布置方式，但必须满足工艺要求，周边应设置绿化，并采取安全措施。

3．车站设备

（1）售检票系统（automatic fare collection system，AFC）。

①AFC概念。

乘客乘坐城市轨道交通出行的过程包括进站、购票、检票、乘车和出站几个阶段。为旅客提供售检票服务的设备及其背后支持的一整套庞大的系统称为自动售检票系统，简称AFC系统。

自动售检票系统（AFC）是以磁卡（纸制磁卡和PET磁卡）或智能卡为车票介质，利用自动售票机、半自动售票机、自动检票机、自动验票机等终端设备，并通过计算机网络实现轨道交通运营中的自动售票、自动检票、自动收费、自动统计的封闭式票务管理自动化。

②自动售票机。

自动售票机设在非付费区,具有模拟显示线路的触摸屏和乘客显示屏,方便乘客操作、显示票价和投币等信息;能出售单程票并可对储值票进行充值;具备纸币、硬币的接收暂存及硬币找零功能,同时具有识别伪钞的功能;自动售票机能一次发售多张车票;能预留接收银行信用卡、储蓄卡转账的条件。

③半自动售票机。

半自动售票机设在票务处内,人工收款和售票则由票务人员操作。

半自动售票机具有车票发售、分析、无效更新、加值、替换、退款、交易查询收款记录等功能;具备打印班次报告及票据的功能;通过车站局域网与车站计算机连接,上传有关的交易、现金、班次及设备状态等数据,并能接受区域中央计算机经车站计算机下载的运行参数。

④自动检票机(闸机)。

自动检票机采用扇门结构,包括进站检票机、出站检票机和双向检票机,用于隔离车站付费区与非付费区。自动检票机的设计满足乘客右手持票快速通过检票机的需求。

自动检票机能对乘客持有轨道交通专用的非接触式 IC 卡(integrated circuit card,集成电路卡)车票进行检查。对于有效的车票,进站检票机打开扇门让乘客通过,出站检票机能对单程票进行回收。在时段客流方向明显的车站,可根据实际情况,在靠近票务处设置标准通道双向检票机。双向检票机能通过参数设置选择不同的工作模式,如进站检票机模式、出站检票机模式及双向模式。

紧急状态下,车站控制室的值班员按下紧急按钮,车站所有检票机的闸锁释放,扇门处于常开状态,导向牌自动切换为"出"的字样,提示乘客所有检票机均可出站;恢复正常运行时,由值班员复位紧急按钮,使全部检票机恢复正常。

(2)广播(public-address system,PA)。

广播主要用于地铁运营时对乘客进行公告信息广播,并在发生灾害时兼做防灾广播,从而保证地铁运营的服务管理质量,为运营管理及维护人员提供更灵活、快捷的管理手段,车站一般会根据设计划分多个独立的区域广播。

(3)闭路电视(closed circuit television,CCTV)。

CCTV 监控系统对控制中心(operation control center,OCC)及各车站、车辆段的操作员提供监控画面和控制功能。操作员可以通过 CCTV 监视器列表选择所需要检测的画面,并可以对摄像机进行 P/T/Z 控制和预设位设置,从而

第 1 章 绪论

实现对全线各车站重点区域(出入口、上下行站台、上下扶梯、站厅闸机出入口等)及列车车厢内的监视等功能。控制中心的 CCTV 监控工作站可以通过中心服务器控制各站的摄像机(选择摄像机、P/T/Z 控制和预定义云台位置),并将图像显示在 CCTV 监视器上。

摄像机分为固定摄像机与云台摄像机两类。其中,固定摄像机不具有运动能力,一旦安装完成,无法改变拍摄角度。云台摄像机可以通过 CCTV 控制画面对其进行控制,包括平转动(pan)、上下转动(title)、远近(zoom)等。

(4) 乘客信息显示(passenger information system,PIS)。

PIS 在各个不同的车站显示图文,显示的主要内容包括视音频信息、文本信息、时间信息、实时列车运营信息及相关的叠加组合信息等。PIS 系统可以发布普通信息、紧急信息和实时信息。

(5) 屏蔽门(platform screen doors,PSD)。

地铁屏蔽门是一项集建筑、机械、材料、电子和信息等学科于一体的高科技产品,用于地铁站台。

屏蔽门将站台和列车运行区域隔开,通过控制系统控制其自动开启。

屏蔽门能有效地减少空气对流造成的站台冷热气的流失,保障列车、乘客进出站时的安全,降低了列车运行所产生的噪声对车站的影响。地铁屏蔽门能为乘客营造一个安全、舒适的候车环境,具有节能、安全、环保、美观等功能。

屏蔽门从封闭形式上可分为半高敞开式安全门和全高封闭式屏蔽门。前者通常称为"安全门",只起到安全和美观的作用,适合没有安装空调系统的站台,一般为地面站台或高架站台。后者通常称为"屏蔽门",适合安装空调系统的站台,一般为地下站台,是常用的一种。

(6) 火灾报警系统(fire alarm system,FAS)。

由于系统具有自动监测、自动判断、自动报警功能,又称为火灾自动报警系统。

通过设置在保护现场的火灾探测器(如感烟探测器、感温电缆、对射式探头、火焰式探测器等),感知火灾发生时燃烧所产生的火蜡、热量和烟雾等特性,实现火灾早期预警和通报的装置。

(7) 发车时间显示器(departure time indicator/train depart timer,DTI/TDT)。

发车时间显示器(DTI/TDT)是列车运行自动监视系统(automatic train supervision,ATS)的一个组成部分。发车时间显示器为列车司机提供到站停车时间、发车时间、晚点时间等信息。正常情况下,能够接收 ATS 子系统提供的控制命令和信息,当列车在站台停车后,按 ATS 指定的停站时间倒计时,显示距计划时刻表的发车时间,倒计时至零时指示列车发车;正计时为发车晚点时间,以秒为单位正计时。

(8) 电、扶梯设备。

电扶梯系统包含垂直电梯和自动扶梯。垂直电梯设置在站台层和站厅层之间或站厅层和地面之间,以方便残疾人及携带重行李的旅客通行。自动扶梯设置在站厅层和站台层之间或站厅层和地面的出入口,可大量运送乘客,以减轻乘客疲劳,也可以进行乘客的快速疏散。

(9) 其他设备。如站台紧急停车按钮等。

1.2.1.2 地铁车站形式选择

1. 地铁车站结构选型的原则

地铁车站应根据车站规模、运行要求、地面环境地质、技术经济指标等条件选用合理的结构形式和施工方法。结构净空尺寸应满足建筑、设备、使用以及施工工艺等要求,还要考虑施工误差、结构变形和后期沉降的影响。

2. 各种车站形式的特点及适用范围

地铁车站按其所处位置不同分为地下车站、地面车站、高架车站几种形式。地下车站按其施工方法的不同又分为明(盖)挖车站、暗挖车站、明暗挖结合车站等形式。下面重点对地下车站进行分析探讨。

(1) 明(盖)挖车站。

这种车站应用最多,根据埋深的不同分为单层明(盖)挖车站、一层半明(盖)挖车站、双层明(盖)挖车站以及三层以上明(盖)挖车站。

选择以上车站形式的基本前提条件:在车站施工期间,采取一定措施后,对地面交通、地下管线、地上、地下建(构)筑物的影响,都必须在允许范围之内。

①单层明(盖)挖车站。一般适用于线路埋深较浅的车站,如线路由地下转入地面高架或进入地面车辆段之前的车站。单层车站一般采用侧式站台,站厅、站台位于同一层,设备及管理用房可设于侧面,也可设于地面。此种形式车站规模小,投资少,但使用和管理稍有不便。

广州地铁 2 号线琶洲站(如图 1.5)、磨碟沙站、新港东站等均采用此种车站形式。

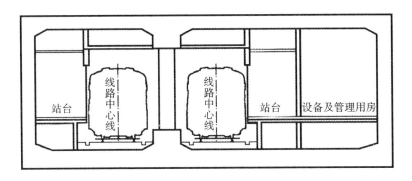

图 1.5 琶洲站

② 一层半明(盖)挖车站,也称"端进式车站",两端为双层,上层为站厅。这种车站形式简单,车站埋深较浅,施工方便,规模小,投资少,但使用和管理略有不便。这种车站多见于早期修建的地铁车站,如北京地铁一期工程的部分车站,如图 1.6 所示。

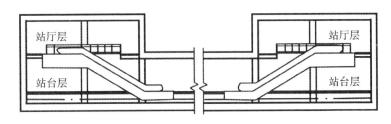

图 1.6 端进式车站

③ 双层明(盖)挖车站。这种形式的车站覆土为 2～3 m,地下一层为站厅层,地下二层为站台层,客流组织顺畅,运营管理方便,但规模大,投资高。

根据设备管理用房集中布设位置的不同,双层车站分为顺长布置形式车站、外挂形式车站。

a. 顺长布置形式车站。设备管理用房布置在车站两端,地下一层中部为站厅,地下二层中部为站台。上海、北京、广州等城市地铁过去均较多采用此种车站形式。顺长布置形式车站如图 1.7 所示。

b. 外挂形式车站。在车站外部环境条件允许的情况下,将车站端部或中部外扩用来集中布置设备及管理用房,使之更加紧凑合理,管理更方便,如图 1.8 所示(端部外挂平面)。

一般情况下,这种布置方式能够提高面积使用率,缩小车站规模。尤其对于中部外挂形式,将通常设置于车站两端的供配电、环控等系统用房合并集中设

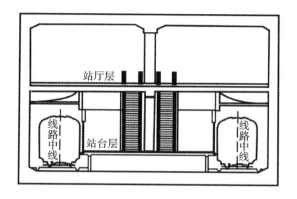

图 1.7 顺长布置形式车站

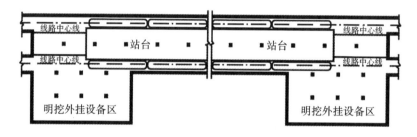

图 1.8 外挂形式车站

置,可以减少设备用房面积。

④三层以上明(盖)挖形式车站。这种形式的车站一般受区间埋深影响,或区间地质条件差,受工法影响埋深较大,或靠近车站处有控制区间埋深的管线影响等。

一般地下一层为站厅层,地下二层为设备层,地下三层为站台层。

这种形式车站的使用功能、运营管理、造价等都不太理想,一般在特定情况下选择使用。

(2)暗挖车站。

当车站结构顶板覆土较厚时仍采用明挖法施工,工程造价就不一定合理,或者是路面交通繁忙,不允许中断交通进行明挖施工,此时可考虑采用暗挖法施工车站。

暗挖车站一般为双层,根据站台宽度的大小分为双柱三连拱、单柱双连拱形式,北京地铁采用此种形式较多,如图 1.9 所示。

另外,线路中间有高架桥桩基等构筑物时,可采用分离的暗挖双层车站形

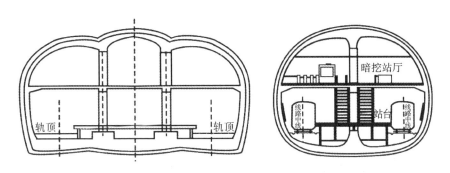

图 1.9 连拱形式车站

式。北京地铁 10 号线呼家楼站(如图 1.10)、工体北站等采用此种车站形式。

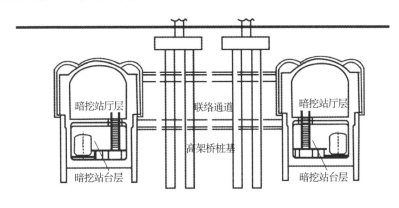

图 1.10 呼家楼站

(3)明暗挖结合车站。

很多车站受环境条件制约,无法采用明(盖)挖车站形式,如果采用全暗挖车站,不但工期长、造价高,而且施工难度大、风险高。明暗挖结合能够因地制宜,机动灵活地进行组合,适应各种各样的环境,并且克服了暗挖车站高风险、高投资、工期长的弊端,因此越来越多地被采用。

根据近年来的工程实践,明暗挖结合车站大致分为以下几种类型:站台暗挖,站厅、设备及管理用房区明挖车站;半边明挖半边暗挖车站;两端明挖、中间暗挖车站;中间明挖、两(单)端暗挖车站。

①站台暗挖,站厅、设备及管理用房区明挖车站。车站位于交通量大的道路下,施工期间不能中断交通而又无交通疏解条件,选择此种车站。这种车站由两部分组成:一是道路下左右线暗挖站台(分离的双洞),二是设置于道路旁明挖地块中的站厅和设备及管理用房。站台与站厅(台)之间以通道联系。这种车站虽

然造价较高,使用功能运营管理也稍差,但它解决了交通问题,对地下管线的影响也非常小,特别适合在车流量非常大的城市主干道下的地铁车站。如广州地铁5号线小北站,如图1.11所示。

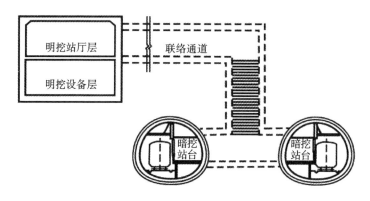

图1.11 小北站

②半边明挖半边暗挖车站。选择这种车站的主要原因是全站如采用明(盖)挖法施工,将满足不了交通疏解要求,采用半边车站明挖,另外半边暗挖则能满足交通要求。车站暗挖的半边置于道路下地质条件较好的地层中,另半边设于靠道路边的明挖区中,设备及管理用房区设于明挖区中,明暗挖之间设联系通道。

广州地铁5号线的动物园南门站(图1.12)、北京地铁10号线知春路站(图1.13)等均采用此种车站形式。

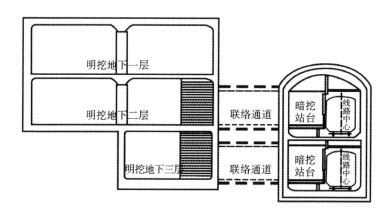

图1.12 动物园南门站

③两端明挖、中间暗挖车站。车站横穿道路的交通不能中断,进行交通疏解

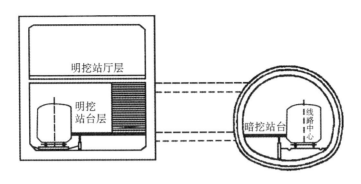

图 1.13 知春路站

也满足不了交通流量要求;车站横穿的管线或构筑物不能迁改。以上情形应采用两端明挖、中间暗挖车站。

一般情况下,为了节省投资、降低施工风险,在满足功能的前提下,仅将站台部分暗挖通过。

广州地铁 2 号线越秀公园站、3 号线林和西站(如图 1.14)和北京地铁 4 号线陶然亭站、北京地铁 10 号线学院路站等均采用此种车站。

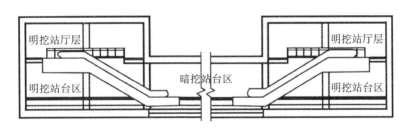

图 1.14 林和西站

④中间明挖、两(单)端暗挖车站。站位处场地狭小,车站中部具有明挖条件,两端进入建(构)筑物或管线下不能明挖,可采用中间明挖,两(单)端暗挖车站形式。一般两端暗挖为单层形式,采用分离双洞形式,也可采用双连拱形式,如图 1.15 和图 1.16 所示。

1.2.1.3 地铁车站主要施工方法简述

地铁车站施工方法一般有以下几种。

(1)明挖法。明挖法在大的类别上分为放坡明挖及围护结构内的明挖两种类型。优点:施工方法简便、造价低、风险小、进度快、技术较成熟等。缺点:施工

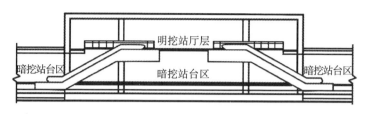

图 1.15 纵剖面

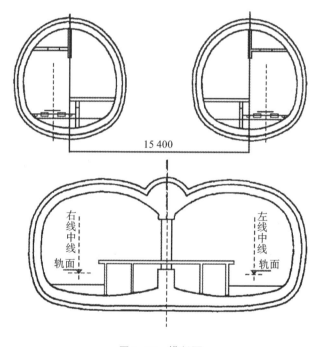

图 1.16 横剖面

受气候影响,影响周围环境(包括噪声、粉层及居民日常生活等),涉及较多地下管线。

(2)盖挖法施工。盖挖法主要优点在于对周围环境影响较小,当地铁修建位于不可中断的交通主干道时,可选用此方法。盖挖法有如下一些特点:边墙既有围护又有基坑支护作用;占地宽度较小且对周围环境影响小;适用于松软地层。

(3)浅埋暗挖法。一般适用于不宜明挖施工的地质环境或软弱无胶结的砂、卵石等环境,在开挖中采取多种辅助措施固化地层,及时支护,封闭成环。优点:适用不同的地层、跨度及断面;对周围环境影响较小。缺点:施工速度慢,地层水位较高时防水较困难。

(4)钻爆法。钻爆法就是通过钻孔填药的方式在一定范围进行爆破。钻爆法可以和光面爆破、预裂爆破、毫秒爆破联合使用,以达到具体的施工要求。钻爆法适用于地质坚硬的岩石地层。

1.2.1.4　地铁车站施工的现状与发展

地铁作为新兴的交通方式,是非常好的便民工程。最大的优点在于能够充分利用城市有限空间、缓解城市交通压力,提高整个城市的资源配置效益。虽然我国近些年大力发展城市轨道交通,但与许多发达国家相比起步还比较晚,相关方面技术、设计还有待完善,急需拥有适合自己的建设模式。在地铁车站设计中要切实把利国利民作为指导方针,要结合城市的地理、环境、人文、空间布局等选择最佳的设计方案。

地铁车站根据水文地质、周边环境、技术条件等不同因素,相应地存在不同施工方法,例如明挖法、盖挖法、浅埋暗挖法等。在大量的实践与理论分析后,施工中普遍优先采用浅埋暗挖法,其次是盖挖法,最后是明挖法。实际施工中应综合对比分析,选择合适的施工方案。随着地铁车站的修建,施工技术在不断成熟,一些新的方法、工艺也在不断发展,如非开挖施工技术、扩径盾构技术、地层冻结施工技术,可能在不久的将来会运用到实际的工程中。这些新技术能最大限度减少开挖对周围的居民、环境、交通等的影响,修建地铁过程中应紧紧围绕效益、成本、资源三个方面切实加强管理。盾构法发展非常迅速,主要包括多圆截面盾构、区间盾构(优点是质量能够得到保障,建设周期缩短,成本也相应地降低)和非开挖施工技术(优点是对周围环境几乎无影响)。

我国的地理环境独特,南北方、沿海与内陆的地理环境差异非常大。虽然我国已有比较成熟的地铁施工方法,能够应对国内绝大部分地区地铁的修建情况。但为了在修建过程中更好地保证质量、提高效益、减少成本,还应在以下几个方面得到加强和补充。①规范完善相关的设计、施工、监督的机制体制。我国需对地铁相关技术标准进行规范化处理,这样才能在标准化作业下提高效率,建设高品质的便民工程。②施工设备和辅助工法应得到创新和提高。我国对国内创新企业应大力支持,从待遇到资源利用都尽量倾斜,同一些发达国家相比,我国的机械化程度比较低,有的先进机械设备还不能自给自足,性能和质量与国际顶尖水平有差距。另外辅助工法在整个地铁施工中非常重要,许多安全事故源于工法使用不当。虽然我国地铁施工技术发展迅速,但仍有许多的工法未能掌握,极易造成地铁事故。③地铁建设的相关施工材料应做到节能环保,便于提高施工的效率。地铁由于开挖较多的土层、抽取大量的地下水,对周围环境将造成很大的影响,部分位置可能有安全隐患。相关单位对此应研讨出一些改善方案。施工材料上除了能够满足使用中的防水、防裂功能,最好还能更加科学、环保,不能对生态造成损害,符合可持续发展的理念。④对地铁方面的规范进行补充完善。

1.2.2 地铁区间土建工程概述

1.2.2.1 地铁区间隧道类型

地铁隧道的施工方法不同,会形成不同断面形式的区间隧道。目前,地铁隧道的施工方法主要有明挖法、矿山法、盾构法等,由此形成的断面主要有矩形断面、马蹄形断面、圆形断面(图1.17～图1.19)。其中由盾构机修建的区间隧道,多为圆形断面。盾构隧道衬砌多采用预制装配式衬砌,即用工厂预制的构件(管片),在盾构尾部进行拼接,其中钢筋混凝土管片的耐久性和耐压性都比较好,在地铁隧道中广泛应用。

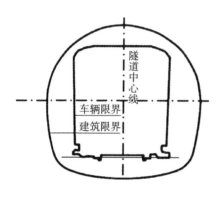

图1.17 马蹄形断面

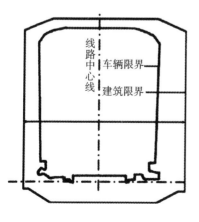

图1.18 矩形断面

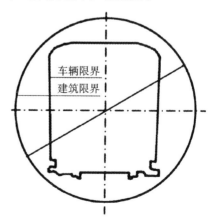

图1.19 圆形断面

目前，由盾构机开挖的隧道，大多为圆形断面，但圆形断面上下左右浪费空间较大，相比之下，矩形断面能节约35%以上的地下空间，且可以减少隧道埋深。因而类矩形盾构机也在不断发展。矩形隧道技术广泛应用于城市立交道路、公路隧道、人行通道以及地铁隧道等。国内地铁隧道的建筑限界对不同断面形式有不同的要求，根据《地铁限界标准》(CJJ/T 96—2018)采用明挖法形成的单洞单线矩形隧道，建筑限界宽度为4000 mm，高度为4300 mm。盾构法形成的单洞单线圆形断面隧道，建筑限界直径为5200 mm。矿山法施工形成的马蹄形断面隧道，建筑限界最大宽度为5000 mm，最大高度为4800 mm。

1.2.2.2 地铁区间隧道结构选型制约因素

地铁区间隧道简称区间隧道，它是在同一地铁线路的相邻地铁车站间设置的隧道，主要用于通行地铁列车。

区间隧道的走向和埋深，受到工程地质和水文地质条件、地面和地下环境影响、施工方法等因素制约，直接关系到造价的高低和施工的难易程度。

区间隧道结构包括行车隧道、渡线、折返线、地下存车线、联络线以及其他附属建筑物。

地铁区间隧道衬砌结构与构造主要取决于隧道的用途、沿线地形、地物、水文地质、工程地质、施工方法、环境要求、维修管理、工期要求以及投资高低等因素。

1.2.2.3 地铁区间隧道主要施工方法

地铁区间隧道根据其所处位置的不同，又分为地下区间隧道、地面区间隧道和高架区间隧道。

地铁区间隧道的施工方法的选择受到多种因素的制约：工程的重要性（即工程的规模、使用的特殊要求，工期的缓急）；工程沿线的地质和水文条件；周边的环境条件；地面建筑物和地下构筑物的分布情况；道路的宽度；隧道的开挖面积及埋深深浅；交通运输的状况；施工技术条件和机械装备情况；施工中动力和原材料供应情况；施工安全状况；有关污染、地面沉降等环境方面的要求和限制等。

现将地铁区间隧道常用的施工方法介绍如下。

（1）明挖法隧道施工。

在场地开阔、建筑物稀少、交通及环境允许的地区，应优先采用施工速度快、造价较低的明挖法施工。

明挖法施工的地下铁道区间隧道结构通常采用矩形断面,一般为整体浇注或装配式结构,其优点是其内轮廓与地下铁道建筑限界接近,内部净空可以得到充分利用,结构受力合理,顶板上便于敷设城市地下管网和设施。明挖现浇隧道结构断面分单跨、双跨等形式,由于结构整体性好,防水性能容易得到保证,适用于各种工程地质和水文地质条件。但是,明挖法施工工序较多,速度较慢。

预制装配式衬砌的结构形式应根据工业化生产水平、施工方法、起重运输条件、场地条件等因地制宜选择,目前以单跨和双跨较为通用。关于装配式衬砌各构件之间的接头构造,除了要考虑强度、刚度、防水性等方面的要求,还要求构造简单、施工方便。装配式衬砌整体性较差,对于有特殊要求(如防护、抗震等)的地段要慎重选用。

(2)矿山法。

矿山法是暗挖法的一种,是用钻眼爆破方法开挖断面来修筑隧道及地下工程的施工方法,因借鉴矿山开拓巷道的方法而得名。

采用矿山法施工地铁区间隧道的时候,一般采用拱形结构,基本断面形式为单拱、双拱和多跨连拱。前者多用于单线或者双线的区间隧道或联络通道,后两者多用于停车线、折返线或喇叭口岔线。视地层及地下条件、环境条件、施工方法及隧道开挖断面尺寸的不同,矿山法隧道可选用单层衬砌或双层衬砌。

用矿山法施工时,将整个断面分部开挖至设计轮廓,并随之修筑衬砌。当地层松软时,则可采用简便挖掘机具,并根据围岩稳定程度,在需要时应边开挖边支护。分部开挖时,断面上最先开挖导坑,再由导坑向断面设计轮廓扩大开挖。分部开挖主要是为了减少对围岩的扰动,分部的大小和多少视地质条件、隧道断面尺寸、支护类型而定。在坚实、完整的岩层中,对中、小断面的隧道可不分部而将全断面一次开挖。如遇松软、破碎地层,须分部开挖,并配合开挖及时设置临时支撑,以防止土石坍塌。喷锚支护的出现,使分部数目减少,并进而发展成新奥法。

(3)盾构法。

盾构法(shield method)是一种达到全机械化程度的暗挖法,该法为修筑水底隧道而研制,常用于松软地质条件的隧道开挖。

盾构法修建的区间隧道衬砌有预制装配式衬砌、预制装配式衬砌和模注钢筋混凝土整体式衬砌相结合的双层衬砌以及挤压混凝土整体式衬砌三大类。

盾构法在开挖行进中同时完成衬砌,以此防止开挖面的坍塌,适用于地下隧道的挖掘。采用盾构法施工时,首先要在隧道的始端和终端开挖基坑或建造竖井,用作盾构及其设备的拼装井(室)和拆卸井(室),特别长的隧道,还应设置中间检修工作井(室)。当采用整体吊装的小盾构时,则井宽可酌量减小。井的长度,除了满足盾构内安装设备的要求,还要考虑盾构推进出洞时拆除洞门封板,在盾构后面设置后座以及垂直运输所需的空间。中、小型盾构的拼装井长度,还要考虑方便设备车架转换。盾构在拼装井内拼装就绪,经运转调试后,就可拆除出洞口封板,盾构推出工作井后即开始隧道掘进施工。盾构拆卸井设有盾构进口,井的大小要便于盾构的起吊和拆卸。其他施工主要有土层开挖、盾构推进操纵与纠偏、衬砌拼装、衬砌背后压注等。这些工序均应及时而迅速地进行,决不能长时间停顿,以免对地层产生扰动或对地面、地下构筑物产生不良影响。

1.2.2.4 我国地铁区间隧道施工特点

我国的地铁区间隧道在建设过程中具有以下施工特点。

(1) 工程规模大。相较于国外,我国一条地铁线路的建设周期比较短,投资却相对集中,我国初期每千米的地铁造价达到八九亿元,近几年地铁的造价有所降低,一般也在三亿到五亿元,长距离的地铁区间隧道是地铁线路的重要组成部分,所需要的资金投入很大。

(2) 周边环境条件复杂。我国修建地铁的各个城市的地形、地貌和水文地质条件各不相同,地铁施工前的相关地质勘察资料难以做到尽善尽美,尤其在一些地质复杂地区,等到开挖之后往往会发现,实际情况要比勘测了解的情况复杂许多。

(3) 施工技术难度高。我国的地铁施工相较于国外发达国家,起步较晚,从国外引进的施工工艺目前尚处于消化吸收阶段,我国地铁的设计和施工技术难以因地制宜。

(4) 影响因素多。地铁线路的地下部分一般修建在城市道路之下,难免会遇到多方面条件的干扰和制约,其中路面上的交通,尤其是车流和人流,路面之下的城市管线和附近的建筑物,以及现场狭窄的施工环境都对施工过程的干扰影响较大。

(5) 质量和安全标准高于一般的建设项目。地铁作为城市重点建设项目,在修建过程中会受到社会大众的广泛关注,必须对质量严格把关,一旦发生事故,会造成严重的经济损失和恶劣的社会影响。

(6) 建设时间不够充足。修建一条地铁的合理工期一般在五六年,可是我国的合同工期却要比合理工期短上一两年。有些地铁项目的建设有时会与城市重大活动的举办挂钩,赶工期往往成为家常便饭。

(7) 投资相对较少。一条地铁的建成需要一笔数量非常庞大的资金,目前我国修建地铁的资金有一部分来源于地方财政,为了省钱,有些城市地区将费用压得很低,这无疑会对地铁施工的质量和安全造成一定的负面影响。

(8) 施工安全难以保证。基于以上的几个特点,地铁施工的安全性得不到明确的保证。在如此条件之下,一旦发生安全事故,想要相关人员尽快摸清安全事故发生的原因,由此制定出适用于该地铁施工的安全管理措施,这无疑对地铁施工现场的安全管理提出了更高的要求。

1.2.3 地铁车辆基地土建工程概述

1.2.3.1 地铁车辆基地内涵

《地铁设计规范》(GB 50157—2013)中,明确了"车辆基地"为统一名称,车辆基地是保证地铁正常运营的后勤基地,其设计范围包括车辆段、综合维修中心、物资总库和培训中心以及必要的办公、生活设施等,是地铁正常运营所必需的设备和设施,见图 1.20。在我国,车辆段承担车辆的定期检修和车辆的运用整备及日常维修任务,根据承担车辆的定期检修等级的不同,车辆段分为大架修车辆段和定修车两类;停车场只承担车辆的运用整备及日常维修任务,必要时还承担双周检和三月检任务,有时还配备临修设备和设施,与车辆基地不同,停车场是不做定期检修的。在工程设计中,可用相应的车辆段或停车场命名,规范中同时明确指出,"设有车辆段的基地是车辆基地,仅设停车场的基地也是车辆基地,两者只是规模不同而已"。如图 1.21 所示,现有车辆基地分为三个层级,每个层级都有相应的建设标准与要求。

根据我国现行《城市轨道交通工程项目建设标准》(建标 104—2008),每条运营线路宜设一个定修车辆段,当车辆段距终点站超过 20 km 时,宜增设停车场(或辅助停车场),为"一段一场"(一个车辆段、一个停车场)原则,以保证车辆的正常维修和停放。车辆基地应靠近轨道正线设置,位置多在城市近郊,占地面积大,几公顷到几十公顷不等,停车及维修厂房盖上部分可根据周边具体情况进行物业开发。

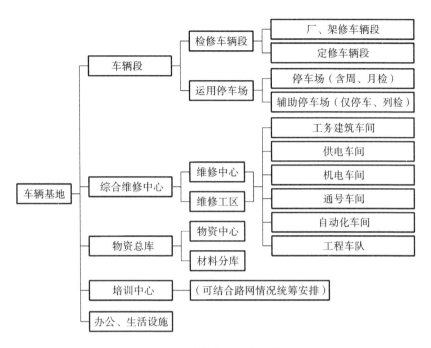

图 1.20　车辆基地功能组成图

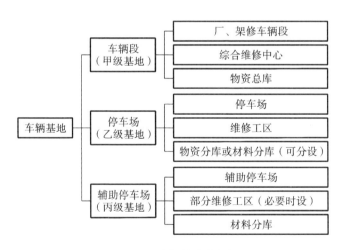

图 1.21　车辆基地分级图

1.2.3.2　地铁车辆基地概况

地铁车辆基地是地铁车辆停放、运用、检修及相关人员生产、生活、办公的总后勤基地,设有车辆段(停车场)、综合维修中心、物资总库、培训中心和其他相关配套设施。车辆基地以车辆段或停车场为主体,并依据车辆运用、检修的作业要求和段(场)的地形条件,维修中心、物资总库、培训中心等设施的布局,以及道路、管线、消防、环保、绿化等要求,结合实地气象条件,按有利生产、便于管理和生活的原则统筹安排、合理布置。车辆段和停车场在行车功能上基本一致。

车辆基地主要的生产任务如下:组织地铁列车早出晚归的收发列车作业,应对乘客平、高峰期增减列车的中途收发列车作业,车辆检修作业,洗车作业,试验线的试车作业,工程车辆及轨道车存放与运输作业。车辆在车辆基地内的作业为车辆在正线运营提供了安全保障,同时,作业的效率会直接影响车辆的正线运营计划和地铁的服务能力。一般情况下,每条地铁线至少有一个车辆段,较长的地铁线可能另配备有一两个停车场,车辆段与停车场形成主辅关系。在城市土地资源紧张的情况下,几条地铁线也可共用一个车辆段或共用一个停车场,以共享资源、减少土地占用、提高资源的利用率。车辆基地围绕生产作业安排和管理人员,通过规章制度、监控系统等各种手段保证人身安全。行车的安全主要由信号系统负责,调度员实时掌控站场情况并组织安全行车。

1. 基本组成及布局

地铁车辆基地一般包括各种用途的线路、建筑、设备、设施等,其简要布局如图 1.22 所示。线路按用途可分为出入段线、停车列检线、检修线、洗车线、试车线、牵出线、联络线、镟轮线、材料装卸线等。车辆基地建筑有运用库、检修库、工程车库、调机库、运转综合楼等。除此之外,还有一些辅助生活设施,如物资总库、食堂、公寓、办公楼等。运用库设有多条停车列检线,是客车进行日检、常规整备运用及接发车的场所。列检线一般分为两段,可同时停放两列六节编组的地铁列车。检修库配有几条专用的检修线,是客车进行双周检、三月检、定修等大修程以及临修的场所。工程车库和调机库是工程车及调机等车辆停放的场所。运转综合楼设有车辆基地调度中心,一般设置在靠近运用库的地方,便于段内生产作业的指挥。

2. 现有设备

我国各城市地铁车辆基地的装备技术水平大致相当,通常装备以下设备。

(1) 信号机。车辆基地信号机按性质分为列车信号机和调车信号机,按作业目的可分为入段信号机、总出发信号机、出段进路(出库)信号机、调车信号机、阻拦信号机。车辆基地入段信号机设在运行方向左侧外,其他信号机均设在运行方向的右侧。信号机显示主要有红色、黄色、蓝色和白色:红色为禁止信号,黄

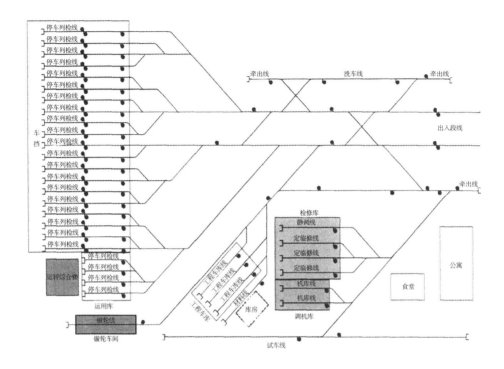

图 1.22 车辆基地平面示意图

色为列车允许信号,蓝色为禁止调车信号,白色为允许调车信号。

(2) 联锁设备。车辆基地装备计算机联锁系统,实现信号设备的电气集中控制。联锁根据作业情况可办理列车进出段、调车转线作业等进路,可实现单独操纵道岔和单独锁闭道岔、总取消、总人解及道岔封闭和清封闭、破封检查等,操作方式为用鼠标在屏幕按压相应的功能按钮,若办理进路的操作有误或挤岔、信号灯断丝,在屏幕上将显示提示或语音报警。

(3) 自动监视系统(automatic train supervision,ATS)。监控工作站主要用于车场调度员和值班员了解列车运行计划和正线运行状况,辅助车场调度员管理与监控列车出入段计划和执行情况。

(4) 办公设备。车辆基地配备电脑、打印机、传真机等常用办公设备,同时有独立的车辆检修管理系统、派班管理系统、叫班系统、酒精检测系统和答题系统,用于辅助调度员管理生产作业计划。

(5) 通信设备。专用调度电话及无线调度电台用于行车指挥,并具有录音功能,可实现车场调度员、信号楼值班员与行车调度员直接通话,公务电话作为后备。独立的区域广播系统用于即时信息的传达。闭路电视监控系统(CCTV)

用于列车出入段运行和现场施工作业的监控。联网时钟系统用于统一各系时钟。

（6）牵引供电设备。车辆基地牵引供电设备主要有变电所、接触网等，车辆基地内负荷分级：通信、信号、变电所用电、试车线信号房动力为一级负荷；与车辆运用直接有关的动力为二级负荷；车辆一般检修动力、各类通风设备为三级负荷。接触网架设范围有试车线、洗车线、检修库、运用库、牵出线等。部分线路如材料线、镟轮线无接触网。

（7）其他设备。车辆基地纳入地铁FAS/BAS的监控范围，配有火灾自动报警系统和环境与设备监控系统，保证段内生产作业环境的安全。

3. 主要生产岗位

车辆基地内按岗位划分职能，主要岗位有车场调度员、车辆检修调度员、派班调度员、值班员（后台值班员）、信号员（前台值班员）、正线司机、月检班组、定修班组、日检班组、洗车组、调车组（电客车和内燃机车分设）等，可达数百人。岗位职能介绍如下。

（1）车场调度员。车场调度员简称"场调"，主要职责是组织行车计划，包括制定场内转线调车及接发列车计划，同时还肩负段内B类施工的盯控和调度命令的传达等责任。场调需实时掌握场内生产作业情况，合理安排接发列车及场内调车，保证场内行车、作业安全、高效进行。

（2）车辆检修调度员。车辆检修调度员简称"检调"，主要职责是保证每日车场内车辆的检修作业安全、有序、高效进行，主要任务是综合考虑运行图、周计划、运营日计划、收车计划、检技通、登顶和洗车计划、正线和段内故障、检修作业实际进展情况、班组的检修能力等信息，编制"车辆检修日生产计划"，并派工给各检修班组、保洁人员等完成日常的检修任务。

（3）派班调度员。派班调度员简称"派班调"，主要负责车辆基地人员的派班，包括全段所有机班人员的出退勤管理，全段工程车的派班轮换，机班、调车组人员的请销假，培训等岗位在线与离线管理，机班人员行驶里程、担当车次信息等统计内容管理。

（4）值班员与信号员。值班员与信号员具体负责场内调车进路和列车进路的选排与控制。信号员使用联锁控显机通过始终端按钮直接排列进路，并通过ATS站场显示终端，随时关注邻站及转换轨的列车运行情况，同时负责维护占线板（绘有站型线路图的金属白板）。值班员掌握来自场调编制的收发列车计划，依计划组织行车。

(5) 正线司机。正副司机加实习司机组成一个机班,机班的出勤时间由派班调度安排并提前通过QQ或短信通知到个人。司机驾车进出车辆基地之前应先通过手台与值班员联系进路,回段后如遇到临时停放待检的情况,应等待检车完毕并将车组移至指定地点后再办理退勤。

(6) 检修班组。检修班组指直接承担车辆日常检修与专业检修任务的人员,主要包括日检班组、月修班组、定修班组、驻站检修人员、保洁人员、专业工程师。

(7) 调车组。调车组负责车辆基地调车作业,分电客车调车组和工程车调车组。调车组人员平时在固定的办公室内待令,配备终端一台,接入办公网。当接到调车任务时,前往场调处,由场调当面布置调车计划内容及注意事项,之后前往作业地点,通过手台与值班员确认进路后完成调车作业。

4. 生产作业

车辆基地的业务流程主要围绕车辆检修进行,检修工作以检修计划为基础,计划由粗到细分为年度计划、月计划、周计划、日计划4个层次,检修内容也分为日常保洁、洗车、定修、三月检、双周检等不同层次。检修计划的编制依据是车辆的修程、运行图、检修能力、检技通以及其他检修需求。行车组织以满足检修需要和交车计划为前提,收发列车计划均需重点考虑次日的检修和运营需求。车辆基地内作业应优先接发列车。接发列车时,应提前10分钟停止影响接发车进路的调车作业;发车时,应提前3分钟开放信号。非紧急情况下,调车、施工等其他作业不得影响接发车作业。车辆基地生产作业可分为发车作业、接车作业、段内日检、登顶、洗车、双周检等检修作业以及调车作业,如图1.23所示。

车辆基地接发车作业的主要对象为承担运营任务的电客车,工程车也可开往正线进行施工或救援等作业,待作业完成后接回段内。启用库备车或接发其他线车辆时需按加开列车办理。检修作业在段内进行,不同类型的检修所使用的线路不同。调车作业分为电客车调车和工程车调车。电客车调车只能在接触网覆盖区域,无接触网区域调车需使用工程车牵引。

1.2.3.3 地铁车辆基地平面布置总体原则

车辆基地的平面布局规划应根据服务功能需要和车辆检修需求,在充分考虑车辆基地选址处地形地貌和周围环境因素,满足地铁车辆运营和检修工艺需求以及运营过程中的质量保证和安全生产的前提下,车辆基地总平面图规划图应尽量提高作业效率,改善车辆基地内检修、运营作业条件,减少建设成本投资,

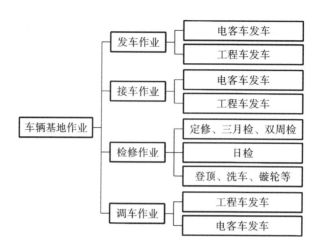

图 1.23 车辆基地作业分类

降低车辆基地运营成本,最大化综合效益价值为目的,确定主要设计原则如下。

(1)房屋布局在满足生产工艺要求和工作生活需要的前提下,应根据房屋不同功能需要进行有层次或分区域的布置,如做到动静分离,即工作人员上班密集办公场所与车辆检修噪声较大场所尽量分开,为工作人员提供一个无噪声的健康办公场所;但同时要考虑不同房屋之间的联系,使整个车辆基地方便管理;充分考虑地区的气候特点和地域特色,并满足城市规划的总体布局及分区规划的要求。

(2)在满足使用功能和业主需求的前提下,尽可能地将建筑按照功能进行整合设置,避免造成房屋功能冗余,无形中增加建筑物的数量及规模,造成建设用地浪费以及增加投资。

(3)特别注意对环境和自然资源的保护,结合地形地貌、地质条件、绿化、道路等现场条件考虑。

(4)充分利用现场用地地形、地质、现状条件,充分考虑环境保护、绿化、消防、通风、采光、整体城市规划的要求以及城市的气候和地域特点,再进行建筑总平面图以及其他单体建筑内部、外部等空间设计,形成特色。

(5)各栋建筑造型力求实用、美观,体现现代轨道交通和工业建筑的特点及地域特色,并使其与周围环境和谐统一。

(6)在车辆基地设计规划初期,应适当考虑使用"四新"技术,合理利用新材料、新技术、新工艺等,增加建筑的科技含量,做到安全经济,实用美观。

(7)充分考虑利用自然采光及通风节能措施,做到"四节一环保",尽量减少建筑的能耗。

1.2.3.4 地铁车辆基地施工方法

车辆基地施工场地大,作业面广,交叉施工十分常见,根据习惯,一般有多种施工方法。

1. 按专业及分部工程整合习惯划分

按此分类进行的工程实施过程有不同的划分方法,使用较多的有以下两种。

方法一:①站场路基工程阶段;②房屋建筑工程阶段;③机电设备安装工程阶段;④轨道工程阶段;⑤装饰工程阶段。

方法二:①站场填筑(土石方、支挡)及地基处理工程;②基础工程;③主体结构工程;④机电设备安装工程;⑤轨道工程;⑥电务工程;⑦装饰工程。流程示意图如图1.24所示。

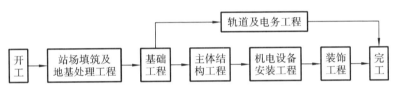

图1.24 方法二流程示意图

2. 按总包合同分类

按一般车辆段总包合同分类:①车辆段+0.00以下工程(施工1标);②车辆段+0.00以上整体工程(施工2标)。

3. 按管理流程分类

按管理流程大致可分为:①工程施工准备;②工程施工;③工程验收、整改及移交。

第 2 章　地铁车站土建工程

2.1　明挖法地铁施工技术

2.1.1　明挖法施工简介

明挖法(明挖顺筑法)是指首先从地表向下开挖基坑,然后在基坑内从下往上建造车站的主体结构,最后回填土、恢复路面的施工方法。明挖法车站大部分采用矩形框架结构,部分采用拱形结构。明挖施工一般可以分为五大步骤:围护结构施工、基坑降水、土石方开挖(支撑体系支设)、主体结构施工、管线恢复及覆土。

明挖法基坑常用的支护方式有桩(墙)+内支撑体系和桩(墙)+锚杆支撑体系,当现场施工条件比较宽裕时,可采用放坡开挖或土钉墙支护,见图 2.1。

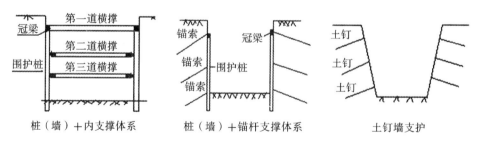

图 2.1　明挖法地铁车站基坑支护形式

对地下水较高的区域,为避免土方开挖中因水土流失引起的基坑坍塌和对周围环境的不利影响,在施工过程中需要进行基坑降水。

基坑开挖时根据土质情况采取纵向分段、竖向分层、横向分块的开挖方式。

支撑体系是地铁车站施工的重要步骤之一。一般情况下,明挖法地铁车站第一道支撑为钢筋混凝土支撑,第二道、第三道及之后用钢支撑。

主体结构工程与房屋建筑工程相似,一般采用现浇整体式钢筋混凝土框架结构,包含钢筋工程、模板工程、混凝土工程、防水工程。

明挖法是地铁车站建设常用的一种施工方法,具有安全可靠、技术上容易控制、经济效益好等优点。采用明挖法施工时需要开挖深基坑,在施工场地比较开阔、周围环境条件允许的情况下适宜采用该方法。

2.1.2 明挖法基坑的类型

明挖法基坑有两类:一是敞口放坡基坑;二是有围护结构的基坑,如图 2.2 所示。地铁车站基坑一般处于城市繁华地区,深度大,地质条件差,周围建(构)筑物密集,交通繁忙,一般采用有围护结构的基坑。

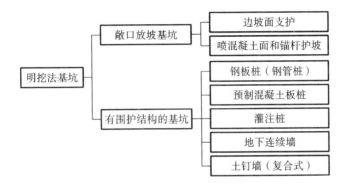

图 2.2　明挖法基坑类型

2.1.3 明挖法施工的主要工序

其施工的主要工序如下。

第一步:架设围挡,管线改移、降水、地基加固,进行地下连续墙(或围护桩)施工,如图 2.3 所示。

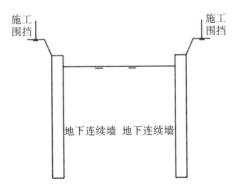

图 2.3　第一步

第二步：严格按照"先支撑后开挖"的原则，依次架设三道支撑，第一道支撑一般为混凝土支撑，后面几道支撑一般为钢支撑，直至基坑底部，如图 2.4 所示。

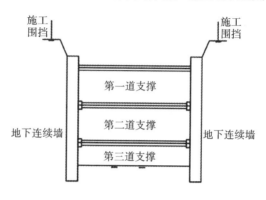

图 2.4　第二步

第三步：对基坑底部进行处理，施工底板垫层，铺设防水层，并在边墙部位预留施工缝，如图 2.5 所示。

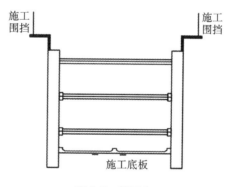

图 2.5　第三步

第四步：拆除第三道支撑，向上施工中板、纵梁以及柱，并铺设防水层，浇筑边墙结构，如图 2.6 所示。

第五步：拆除第二道支撑，继续向上铺设防水层，施工站厅层的其他结构，如图 2.7 所示。

第六步：拆除第一道支撑，回填覆土，恢复改移的管线以及路面，施工站厅层的其他结构，如图 2.8 所示。

2.1.4　明挖法施工的特点

一般来说，明挖法具有以下显著优点：①工序简单、管理方便；②施工场地宽

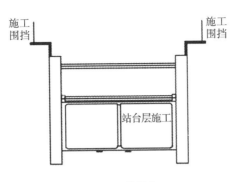

图 2.6 第四步

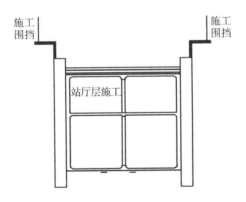

图 2.7 第五步

图 2.8 第六步

敞、施工机械选择方便；③施工进度快；④施工质量可以得到充分保证；⑤造价低。

然而，明挖法也有以下缺点：①影响施工场地附近的居民生活以及交通情况；②对环境的污染比较大；③基坑坑壁的稳定性难以把控，但也是明挖法施工的关键。

2.1.5 明挖法施工工艺

明挖法是一种相对简单、施工工艺成熟的地铁车站施工方法。下面对该方法的主要施工工艺进行介绍，包括地下连续墙、基坑降水、土方开挖、支撑架设。

1. 地下连续墙

明挖车站通常设计为深基坑，宽度也较大，为了减小环境土压对基坑内施工安全的影响，一般在开挖前需要施作围护结构，地连墙以施工工艺成熟的优势，成为常用的围护结构。

（1）施工流程。

地下连续墙施工的工艺流程，如图2.9。

施工流程包括场地平整、测量放样、导墙施工、成槽施工、清孔验收、吊放钢筋笼及工字钢、采取防扰流设备、下设导管、浇筑混凝土等工序。其中的控制要点包括导墙施工、槽段开挖及泥浆使用。导墙的质量标准见表2.1。

表2.1 导墙质量标准

序 号	验 收 项 目	标 准
1	内墙面与地下连续墙纵轴平行线度	±10 mm
2	内外导墙间距	±10 mm
3	导墙内墙面垂直度	3‰
4	导墙内墙面平整度	3 mm
5	导墙顶面平整度	5 mm
6	导墙顶面标高	±10 mm

（2）导墙施工。

施工导墙的作用是防止地表土体坍塌，同时为槽段施工提供支撑平台。导墙的施工质量关系到地下连续墙的施工，必须引起高度重视。

导墙形式一般采用"┐ ┌"型。地质条件较差时，也可以采用"][" 型，并适当

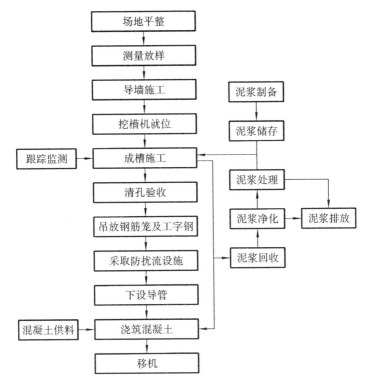

图 2.9 地下连续墙施工的工艺流程

加深导墙。当混凝土强度达到设计强度的 70% 时,可以进行拆模,并立即使用方木顶紧两侧导墙。

成槽机在地下连续墙拐角处时,应根据成槽机的断面形状多延伸出 300 mm。分段施工现浇导墙时,水平段的钢筋应提前预留连接筋,以方便与相邻接段导墙的钢筋相连接。导墙养护期间,重型机械不得在附近停置或从事施工作业。

(3)槽段施工。

①设备选型。

土层常采用液压抓斗成槽机进行地下连续墙的成槽施工;强度较高的中、微风化岩层则常用冲击钻冲击成槽。

②成槽施工。

a. 液压抓斗成槽机成槽施工流程如下。

地下连续墙采用分幅施工的方式,以 6 m 为一个标准段。每幅连续墙施工时需要先抓取两侧土体,再抓取中间土体,防止两边受力不均对槽壁垂直度造成影响。

成槽机掘进时应做到稳、准、轻放、慢提,并及时监测成槽机内导杆和钢丝绳的垂直度。成槽过程中应保持泥浆面在导墙顶面以下 0.3 m,同时高于地下水位 0.5 m。

采用液压抓斗成槽机成槽时,挖槽完成后需要采用超声波测壁仪进行检测,从而确保槽壁垂直度。

b. 冲击钻冲击成槽施工流程如下。

采用冲击钻机进行冲击成槽施工时,首先要采用冲击钻冲击主孔,主孔间距一般为地下连续墙厚度的 1.5 倍。然后针对主孔之间的部分,采取冲击副孔的形式进行冲击。最后用方形锤修整槽壁。

冲击钻冲击成孔过程中每次进尺 0.5~1.0 m 时,要测量一次钻孔的垂直度,超过标准时应随时纠偏。同时钻机应保持勤松绳、勤掏渣的状态,并随时检查钻头推进和提升钢丝绳之间的联结。

(4) 泥浆使用。

泥浆材料的选择包括水、膨润土、增黏剂、其他外加剂等。外加剂的用量需要根据实际情况合理选择。泥浆的拌制:将原材料称量后进行投料,混合搅拌后,检测泥浆的性能指标,静置 24 h 后使用。

新鲜的泥浆要经过检验后才能使用。使用过一次的泥浆,需要经过振动筛和旋流器进行分离和净化。处理之后与新鲜泥浆相混合,必要时补充一部分掺入材料,检验各项性能指标并符合要求后,即可循环使用。

挖槽过程中泥浆密度保持 1.05~1.25 g/cm³,清空后泥浆密度保持 1.05~1.15 g/cm³。

2. 基坑降水

基坑降水的目的是降低土体的含水率,提高土体的抗剪强度及稳定性,以防止土体在开挖中发生滑坡破坏。基坑降排水包括集水明排和井点降水。

集水明排是指通过在基坑周边设截水沟和集水井来收集地表水,防止地表水流入基坑内的排水方法。常见的做法是在基坑内设置排水沟,排水沟每隔 20~30 m 设置一个集水井,集水井低于排水沟,从而保证地表水被及时收集到集水井内。集水井内要配备水泵,保证随集随排。

(1) 井点降水方案的选择。

选择井点降水方案时,应综合考虑降水深度及土壤类型两个因素。各种井点降水形式的适用范围见表 2.2。

表 2.2 各类井点降水形式的适用范围

降水方法	适用条件	
	渗透系数/(m/d)	水位降低深度/m
单层轻型井点	0.1~50	3~6
多层轻型井点	0.1~50	3~6
喷射井点	0.1~50	3~6
管井井点	20~200	>10
砂(砾)渗井点	20~200	按下浮强度导水层的水头、导水性与坑深确定

(2) 井管布置。

井管位置与外边沿距离不得小于 1.5 m。井点管之间的距离要经过计算得到。

(3) 降水井施工。

降水井施工工艺流程：准备工作→钻机就位→定位安装→开孔、下护管钻进、成孔后换泥浆→井管安装→填过滤粗砂、封堵上口→洗井。

钻机就位：降水井定位后，钻机进场，基座保持平稳。

开孔、下护管：启动钻机、钻头钻进，达到设计深度时停机、提出钻头，安装护管，护管底要插至井底，护管上不应高出地面 50 cm。

钻进、成孔后换泥浆：重新启动钻机，开始成孔施工，孔内自然造浆。钻机停机后依然保持泥浆护壁。

井管安装：校核孔的垂直度，测量孔深，符合要求后，钻机将井管平稳地吊入孔中，进行测斜调整后完成安装。

填过滤粗砂、封堵上口：井管内插入钻杆，密封井管上口，从钻杆向井孔内送浆冲孔，把泥浆稀释到密度为 1.05 g/cm³ 后，填入过滤料。

洗井：用空压机清除孔内泥浆，直至井内完全出清水为止。再用污水泵进行反复性抽洗。

3. 土方开挖

(1) 土方开挖程序。

土方开挖程序：测量放线→分段、分层开挖→排水→钢支撑工作面整平→钢支撑、钢围檩等施工。

(2) 土方开挖施工。

土方开挖应"分层、分段、分块"开挖。分层开挖是指土方开挖需要根据施工组织设计中的支撑设置情况进行分层,每层均开挖至支撑底面标高以下 0.5 m。分段开挖是指在分层开挖之后再沿车站的纵向,以若干个支撑的范围为一段,逐段进行土方开挖工作。分块开挖是指每层每段内的土方应采用分块开挖的方式进行,可以先挖两侧部分再挖中间部分。同一层内开挖时,常用的做法有两种:沿基坑的纵向,由一端向另一端开挖,从两端向中间开挖。

基坑土方开挖遵守"先撑后挖、限时支撑、严禁超挖"的原则。先撑后挖是指土方开挖过程中,支撑的架设应及时,先支撑完成才可以进行下一层土方的开挖。限时支撑是指施工中要把握好土方开挖的时间和土方开挖后支撑架设完成的时间,不应拖延。严禁超挖是指土方开挖过程中要严格控制单次的土方开挖量,土方开挖至接近基底 200 mm 时,应采用人工开挖的方式。

4. 支撑架设

(1) 施工流程。

支撑架设的施工流程见图 2.10。

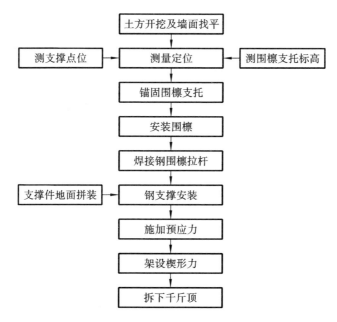

图 2.10 钢支撑架设的施工流程

施工流程包括土方开挖及墙面找平、测量定位、锚固围檩支托、安装围檩、焊接钢围檩拉杆、钢支撑安装、施加预应力、架设楔形力、拆下千斤顶等工序。其中的控制要点包括围檩安装、钢支撑安装、施加预应力。

(2)安装围檩。

钢支撑一般选用钢管,作用在地下连续墙的预埋钢板中。钢围檩分节逐段吊装,人工配合吊机将钢围檩安放于钢牛腿上,钢围檩上部采用拉筋将其与围护桩拉结,防止钢围檩侧翻坠落。

钢围檩之间连接钢板应焊接牢固,焊接完后应检查有无漏焊、虚焊现象,钢围檩安装支撑完成后应检查钢牛腿是否因撞击而松动,围檩背后空隙需用高标号混凝土填充密实,以便围檩均匀受力。

(3)钢支撑安装。

钢牛腿、钢围檩安装完成后,先用吊车将各规格钢支撑配节吊至基坑一侧拼装场地进行组装,组装完成后用吊车将拼装好的钢支撑吊装至支撑设计位置钢围檩上。安装时,腰梁、端头千斤顶各轴线要在同一平面上,为确保平直,横撑上法兰盘螺栓应采用对角和等分顺序拧紧,纵向钢腰梁就位时,放置要缓慢,不得碰撞冲击。

(4)施加预应力。

支撑固定后,应按照设计要求施加预应力。两台千斤顶对称、平行地安置后同步对称地施加预应力。当预加的轴力达到设计值后,焊紧钢楔块,松开千斤顶。预应力应匀速并逐级增加。

2.2 盖挖法地铁施工技术

在城市地下建筑施工工程中,埋深较深,又不允许较长时间占用地面交通路面的情况下,可以采用盖挖法施工。盖挖法施工,即先施工顶板(盖),顶板完成后在其上铺设管线和施工沥青混凝土道路,然后再在顶板(盖)下挖土,施工底板和内衬。它的优点在于能够将地铁施工对路面交通造成的影响降到最低。

2.2.1 盖挖顺筑法

2.2.1.1 盖挖顺筑法施工步骤

在路面交通不能长期中断的道路下修建地下铁道车站或区间隧道时,则可采用盖挖顺筑法。该方法系于现有道路上,按所需宽度,由地表完成挡土结构后,以定型的预制标准覆盖结构(包括纵、横梁和路面板)置于挡土结构上维持交通,往下反复进行开挖和加设横撑,直至设计标高。依序由下而上逐层修筑主体结构和采取防水措施,回填土并恢复管线路或埋设新的管线路。最后,视需要拆除挡土结构的外露部分及恢复道路,如图 2.11 所示为盖挖顺筑法施工步骤。深圳地铁科学馆站就是成功采用盖挖顺筑法修建地铁车站的实例。

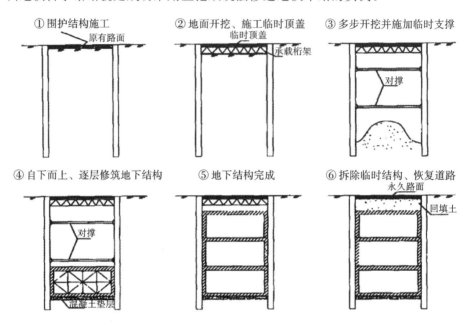

图 2.11 盖挖顺筑法施工步骤

2.2.1.2 盖挖顺筑法施工关键技术问题

1. 围护结构形式的选择

由盖挖顺筑法的施工过程可以看出,该法首先要在地面以下形成一个由顶盖和围护结构包围的巨大地下空间,再依照地上建筑物的常规施工顺序由下而上修建地下结构的主体结构。根据用途和需要,该围护结构既可以成为地下永久主体结构的一部分,承受永久荷载,也可以不组成地下永久主体结构,仅仅在施工阶段承受荷载。虽然如此,盖挖顺筑法成功的最根本的条件是由顶盖和围护结构提供的安全和稳定的地下空间。因此,根据现场条件、地下水位高低、开挖深度以及周围建筑物的邻近程度,盖挖顺筑法的首要技术关键是选择围护结构的形式。由于钻孔灌注桩具有施工设备简单、施工工艺成熟、容易满足增加刚度的要求、工程质量容易保证和造价较低等一系列优点,在北方地下水位较低的第四纪地层的地下工程施工中往往成为围护结构的首选。但是在地下水位较低的情况下,选择止水性能好的地下连续墙或密排咬合桩作为围护结构,则降、排水容易,工程成功有保证。我国南方多为饱和的软弱土层。在这种情况下,应以刚度大、止水性能好的地下连续墙为首选方案。例如上海地铁多采用地下连续墙技术。而为了降低造价、加快进度,已建成的深圳地铁的盖挖顺筑法车站则多采用人工挖孔咬合桩作为围护结构。

2. 支撑的设置和地面沉降的控制

对于常见的地铁车站和地下商业结构,其结构形式往往深入地下 2~3 层。因此在施工过程中,所需要的地下空间净高度可达 25 m。在长达数月的施工过程中,在地面活荷载和堆载的不断作用下,为保证围护结构的安全和稳定,按照地区临近建筑的保护要求等级,控制地面沉降在设计允许的范围内,是盖挖顺筑法的另一个技术关键。多道临时横向支撑是减少围护结构(护壁桩、连续墙)变形和内力的首选。大多数情况下,按照要求,在逐层开挖顶盖下的土体的过程中自上而下架设临时横撑。但是在地下结构施工过程中,随着结构的增高,临时横撑都面临拆除和通过已形成的正式结构再支撑的过程。直到结构主体及其外部防水层全部施工完毕,进行上部土体回填,才拆除各道临时横撑。采用钻孔灌注柱桩加土体预应力锚索的组合可以避免临时横撑的拆除和再支撑。这样不仅可以省去制造或租用大量的钢制临时对撑的费用,也增加了围护结构内部的作业空间,有利于提高施工效率。但是其缺点是土体预应力锚索不易回收,而且会侵入地下结构外侧的地下空间,有时不容易得到规划部门的批准。特别是在附近地层中有重要管线存在的情况下,为了避免事故发生,应当慎用。

如果地下结构的宽度很大,例如像岛式地铁车站这样的建筑,则往往设有中间桩接中间柱的结构。在某些不设永久性中柱的情况下,为了缩短横撑的自由长度,防止横撑失稳,并承受横撑倾斜时产生的垂直分力以及行驶于覆盖结构上的车辆荷载,常常需要在建造侧壁围护结构的同时建造中间桩柱以支承横撑。中间桩柱可以是钢筋混凝土钻孔灌注桩,也可以是预制的打入桩。在这种情况下,中间桩柱一般为临时性结构,在主体结构完成时将其拆除。

为了增加中间桩柱的承载力和减少其入土深度,可以采用底部扩孔桩或挤扩桩。定型的预制覆盖结构一般由型钢纵、横梁和钢-混凝土复合路面板组成。路面板通常厚 200 mm,宽 300~500 mm,长 1500~2000 mm。为便于安装和拆卸,路面板上均设有吊装孔。

3. 降、排水施工

盖挖顺筑法施工,虽然是"棚盖下的明挖施工",但是为了便于结构下部施工,必须使施工期地下水位低于底板,否则将难于施工,因此在地下水位较高的情况下,有必要采用围护结构堵水、基坑内部降水等有效措施,保持围护墙内土层的地下水位稳定在基底以下,以保证施工顺利进行。

2.2.1.3 盖挖顺筑法的优点和缺点

盖挖顺筑法的优点:盖挖顺筑法基本上按照基础—下层—上层的施工顺序形成,也就是说其永久结构和地面常规施工方法建成的结构类似,所以称作顺筑法,这种施工顺序决定了盖挖顺筑法不存在盖挖逆筑法施工中所产生的结构应力逆转和"抽条施工",当然也就不存在各部不均匀沉降和普遍存在的界面收缩应力问题。结构从下往上形成,次生应力小,整体性好,防水施工效果较好。

盖挖顺筑法的缺点:一方面,盖挖顺筑法要修建临时顶盖和铺设临时路面的特点决定了主体结构施作完要拆除临时顶盖、修建正式路面,而且修建顶盖的费用较高,施工过程中两次占用道路,对交通的影响比较大;另一方面,采用盖挖顺筑法修建地铁车站的基坑围护结构需要独立承载长达一年左右时间,虽有对撑受力,但其间的应力和变形也很难精确控制,所诱发的坑周地表沉降较大,对邻近建筑物安全的影响也较大。

2.2.2 盖挖逆筑法

2.2.2.1 盖挖逆筑法施工步骤

车站基坑开挖面较大、埋深较浅、周围建筑物过于密集,需要尽量防止因开挖引起邻近建(构)筑物的沉陷。采用盖挖逆筑法施工可以解决需要及早恢复路面交通的问题,也不需要定型的覆盖结构,其施工步骤:先在施工场地的表面向下做围护结构和中间抽柱。和盖挖顺筑法一样,基坑围护结构多采用地下连续墙,或钻孔灌注桩,或人工挖孔桩。中间桩往往多利用主体结构本身的中间立柱以降低工程造价。随后即可开挖表层土至主体结构顶板底面标高,利用未开挖的土体作为土模浇筑顶板。它还可以作为一道强有力的横撑,以防止围护结构向基坑内变形,待回填土后将道路复原,恢复交通。以后的工作都在顶板覆盖下进行,即自上而下逐层开挖并建造主体结构直至底板。在特别软弱的地层中,且邻近地面建筑物时，除以顶、楼板作为围护结构的横撑外，还需设置一定数量的临时横撑，并施加不小于横撑设计轴力80%的预应力。施工步骤见图2.12。

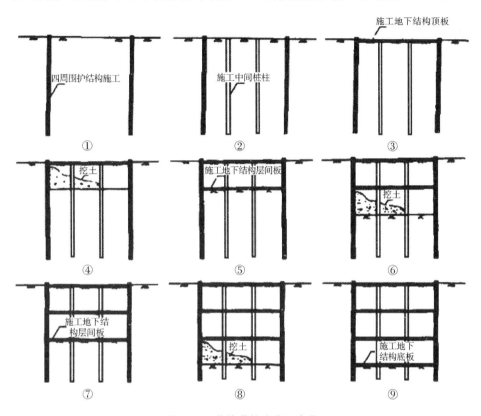

图2.12 盖挖逆筑法施工步骤

为了减少围护结构及中间桩柱的入土深度，可以在做围护结构和中间桩柱之前，用暗挖法预先做好它们下面的底纵梁，以扩大承载面积。当然，这必须在工程地质条件允许暗挖施工时才可能实现，而且在开挖至下一层土和浇筑底板前。由于围护结构和中间桩柱都无入土深度，必须采取措施，如设置横撑以增加稳定性。北京地铁天安门东站就采用了这种施工方法。

盖挖逆筑法结构的边墙可以有两种不同的形式：单层墙和双层墙。单层墙是以临时支护结构（地下连续墙或经过锚喷连接的护壁桩形成的侧壁）直接作为永久结构的侧墙；双层墙是把临时支护结构（地下连续墙或经过锚喷连接的护壁桩形成的侧壁）作为承受施工期间荷载的主要结构，而在它们的内侧、在防水层的内部，浇筑永久结构的承力侧墙。若采用单层墙或复合墙，结构的防水层不易施作。这种情况下采用双层墙围护结构和主体结构墙体分离，二者之间没有钢筋连接,结构上相互独立,就可以在结构墙体的外侧敷设完整的防水层。相比较于盖挖半逆筑法,应该着重注意中层楼板在施工过程中悬空导致的结构稳定和强度不足问题,设置吊杆来连接顶板和楼板可以解决此问题。

单层墙的形式往往用于覆土较浅的小型地下通道,而双层墙的形式多用于重要的多层大型地下建筑,例如地铁车站。北京地铁复—八线永安里车站就采用了钻孔灌注桩作为围护结构、内部浇筑独立边墙的双层边墙的盖挖逆筑法结构的成功实例(见图2.13)。

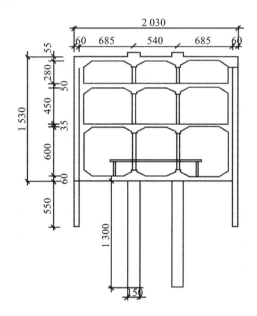

图2.13 北京永安里盖挖逆筑法结构示意图

盖挖逆作法施工时,顶板一般都搭接在围护结构上,以增加顶板与围护结构之间的抗剪能力和便于敷设防水层。所以,需将围护结构外露部分凿除,或将围护结构仅做到顶板搭接处标高,其余高度用便于拆除的临时挡土结构围护。

2.2.2.2 盖挖逆筑法施工受力分析

盖挖逆筑法施工所形成的结构最大的特点:结构主体是由上向下逆向施工的,与别的施工方法比较,盖挖逆筑法产生了独特的受力问题。

1. 施工和使用阶段之间结构的受力转换

采取逆筑法修建的盖挖地铁车站,其作为永久结构承重的边墙和底板受力状态在施工阶段和使用阶段有很大变化。地下构筑物的围护结构采用双层墙形式,其上在浇筑采用微膨胀混凝土材料内侧墙初期受竖向的压力。而开挖下一层土和施作楼板结构的时候,下一层楼板给它向下的拉力。在完成所有结构的施作后,随着沉降稳定后,内侧墙的最终受力状态仍然是竖向受压。作为结构顶板受力方向不变外,其他各层楼板受力都经历一个变化过程。结构各部分由于受力状态的变化而产生的应力组合更加复杂。所以,依靠监控测量手段,掌握各个施工阶段结构体系的受力转换,确保车站结构在施工和使用阶段都处于安全掌控之中,是明(盖)挖逆筑法修建技术首要关键点。

2. 受力和变形特点

(1) 盖挖逆筑法地铁车站是一个分步施工的过程。施工阶段的临时结构和永久结构合一。结构的某些构件从施工开始即受力。结构形式、支承条件和受载情况随开挖过程不断变化。荷载效应具有继承性,即这一施工过程在结构中产生的内力和变形,是前一个施工过程的继续;使用阶段的受力状态是施工阶段受力状态的继续。

(2) 地层特性对结构受力的影响比顺筑法更为明显。地层不仅对结构施加荷载,同时也参与结构内力和变形的分配。地层受载较大的某些部分在受力过程中常进入塑性状态。

(3) 边墙也充当挡土结构,在主要承受横向荷载的同时,也承受来自水平构件的竖向荷载。而中柱主要只承受竖向荷载。随着施工的进行,竖向荷载在中、边桩之间分配;到结构底板施作好后,竖向荷载从中、边桩传向底板。

(4) 盖挖逆筑法基坑开挖的支护一般为钻孔灌注柱或地下连续墙,因为成桩(墙)过程中对地层扰动极少。结构的顶板和楼板取代了横撑,基坑开挖产生的围护结构变形较小。相同较稳定的地层条件下,盖挖逆筑法在墙面上产生的土压力比一般放坡开挖或用顺筑法施工的地下结构更接近静止土压力。

(5) 盖挖逆筑法地铁车站通常埋置较浅,地面车辆荷载对结构受力有较大影响,不仅使隧道结构的受力具有一般公路桥梁的特点,而且车辆荷载在任何一个施工阶段都可能存在,也可能消失,车辆荷载作用的结构在不断变化,因此车荷载对结构的作用不能"叠加",只能"替代"。

(6) 在基坑开挖和浇注结构过程中,由于垂直荷载的增加和土体卸载影响造成边墙和中间柱之间的相对升沉,是逆筑法施工遇到的特有问题。例如,在上海基础公司科研楼的施工中,地下室封底前实测到两侧地下墙的下沉值分别为 4 mm 和 5 mm,中间桩抬升 10 mm,即中间桩和连续墙之间的相对升沉值为 14~15 mm。施工期间中、边桩之间的相对升沉将会在顶、楼板等水平构件及立柱中产生较大的附加应力。

上述特点表明,传统的适用于放坡开挖的结构分析方法,即基本不考虑施工过程、结构完成后一次加载的计算模式,或虽然考虑施工阶段和荷载变化的影响、却忽略了结构受力继承性的分析方法都与结构实际的受力状态相距甚远。必须根据明(盖)挖逆筑法的施工工艺及结构受力特点,建立新的、能够反映结构实际受力状况的分析方法。

3. 结构受力分析考虑的主要问题

(1) 能恰当模拟分步开挖过程及使用阶段不同的受力状况。根据施工过程荷载及结构的变化情况,可把盖挖逆筑法车站结构的受力过程分解为若干个相对独立的步骤。分步原则:结构组成、支撑情况有较大变化或结构受力情况有很大变化时。

(2) 能反映结构变形和应力状态的继承性。对于形式、刚度、支承条件和荷载作用不断变化的结构,采用叠加法计算内力和变形较简单。即对于每一个施工步骤或受力阶段,只计算荷载增量(或荷载变化)引起的结构内力和变形的增量,这一个施工步骤完成后结构的实际内力和变形,应是前面各施工步骤荷载增量引起的内力和变形的代数和。

(3) 能反映地层与结构的相互作用及土体的非线性特性,反应基坑卸载对结构受力的影响。地层与结构的相互作用采用温克地基梁模型,用水平弹簧模拟地层对侧墙及中间柱水平位移的约束作用,用竖直弹簧模拟地层对底板、侧墙及中间桩端部垂直位移的约束作用,用切向弹簧模拟地层摩阻力对侧墙及中间桩垂直位移的约束作用。

2.2.2.3 盖挖逆筑法施工关键技术问题

1. 结构各个部位连接和节点的形成

在盖挖逆筑法车站结构中,需要注意,关键是确保顶板与内侧墙和围护结构、底板与内侧墙和中柱之间的连接可靠而且合理。地铁车站采用双层墙,其施作顺序大致如下:先顶板,再底板,最后边墙。常规连接底板和边墙的做法是将底板内的钢筋埋入边墙内,分步浇筑成形。侧墙的浇筑得等到其上部顶板的混凝土达到设计强度,再自下往上浇筑混凝土。侧墙混凝土的收缩等因素往往引起后浇筑的侧墙墙顶与先浇筑顶板底面产生数毫米的隙缝。产生的缝隙对结构的耐久性、强度和防水性能都会产生不良的影响。鉴于这种情况,要采取特殊的措施处理顶板(或层间板)与侧墙的结合部位,具体如下:浇筑顶板或者中楼板如采用土模,在土模和侧墙的边缘挖出向下的浅槽;在槽内下层的土体中预留顶板和侧墙结合竖向钢筋。绑扎侧墙竖向钢筋要自下而上,并可靠地连接上楼板预留的钢筋,确保连接处的受力。由于钢筋比较密实,侧墙模板顶部做成数个向外排列并有一定倾斜度的下料斗,以便于浇筑混凝土。纵向分段浇筑施工,确保空气自由排出、混凝土材料填满侧墙顶部和顶板下方的结合部位。针对侧墙最上部,我们需要一种专门配制的非收缩混凝土或微膨胀混凝土材料,以避免混凝土收缩出现间隙。

2. 差异沉降诱发内力的问题

采用盖挖逆筑法修建地下结构,常常为了减少围护结构的变形和内力、加快施工进度、加快横向临时支撑周转,而在各层楼板和侧墙的施工中采用沿开挖空间长度方向的"抽条施工"或"倒仓施工"法。这种施工方法虽可提高效率,但是各段结构先后成型,会出现因已浇筑的结构未达到设计强度或尚未形成完整、合理的结构就承受较大荷载,导致各空间段的差异沉降并诱发的次生内力,进而可能导致结构局部开裂或损坏。

3. 结构防水层分阶段形成问题

盖挖逆筑法施工中防水处理是技术上的难点:采用盖挖逆筑法修建地铁车站时,若采用单层墙或复合墙,围护结构往往会穿透结构的防水层,防水层施工很难做好,而且防水效果不佳。只有采用围护结构与主体结构完全分离的双层墙,二者之间无任何连接钢筋,才能在两者之间铺设完整的防水层。

盖挖逆筑法的局限性也有几个方面:由于施作工序而产生的不均匀沉降将对结构产生严重的不利影响;从上向下施作结构,混凝土结构硬化过程会产生收缩与下沉,不可避免地出现很多施工缝和裂缝,对结构的耐久性、刚度和防水性都不利;节点处往往交汇很多工程构件,由于不是同步施工,需要保证它们的连接精度;采用土模施工的楼板,混凝土的表观质量不好控制。

2.2.3 盖挖半逆筑法

2.2.3.1 半逆筑法施工步骤

盖挖半逆筑法施工顺序:先施工地下连续墙或其他支护结构,同时施作中间支承桩和柱,来承受底板封底之前上部结构自重和施工荷载;然后多利用土模施工顶板,作为围护结构的支撑,具有很大的高度。紧接着自上向下逐层开挖土方,直至底板封底,再施作中板结构。见图2.14。

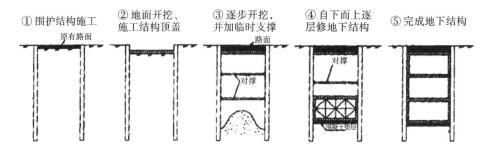

图 2.14　盖挖半逆筑法施工步骤

半逆筑法类似逆筑法,其区别仅在于顶板完成及恢复路面后,向下挖土至设计标高后先建筑底板,再依次序向上逐层建筑侧墙、楼板。在半逆筑法施工中,一般都必须设置横撑施加预应力。

盖挖半逆筑法吸收了盖挖顺筑法和盖挖逆筑法两者的优点,可以避免进行地面二次开挖,减少了对交通的影响。除地下边墙和顶板为逆筑连接外,其余各层均为顺向施工,减少了结构的应力转换,有利于提高结构的整体性和延长使用寿命,结构的防水施工也变得简单可靠。

对于结构宽度较大并有中间桩、柱存在的结构,盖挖半逆筑法应注意多道横撑和各层楼板的相互位置关系、施工交错处理、横撑的稳定性保证。此外,在施工阶段,中桩和顶板中部已有力学连接。顶板边缘与围护结构连为一体,但各层却是自下而上依次建成,各层结构重量的一部分将通过楼板传递到中柱。中柱的受力变化比较复杂,结构的总体沉降也比较复杂。设计阶段全面考虑、施工阶段现场观测,防止结构在中柱周围出现受力裂缝是十分必要的。

2.2.3.2　盖挖半逆筑法结构形式

1. 以临时路面维持地面交通的形式

首先施工两侧边桩(墙)、中间临时柱及其下部基础,架设临时路面系统,后在其上保护开挖土方、修建结构(图2.15)。

2. 以结构顶板维持地面交通的形式

施工完边桩(柱)及中间立柱后,在明挖的基坑中修建顶板,回填顶部覆土、恢复路面后立即转入暗挖作业。为减少施工占路时间,可使顶板尽量接近地表,

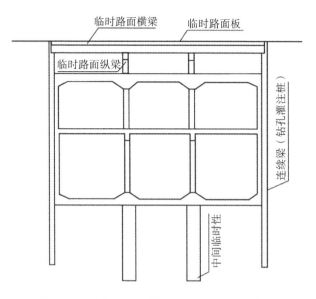

图 2.15 用临时路面维持地面交通的地铁车站

将路面结构与顶板合一(图 2.16)。该方案的特点如下。

采用分离式的钻孔灌注桩作基坑开挖的支护,不仅施工占有道路的宽度比采用连续墙时减少 2~2.5 m,而且机动性强、成桩快、无须配置泥浆处理设备。路面结构与顶板合一,做成三层结构,上层空间作为过街道并可供城市开发用,顶板采用装配式构件。

以上措施有利于加快顶盖的施作,缩短施工占用道路的时间。当需要限制施工占用道路的宽度时,可分条施工顶板,若施工不允许白天占用路面,则可将地面作业安排在夜间进行。

3. 半明半暗方案结构形式

首先用矿山法修建两个旁侧隧道及中间梁柱,最后用盖挖法完成中间的主体结构。边墙支护一般可采用地下连续墙或灌注桩,并尽可能把其作为主体结构侧墙的一部分。边墙作为挡土结构主要承受横向荷载,同时,也承受水平构件传来的竖向荷载,中柱主要承受竖向荷载。矿山法隧道可用一般的管棚法或中壁开挖法施工。中间用盖挖法施工的部分,由于基坑深度和时间均大为减少,车站的建筑效果也别具一格。用半明半暗法修建的地铁车站见图 2.17。

4. 顶板采用顶管法修建的形式

若施工任何时间都不允许占用路面,则可采用顶管法修建顶板,见图 2.18。

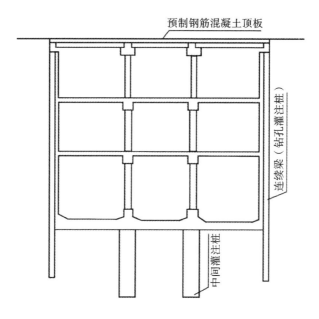

图 2.16 用结构顶板维持地面交通的地铁车站

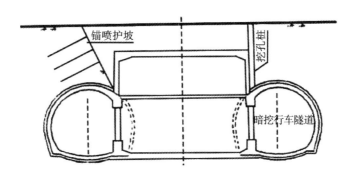

图 2.17 用半明半暗法修建的地铁车站

其施工顺序如下。

在顶板与边墙和中柱的连接处,用矿山法沿车站纵向修建了3个断面尺寸约为 3 m×3 m 的隧道。

在两侧的隧道内,用人工挖孔桩修建挡墙,在中间隧道内用人工挖孔桩方法修建车站的立柱。

从两侧小隧道内向中间依次顶入直径 2 m 左右的钢筋混凝土管,管子间的空隙控制在 100~200 mm,管子就位后向间隙中压入水泥装,并浇筑管内的钢筋混凝土及顶纵梁,形成顶板。

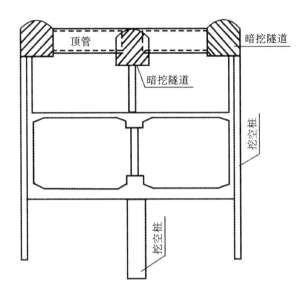

图 2.18 用顶管法修建的地铁车站

在顶板保护下按常规的逆筑法施工楼板和底板。

以上 4 种修建形式,由于施工期间对地面交通的影响程度不同和施工方法的不同,施工难度、造价和工期等也有较大差异,但从车站功能看,都保持了明挖车站方便乘客、出入口布置灵活、设备用房布置紧凑、管理方便和地下空间利用较充分等优点。各方案的进一步比较见表 2.3。

表 2.3 盖挖法施工的地铁车站结构形式比较

结构方案	优　点	缺　点	造价比	工期	适 用 条 件
临时路面维持地面交通	(1) 施工方法简单、成熟; (2) 造价较低,总工期短; (3) 地面作业时间短,铺设临时路面后,即转入地下作业,如有需要,大部分地面作业也可在夜间进行,白天恢复地面交通	(1) 临时路面系统用钢量大;如顺筑、横撑用钢也较大; (2) 施工占用的路面宽度大,从施工开始到恢复永久路面所占时间长; (3) 作永久路面时须短期占用路面(可分条施工)	1.1～1.2(顺筑) 1.2～1.3(逆筑)	2年	顶板覆土较厚且路面较宽时

续表

结构方案	优 点	缺 点	造价比	工期	适用条件
结构顶板维持地面交通	（1）施工方法简单、成熟； （2）造价较低,总工期短； （3）施工允许占用的路面总宽度受限制时,可分条施工顶板； （4）若顶板抬高到地面附近,并采用装配式构件,则大部分地面作业也可在夜间进行,白天恢复地面交通	（1）施工占用路面宽度大,地面作业时间较长； （2）顶板分条施工时,地面交通需配合改线； （3）若地面作业改在夜间进行,总工期要延长至2.5年左右,作永久路面时仍需短期占用路面（可分条施工）	1.1～1.2（逆筑）	2年	顶板覆土较薄且路面较宽时
半明半暗方案	（1）施工时占用路面宽度小,一般为10 m左右； （2）地面作业时间较短,省去了中间桩,且边桩、顶盖及永久路面的作业量小； （3）若顶板抬高到地面附近,并采用装配式构件,则大部分地面作业也可在夜间进行,白天恢复地面交通	（1）施工难度较大,总工期长； （2）在相同的车站长度下,所提供的设备用房较少； （3）造价较高； （4）作为永久路面时需短明占用路面	1.5	2.5年	（1）白天施工允许占用的路面宽度受到限制时； （2）要求在很短的时间内恢复地面交通时
顶板采用顶管法修建结构	施工对地面交通无影响	（1）施工条件差、难度大； （2）工期长； （3）造价高； （4）在有水地层中难以施工	2.0	3年	施工期间不允许占用道路时

注：造价均与相同支护条件下的敞口明挖的结构进行比较。

当在有水地层中采用灌注桩作支护时,需要解决基坑开挖过程中的止水问题,视不同的地层条件及地层的含水情况,一般可采取以下措施。

(1) 用连续的排桩代替分离式桩。

(2) 在两排灌注桩之间,加一根止水用的旋喷桩或砂浆桩,以形成排桩结构。

(3) 向两排灌注桩之间的地层压浆以形成止水帷幕。

(4) 用地下连续墙取代灌注桩。

2.2.3.3 半逆筑法施工关键技术问题

采用逆筑或半逆筑法施工时都要注意混凝土施工缝的处理问题,由于它是在上部混凝土达到设计强度后再接着往下浇筑的,而因混凝土的收缩及析水,施工缝处不可避免地要出现 3~10 mm 的缝隙,将对结构的强度、耐久性和防水性产生不良影响。

针对混凝土施工缝存在的上述问题,可以采用下列方法处理。其中直接法是传统的施工方法,不易做到完全紧密接触;注入法是通过预先设置的注入孔向缝隙内注入水泥浆或环氧树脂;充填法是在下部混凝土浇筑到适当高度,清除浮浆后再用无收缩或微膨胀的混凝土或砂浆充填。待充填的高度用混凝土需要达到 1.0 m,充填砂浆需要 0.3 m。为保证施工缝的充填,在柱子和墙中最好设置 V 形施工缝,其倾斜角宜小于 30°,见图 2.19。

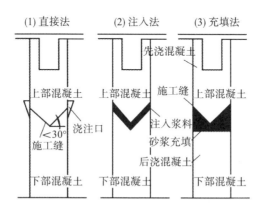

图 2.19 施工缝处理图

根据试验结果,证明注入法和充填法能保证结构的整体性,在构件破坏前不会出现施工缝滑移破坏。

在半逆筑法和逆筑法施工中,如主体结构选用钢管混凝土柱为中间立柱,而柱下基础为钢筋混凝土灌注桩时,需要很好地连接二者。通常的做法是将钢管柱直接插入灌注桩的混凝土凝土内1.0 m左右,为了便于混凝土流动,在钢管桩底部设置几个均匀的孔。这样也加强了柱之间的连接,见图2.20。为了增强钢管柱和灌注桩之间的连接,也可在二者间插入H型钢。

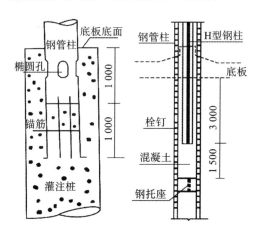

图2.20 柱与灌注桩联结图

由上述可知,盖挖顺筑法与明挖顺筑法在施工顺序上和技术难度上差别不大,仅挖土和出土工作因受覆盖板的限制,无法使用大型机具,而要采用特殊的小型、高效机具和精心组织施工。而盖挖(半)逆筑法与盖挖明挖法相比,除施工步骤上的差异以外,有以下特点。

(1)需要严格控制围护结构和中间桩柱的沉降值,将沉降对上部结构受力造成的影响降至可控范围。

(2)作为永久结构的中间柱,需要较高的施工精度,安装就位困难。

(3)因为施工顺序造成的不同施工时期,施工的构件之间的连接需要采取可靠的构造措施,将施工误差控制在较小范围内,以达到预期的设计效果。

(4)只有在非常软弱的地层中才设置临时横撑。其他情况下,无须另外设置,可以节省大量的钢材,也为施工提供了作业空间。

(5)逆筑法和半逆筑法,可利用土模技术施作顶板和底板,可以节省大量模板和支架。

(6)和盖挖顺筑法一样,其挖土和出土往往成为决定工程进度的关键工序。

尽管盖挖半逆筑施工法有很多特点和应注意的地方,但其基本工序的施工方法、技术要求和明挖顺筑法的大同小异。

2.2.4 竖向支撑系统

采用逆筑法施工时,需要考虑结构底板完成前如何将作用在顶板和楼板上的荷载传给地基的问题。一般有以下两种做法。

(1) 利用基坑两侧的挡墙传递竖向力的方法。此时车站主体为单跨结构,适用于车站宽度较窄时或设置临时中间支撑系统很不经济时的情况。

(2) 设置中间临时竖向支撑系统,与基坑两侧的挡墙共同传递竖向力的方法。竖向临时支撑系统的设置也有两种方法:一是在永久柱两侧单独设置临时柱;二是临时柱与永久柱合一。前者多见于早期用逆筑法施工的地铁车站,随着施工技术水平的提高和施工机械的发展,现在大多采用后者,因为有利于简化施工程序、减少投资。

当采用临时柱与永久柱合一的方案时,在施工结构顶板前,需要首先在永久柱的位置修建临时柱及其基础。通常施工期间每根柱承受的荷载为 4000~5000 kN 或更大。为了把如此巨大的荷载顺利地传给地基,并把地基的沉降控制在结构允许的范围之内,必须合理选定竖向支撑及其下部结构的形式和施工方法。

施工阶段的临时柱,通常采用钢管柱或 H 型钢柱。H 型钢柱与楼板梁连接较简单,并可做成宽度较窄的梁,但钢材需进口,并且在强度、稳定性及柱下基础的混凝土浇筑等方面均不如钢管柱。

柱下基础可采用条基或桩基。采用条基时,首先选用矿山法等暗挖方法,在车站底板下面,沿柱的纵向开挖一个小型隧道,在隧道内浇筑底梁后再从地表往下钻孔、架设。这种做法造价一般较高。工程中经常采用的是灌注桩基础,它通常具有施工简便、工期短、造价较低等优点。

在临时竖向支撑系统的设置中需要解决以下几个关键技术问题。

2.2.4.1 中间立柱的定位精度

中间立柱的施工过程大致如下。

(1) 柱下条基施工并预留与中间柱结合的杯口或柱下桩基成孔。

(2) 将中间立柱吊放到设计位置。

(3) 浇筑杯口混凝土或柱下柱基混凝土,将中间柱固定于基础之上。

其中,中间立柱的准确就位是一项技术难度很大的工作。施工中由于以下几方面的原因,必然会出现立柱中心偏离设计位置的情况:①柱的中心定位误差;②柱身安放时不垂直;③浇筑柱下基础或钢管柱内部混凝土时,因柱身固定不牢而移动。

图 2.21 显示出了上海地铁 1 号线陕西南路车站中间 H 型钢柱承受不同偏心荷载时柱身最大应力的增大幅值。

这种偏心在空间三个方向均可能发生。从中可看出:偏心对 H 型钢柱的应力影响很大。2 cm 的双向偏心时柱身的应力较相同轴力的中心受压状态增大 30%～45%。4 cm 的双向偏心时则增大 60%～100%。过大的偏心不仅造成柱承载能力的明显下降,而且会给车站的建筑装修带来问题。所以施工中必须对中间立柱的定位精度严加控制,并在柱的设计中根据施工的允许偏差计入偏心的影响。一般都将中间立柱的允许偏心控制在 15～20 mm,同时要求把柱的斜度控制在 1/600～1/1000 的范围内。为了确保中间立柱定位的精度要求,施工时,应在地表柱的顶部设置定位及校正其垂直度的装置,并尽可能通过下人或其他措施在柱的下部设法将其稳住,避免因浇注混凝土而使柱身位移。柱下基础混凝土浇筑完成后,用砂填充钻孔与中间立柱之间的空隙,防止基坑开挖过程中柱身晃动。偏心对 H 型钢柱应力的影响见图 2.21。

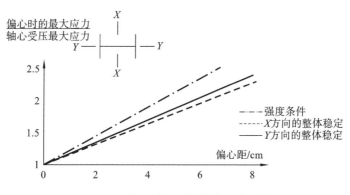

图 2.21 偏心对 H 型钢柱应力的影响

2.2.4.2 柱的形式及成桩工艺

桩的形式及成桩工艺与中间柱承受的荷载大小、施工设备的性能、工程地质和水文地质条件等因素有关。

目前,北京地区大直径灌注桩施工主要有人挖和机钻两种,在个别工程中也有泥浆护壁冲孔桩的实例。由于人挖和冲孔方法受到的限制因素太多,目前大面积推广应用的是机钻技术,其主要设备是短螺旋钻机和泵吸反循环钻机,几种常见的成孔设备的性能指标见表2.4。

表2.4 北京地区大直径灌注桩的几种成孔设备

设备名称	钻进方式	钻孔深度	钻孔直径	扩底直径	备注
RTC-S	短螺旋	78 m	0.3～1.5 m	4.5 m	
CM-35	短螺旋	28 m	0.8～1.2 m		
黄河钻机	泵吸反循环	40 m	0.8～1.5 m	不能扩	泥浆护壁

这三种常见的机具设备一般能满足北京地铁中间桩的成桩要求。此外,在众多的泥装护壁成桩工艺中,泵吸反循环技术还在很大程度上解决了桩尖沉渣问题。

从工程地质和水文地质条件看,北京地处永定河冲积扇,人工填土以下为很厚的第四系冲洪积层,由黏土、亚黏土、砂层及圆砾等地层组成。地下水位呈东高西低的趋向,在地表以下 3～20 m。当桩位于地下水位以上时,一般可采用干作业的钻孔灌注柱桩或人工挖孔柱;但在地下水位丰富或遇砂层、砂卵石地层时,都存在着成桩困难的问题,需采用泥浆护壁等措施,直接影响到桩的造价和施工效率。

近年来,在高层建筑深基础工程中发展了一种大直径扩底桩墩基础,无论现场原位静力试验和室内模型试验都证明,桩底扩头后对桩竖向承载能力的影响是显著的。

可以看到,钻孔直径 1 m、扩底直径 2.6 m 的灌注桩,在相同的入土条件下,其竖向承载能力比直径 1 m 的直桩提高了 1 倍。因而扩底桩具有减少钻孔深度、提高施工效率和节约混凝土用量等优点。在某些情况下,采用扩底桩后还可避免桩身通过含水地层带来的施工困难。

扩底桩虽然在黏性土地层中已经有了成功的实践经验,但在砂层或砂砾石地层,尤其当地下水位丰富时,应用得比较少。今后除应大力开展这方面的施工工艺实验研究外,作为解决问题的另一途径,可以结合地层情况,采用一些新型的桩头形式。在室内模型试验中,曾考虑了以下几种方案。

(1) 当桩底土质不适宜或根本不能形成桩的扩头时,改变桩头位置,将其置于较好的土层上,即桩身中部扩头桩。

(2) 桩身和桩底同时扩大的多扩头桩。

(3) 当遇松散土层做持力层时,采用压浆形成扩头等。

可以看到,底部扩头桩对桩的竖向承载能力的提高效果最佳;多头桩并不可取,因为它的承载能力比中间扩头桩提高的程度有限;中间扩头桩在地层条件合适时,有可能作为设计采用的一种桩头形式,但其成桩工艺仍待研究;通过压浆形成的水泥扩头桩的承载能力与直桩相比提高不多,因此对桩底的压浆只能作为扩头施工时的一种护壁措施,但不能取代扩头。

当地层特别软弱时,由于扩头难以实现,只能采用直柱。有时,因成桩能力的限制,灌柱桩难以满足设计要求的承载能力,不得不采取其他措施。例如上海地铁 1 号线常熟路车站为双跨双层结构,柱纵向间距 8.4 m,施工期间每根柱承受的竖向荷载高达 8500 kN,为此需采用直径 1.2 m、长 80 m(有效长度 66 m)的钻孔灌注桩基础,无论在桩的直径和深度方面,上海均无先例,不得不将竖向临时支撑系统改为永久柱加临时柱方案,即沿纵梁方向,在两永久柱之间增设一根临时柱,将施工期间的竖向支撑间距减至 4.2 m,每根桩承受的荷载也相应减少到 4500 kN,采用直径 0.9 m 的钢管打入桩作柱基,桩的有效长度减至 33 m。

2.2.4.3 桩基的竖向承载能力

鉴于支承中间立柱的桩基在施工阶段已承受相当大的竖向荷载,为了降低桩本身的设计和施工难度,节约工程投资,设计中一般的做法是由中间桩和侧墙共同承担浇筑结构底板前的全部竖向荷载,由底板承担结构封底后新增加的竖向荷载。因此,采用逆筑法施工的地铁车站竖向支撑的下部结构,在功能上有其特殊性。就其本身而言,结构封底前它是一个临时结构,但其支撑的顶、楼板,却是永久结构,它们往往在施工阶段已承受使用阶段的最大荷载。在这种情况下,竖向支撑系统下部结构承载能力标准应如何考虑,有两种不同的思路。

(1) 认为桩基本身虽属临时结构,但为保证顶、楼板在整个受力阶段的安全,桩基的安全系数按永久结构选用,即 $K=2$,因此问题的实质是求桩基的极限承载能力。

(2) 认为中间桩的承载能力实质上是一个地基沉降的控制标准问题,取决于桩在竖向荷载作用下的允许沉降量。这个问题不仅涉及桩在竖向荷载作用下的沉降规律,而且与边墙(桩)在竖向荷载作用下的位移、桩墙之间的位移协调以及框架结构抵抗不均匀下沉的能力有关。但是,现有各种承载能力的计算公式并没有与受载后桩本身的下沉量联系起来,因此问题的最终解决,应是在对桩现场原位静力试验的基础上,对以上各种因素进行综合优化的结果。一般来说,按这种思路设计时较为经济,而且结构的受力和变形状况也较为明确。

挖孔桩施工工艺流程见图 2.22。

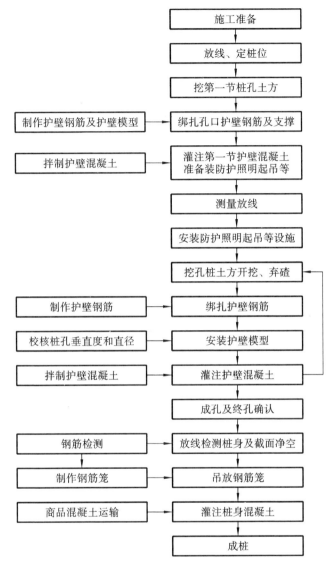

图 2.22 挖孔桩施工工艺流程图

综上所述,用盖挖逆筑法施工地铁车站时,在结构封底前,顶、楼板的竖向荷载都将通过边墙及中间桩传给地基,中间竖向支撑系统在施工期间的承载能力及稳定性是关系工程成败的关键,设计和施工都必须高度重视。应优先考虑永久柱与临时柱结合的方案,并在施工中严格控制中间柱的就位精度。柱下基础采用灌注桩时,应优先采用扩底桩,不得已时可增加柱长,通过增大摩阻力来提高桩的承载力。柱的承载力标准宜按允许沉降控制。

2.3 浅埋暗挖法地铁施工技术

2.3.1 浅埋暗挖法修建地下工程的研究现状

浅埋暗挖法是在新奥法基础上,结合中国国情创立的地下工程施工技术,其特点是基于新奥法原理体系,采集监控量测信息用于反馈设计与施工,同时通过采取超前支护和改良地层、注浆加固等辅助技术来完成地下工程的设计与施工。

新奥法是奥地利学者 L. V. Rabcewiz 教授等一大批学者和工程技术人员在长期工程经验的基础上创立于 20 世纪 50 年代,并于 1962 年正式命名的一种隧道工程方法。它的核心是利用围岩支护隧道使围岩本身形成支承环。国外在 20 世纪 70 年代初开始将新奥法应用于浅埋地层,至 20 世纪 70 年代末、80 年代初,一套完整的技术体系已经基本形成并应用于城市地铁、市政等工程领域。日本、德国、法国、美国、韩国、意大利等国家都有新奥法成功应用的工程实例。世界上地下工程采用新奥法技术最多的国家是德国,不仅应用于地铁区间隧道,还广泛应用于多层多线路大断面地铁车站,如埃森、慕尼黑、波鸿、纽伦堡、法兰克福地铁车站等,其施工技术已发展到较高水平。日本的城市地铁大多修建在浅埋软弱地层中,自 1976 年开始采用新奥法技术以来,就逐渐将山岭隧道中的新奥法技术引入城市地铁,采用新奥法技术修建的城市地下工程随之越来越多,如粟山、大贯、第一原、旭丘等城市隧道和横滨市地铁车站及区间等。

我国的浅埋暗挖法应用始于 20 世纪 80 年代,在 1984 年大秦线军都山铁路隧道黄土段试验成功的基础上,于 1986 年 5 月至 1987 年 5 月,在北京地铁复兴门折返线工程中应用并获得成功。由于该法取得了非常大的经济效益和社会效益,于 1987 年 8 月 25 日由当时的北京市科委、铁道部科技司共同组织了国家级成果鉴定,经充分讨论后命名为"浅埋暗挖法"。之后,以北京地铁工程为背景总结形成的"隧道与地铁浅埋暗挖工法"被批准为国家级工法。

浅埋暗挖技术的核心是依据新奥法的基本原理,在施工中采用多种辅助措施加固围岩,充分调动围岩的自承能力,开挖后及时支护、封闭成环,使其与围岩共同作用形成联合支护体系,是一种抑制围岩过大变形的综合施工技术。浅埋暗挖法继承和发展了岩石隧道新奥法的基本原理,突出了地层改良、时空效应和快速施工等理念。其方法的实质内涵可由 18 字原则阐明,即"管超前、严注浆、短开挖、强支护、快封闭、勤量测"。浅埋暗挖法具有不扰民,不干扰交通,不需要价格非常贵的设备,灵活而又方便,人力成本较低,对地面建筑、道路和地下管网影响不大,拆迁占地少,对城市生活干扰小,适用于不同的地层、不同的跨度、多种断面形式。与明挖法、盾构法相比,它避免了明挖法对地表的干扰性,又较盾构法具有对地层较强的适应性和高度灵活性,因此浅埋暗挖法广泛应用于世界各国的城市地下工程建设。目前,应用浅埋暗挖法具代表性且所占比重较大的国家有中国、英国、法国、德国、韩国、巴西等。

随着大量的工程实践和理论研究,浅埋暗挖技术不断完善,应用范围进一步扩大。目前,浅埋暗挖法已经由原来只适用于第四纪地层、无水、无地面建筑物等简单条件拓展到非第四纪地层、超浅埋、大跨度、上软下硬、高水位等复杂的地层和环境条件,可用于埋深只有 0.8 m 的地下洞室,暗挖施工的地铁车站跨度可达 26 m,可用于修建穿越密集建筑物的隧道,并形成了带有各地域、各城市特色的施工工法,如南京地铁软流塑地层暗挖施工工法,广州地铁含水砂层暗挖施工工法等。尤其是信息科学技术在浅埋暗挖法中的应用,实现了工程全过程监控,有效地减少了由于地层损失而产生的地面沉降等问题。如今,浅埋暗挖施工技术不仅在很大程度上降低了对周边环境的影响,而且因能及时对支护参数进行调整和优化,提高了施工质量和施工速度,已成为城市地下工程中普遍采用的施工方法,在城市轨道交通、铁路、公路、地下商业街、地下过街通道、地下停车场、地下管网及军事工程等领域得到广泛应用。

浅埋暗挖法的设计流程如图 2.23 所示。可以看出,浅埋暗挖地铁车站结构断面形式及几何尺寸拟定和施工方法及施工顺序的选择等,在整个设计流程中处于核心位置,是浅埋暗挖地铁车站设计与施工能否取得成功的关键环节。

2.3.2 浅埋暗挖地铁车站结构形式

暗挖地铁车站采用何种结构形式,不仅会影响到车站的使用功能,而且会影响到车站的施工工期和工程造价。因此,车站结构选型是暗挖地铁车站主要的问题之一。

地铁车站的结构形式多种多样,按层数分为单层车站、双层车站、多层车站;按车站结构横断面形状分为箱形结构和拱形结构,拱形结构又有单拱结构、双跨连拱结构、三跨连拱结构及多跨连拱结构;按站台形式分为岛式站台、侧式站台、岛侧混合式站台;等等。不同的车站结构形式,导致了不同的施工工法,或者说不同的施工工法,导致了不同的车站结构形式。但是不论选用何种车站结构形

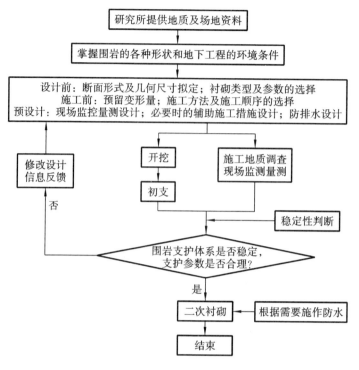

图 2.23 浅埋暗挖法设计流程图

式,都应以既能满足运营要求,又能最大限度地降低工程造价为最终目的。

2.3.2.1 常见的结构形式

地铁车站的结构形式、工程环境条件、施工方法三者密切相关。采用浅埋暗挖法施工的地铁车站结构,由于其功能、施工方法和地质条件不同,形成了多种多样的结构形式。根据地铁车站所处的地质条件可分为第四纪地层浅埋暗挖车站和岩石地层浅埋暗挖车站。

1. 第四纪地层浅埋暗挖车站

第四纪地层浅埋暗挖地铁车站的结构形式大致可分为三拱双柱式、双拱单柱式、单拱式(双柱、单柱或无柱)和分离式。而根据车站层数又可分为单层车站、双层车站和多层车站。

(1) 三拱双柱式。

三拱双柱式车站可分为塔柱式和立柱式两种。三拱塔柱式车站形式已很少采用,第四纪地层中大多采用三拱立柱式。国外采用浅埋暗挖法施工的三拱双柱单层地铁车站较为常见,如德国慕尼黑中央车站地铁站、日本东叶高速线的北习志野站、韩国大田都市铁道1号线大田站等。国内最早采用浅埋暗挖法施工的北京地铁复八线西单站就是三拱双柱双层。典型的三拱双柱双层式地铁车站还有北京地铁复八线的天安门西站、王府井站、东单站,哈尔滨地铁1号线教化广场站等。北京地铁4号线动物园站采用的则是两端局部盖挖三层、中间暗挖双层的结构形式。北京地铁4号线和10号线的一些车站采用了局部暗挖单层三跨连拱结构,如4号线的角门西站、菜市口站、人民大学站。

三拱双柱双层式和单层式地铁车站的典型断面如图2.24所示。

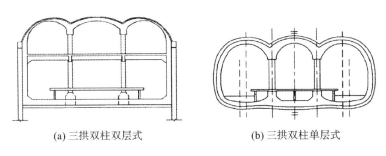

(a) 三拱双柱双层式　　　　(b) 三拱双柱单层式

图2.24　三拱双柱式典型断面

（2）双拱单柱式。

双拱立柱式地铁站早期多在岩质较好的地层中采用,如纽约地铁双拱立柱式车站。随着新奥法的出现,此类形式在岩石地层中已逐渐被单拱地铁站取代。双拱单柱单层式地铁站在国外很普遍,如德国柏林海德堡广场地铁、德国埃森哥若哥埋斯地铁站、美国华盛顿地铁托腾堡站等。国内在软弱地层中采用双拱单柱双层结构形式修建的车站有深圳地铁罗宝线华强路站。大连地铁1号线中山广场站采用的是两端明挖三层、中部双拱单柱双层暗挖的结构形式。北京地铁4号线北京大学东门站和广州地铁3号线林和西路站则是采用两端明挖双层、中部暗挖双拱单柱的结构形式。

双拱单柱双层和单层式地铁站典型断面如图2.25所示。

（3）单拱式。

a. 单拱双柱或单柱式。

为克服连拱结构防水效果差的缺点,北京地铁5号线中推广采用了单拱双柱或单柱结构,取得了较好的防水效果。如北京地铁5号线蒲黄榆站采用单拱单柱双层结构;崇文门站两端采用了单拱双柱双层结构,中间过既有线采用单拱双柱单层结构;张自忠路站、东单站采用两端明挖、中间暗挖单拱双柱单层结构。

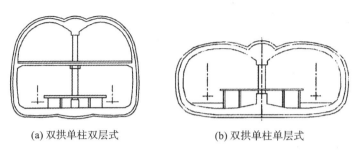

(a) 双拱单柱双层式　　　　　(b) 双拱单柱单层式

图 2.25　双拱单柱式典型断面

北京地铁 10 号线太阳宫站则是两端采用明挖双层、中部跨太阳宫中路采用单拱单柱单层的结构形式。大连地铁 1 号线西安路站则为单拱双柱三层岛式车站。

单拱双柱或单柱式地铁站典型断面如图 2.26 所示。

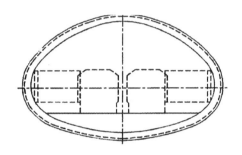

图 2.26　单拱双柱或单柱式典型断面

b. 单拱大跨无柱式。

单拱地铁站站内空间开阔,简洁美观,在巴黎、莫斯科地铁中都有工程实例,但以当时的施工技术,修建跨度 20 m 左右的单拱车站难度确实较大。随着科技的不断进步,单拱式车站再次受到青睐,尤其是软土地层中修建隧道的浅埋暗挖法的出现和日臻完善,使得在软土地层中修建单拱大跨地下结构已变得不再困难。国外典型的单拱大跨式地铁车站有德国波鸿地铁洛赫林站、日本横滨地铁 3 号线三泽下町站、俄罗斯圣彼得堡单拱地铁站、意大利米兰地铁的威尼斯车站等。

单拱大跨无柱式地铁站典型断面如图 2.27 所示。

(4) 分离式。

分离岛式地铁车站是近年来在复杂环境条件下出现的一种新型车站结构类型,在国内地铁车站中的应用实例不断增加。广州地铁 2 号线越秀公园站是国内首次采用这种结构修建的地铁车站,采用两端明挖三层、中部暗挖的结构。单

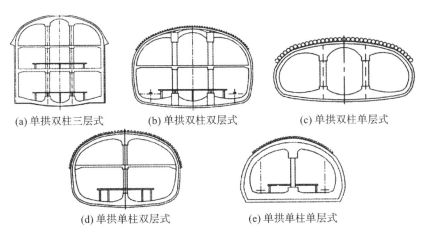

图 2.27 单拱大跨无柱式典型断面

层三条单洞隧道通过两条横通道联接的结构形式。广州地铁 2 号线江南西站、广州地铁 3 号线番禺广场站、广州地铁 5 号线小北站、广州地铁 5 号线火车站均采用局部暗挖双洞分离单层的结构形式。

由于受到桥梁的限制,北京地铁 10 号线的国贸站、团结湖站、呼家楼站、金台夕照站等采用了分离式暗挖结构形式。北京地铁 10 号线国贸站是北京首座分离式地铁车站,采用双洞双层分离岛式站台;呼家楼站采用的双洞双层分离岛式结构;金台夕照站采用的则是三洞分离岛式结构。南京地铁 1 号线南京站是国内第一个采用浅埋暗挖法下穿既有铁路站场的地铁车站。受南京火车站铁路站场制约,车站两端为明挖双层框架结构,中部过站区为双洞分离式暗挖结构。

分离式地铁站典型断面如图 2.28 所示。

2. 岩石地层地铁车站

经过积极探索和不断完善,浅埋暗挖法已应用于地质条件好、地下水贫乏的岩石地层来修建地铁车站。岩石地层地铁车站的结构形式主要为单拱大跨结构,其典型断面如图 2.29 所示。国内第一座在硬岩地层中采用暗挖法建成的青岛地铁一期工程青纺医院站,以及重庆轨道交通 2 号线临江门站,均为单拱大跨双层结构形式。

2.3.2.2 结构形式的选取原则

浅埋暗挖地铁车站结构形式的选取,应遵循结构服务功能的原则。暗挖车站需满足以下三个功能。

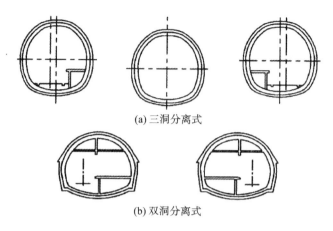

(a) 三洞分离式

(b) 双洞分离式

图 2.28 分离式典型断面

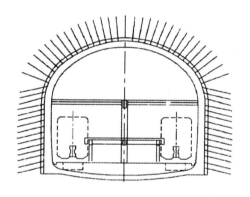

图 2.29 岩石地层车站典型断面

(1)要满足车站的功能需要,即满足乘客集散乘降(或换乘)的需要,主要解决站厅、站台、出入口以及楼扶梯的布置问题;满足车站的管理运营需要,主要解决供电、通风设备的安装和工作用房的布置问题;不能因暗挖的限制而减弱车站的功能。

(2)应尽量减少暗挖工程量,设备用房可设置在地面的尽量设在地面,附属有条件明挖的尽量采用明挖,尽可能降低工程造价,节省工程投资。

(3)应尽量降低车站的施工难度,以保证施工安全和施工质量。

在满足车站服务功能的同时,暗挖地铁车站结构形式的选取亦应根据地质条件、开挖断面尺寸、施工方法及工程造价,从结构受力、围岩稳定性、环境保护及工程经济性等方面综合考虑、合理确定。根据不同车站结构形式的适用性及各自特点,提出如下浅埋暗挖地铁车站的结构形式的选取原则。

（1）在满足地铁车站功能的前提下，车站结构形式应当尽可能紧凑，缩减土建规模，节省工程造价。

（2）当车站客流较大、工程地质条件较好、地下水易于疏干时，可采用多跨连拱或单拱式双层车站形式。

（3）当车站客流不大、水文地质条件较好时，可采用多跨连拱或单拱式单层车站形式。

（4）当车站受周边环境限制、线间距无法拉开、岛式站台宽度小于 12 m 时，可采用双拱或单拱结构形式。

（5）当车站主体结构设置受到邻近建（构）筑物（尤其是既有桥梁或楼房基础）的限制，或线间距较大时，宜采用分离式车站形式，并根据实际情况决定采用双洞分离式或三洞分离式。

（6）当车站局部受到周边环境条件、道路交通、地下管线或邻近建（构）筑物等的限制，而车站周边区域具备明挖（盖挖）条件时，可采用局部明挖（明暗挖结合）的结构形式或站厅层明挖、站台层暗挖的结构形式。

（7）当车站位于软弱富水地层时，应充分考虑地下水的影响，降低地下水在施工过程中和施工完成后对车站的不利影响，尽量选取防水效果好、受力作用明确的单拱结构形式。

（8）在相同的水文地质条件下，在满足车站使用功能、周边环境条件允许的前提下，综合考虑车站结构的受力性能和防水效果，浅埋暗挖地铁车站的结构形式应尽量遵循"宜单不宜双，宜近不宜连"的原则。

（9）当车站位于地质条件较好的岩石地层中时，宜采用单拱大跨无柱式结构形式。

2.3.3　浅埋暗挖地铁车站施工方法

2.3.3.1　常用的施工方法

浅埋暗挖地铁车站施工时，根据工程地质、水文情况、工程规模、覆土厚度及工期等因素，常用的施工方法有全断面法、正台阶法、环形开挖预留核心土法、单侧壁导坑正台阶法、中隔壁法、交叉中隔壁法、双侧壁导坑法、中洞法、侧洞法、柱洞法和洞桩法等。现将各方法的各项重要指标进行比较并列于表 2.5。

表 2.5 浅埋暗挖地铁车站常用的施工方法

施工方法	适用条件	沉降	工期	作业空间	防水	初支拆除量	造价
全断面法 (full face method)	地层好，跨度≤8 m	一般	最短	大	好	无	低
正台阶法 (bench cut method)	地层较差，跨度≤12 m	一般	短	较大	好	无	低
环形开挖预留核心土法 (ring cut method)	地层差，跨度≤12 m	一般	短	小	好	无	低
单侧壁导坑正台阶法 (side heading method)	地层差，跨度≤14 m	较大	较短	适中	好	少	低
中隔壁法(CD法) (center diaphragm method)	地层差，跨度≤18 m	较大	较短	较大	好	少	偏高
交叉中隔壁法 (cross diaphragm method)	地层差，跨度≤20 m	较小	长	适中	好	多	高
双侧壁导坑法（眼镜法） (both side drift method)	小跨度，可扩成大跨	大	长	小	差	多	高
中洞法 (center drift method)	小跨度，可扩成大跨	小	长	小	差	多	较高
侧洞法 (side drift method)	小跨度，可扩成大跨	大	长	小	差	多	高
柱洞法 (pioneer heading-column method)	多层多跨	大	长	小	差	多	高
洞桩法 (pile-beam-arch method)	多层多跨	大	长	小	差	多	高
拱盖法 (arch-cover method)	双层大跨	较小	短	大	好	少	低

工程实践经验证明,在控制地表沉降方面,正台阶法优于全断面法,中隔壁法(CD法)、双侧壁导坑法(眼镜法)则优于正台阶法,而双侧壁导坑法(眼镜法)又优于中隔壁法(CD法)。下面简要介绍其中的几种工法。

(1) 全断面开挖法就是一次爆破形成设计轮廓,然后施作初期支护、二次衬砌的施工方法。全断面法一般适用于地层稳定的Ⅱ～Ⅲ级围岩,当断面面积在50 m^2 以下,隧道又处于Ⅳ级围岩地层时,为了减少对地层的扰动次数,在进行局部注浆等辅助施工加固地层后,也可采用此法。

(2) 正台阶法是指把隧道断面分为上、下两个台阶,先开挖上台阶,开挖一定长度后,然后开挖下台阶,上、下两台阶同时开挖的施工方法。台阶法是应用范围最广、最基本的施工方法,它是其他施工方法得以实现的重要手段,适宜于地层较好、断面较小的隧道(70～100 m^2)。Ⅲ～Ⅳ围岩可采用两台阶法,Ⅴ～Ⅵ围岩需采用多步开挖或者环形开挖预留核心土法。断面较高时,可采用多台阶开挖,每层台阶的高度通常为 3.5～4.5 m,或者选择人方便站立操作的高度。当拱部围岩条件发生较大变化时,可适当延长或缩短台阶长度,确保开挖、支护质量及施工安全。

(3) 中隔壁法(CD法)是指将开挖断面分为左右两部分,先采用台阶法开挖一侧土体,施作初支和临时支护,然后再采用台阶法开挖另一侧土体,施作初支,最后拆除临时支护,施作仰拱和二次衬砌的施工方法。CD法适宜于地层较好、断面稍大且为减少废弃工程,加快施工进度,减少开挖分块的隧道。当CD法仍不能满足要求时,可在CD法的基础上加设临时仰拱,即交叉中隔墙法(CRD法)。CRD法是先开挖隧道的一侧,再开挖另一侧,两侧均分成两部分或三部分开挖,每一步均应及时施作初支和中隔壁并封闭成环。CRD法相对于CD法较优,可减少近50%的地面沉降。然而,CRD法施工工序较为复杂,临时支撑的施作和隔墙的拆除均较困难,废弃工程量大,进度较慢,成本偏高,一般适用于需要严格控制变形的松软围岩隧道。

(4) 双侧壁导坑法(眼镜法)先开挖隧道左、右侧壁导坑,并及时施作导坑初期支护,然后对中间部分进行两次或三次开挖。双侧壁导坑法是一种将大跨变为小跨的施工方法,其实质就是把大跨分成三个小跨进行施工作业,一般适用于地层较差、断面较大(大于 100 m^2)的隧道和地下工程。此法工序较为复杂,导坑的支护及拆除困难,施工中的测量误差可能使得钢架连接困难,从而增加了地层沉降,且施工进度较慢,工程成本较高。

当地层条件差、断面特大时,一般设计为多跨结构,跨与跨之间有梁、柱连接。如常见的三跨双柱式地铁站,一般采用中洞法、侧洞法、柱洞法及洞桩法等方法施工,其核心思想是变大断面为中、小断面,提高施工安全度。

(5)拱盖法是在盖挖法、洞桩法以及明挖法基础上发展出的一种新型施工工法,适用于围岩"上软下硬"特殊地层的地区。拱盖法的核心思想是利用下覆岩体的高强度与稳定性,较好发挥围岩的强承载性能,用大拱脚充当洞桩法中的边桩等结构,然后在拱盖的保护下,再继续完成下部岩体开挖与主体结构的施工。拱盖法一般应用于围岩等级在Ⅳ级以上、地质条件较好的、不允许采用盖挖法或明挖法施工的地铁车站。

2.3.3.2 施工方法的选取原则

(1)由于地下工程的复杂性、隐蔽性和不确定性,在选择浅埋暗挖地铁车站的施工方法时,应选取安全可靠的施工方法,尽量避免或降低工程风险,确保工程质量。另外,大多数地铁车站周边地面交通繁忙、地下管线密集、地面或地下建(构)筑物众多,过大的地层变形会给各种地下管线、邻近建(构)筑物及地面交通带来严重影响,因此施工方法选取时须考虑周围环境安全,确保地层变形控制在允许范围之内。

(2)浅埋暗挖地铁车站应采用施工条件好、机械化程度较高的施工方法,尽量避免或减少施工过程中可能遇到的各种困难和障碍,加快地铁车站的施工速度,从而缩短工程工期,确保地铁线路能如期投入使用。

(3)经济性是地下工程选择施工方法的重要条件和原则之一,浅埋暗挖地铁车站施工方法的经济性表现在施工成本,即工程造价上。不同的施工方法有时将导致工程造价较大的差异。因此施工方法选取时应进行技术经济比较,保证所选的施工方法既能满足工程要求,又能降低工程成本。

(4)城市暗挖地铁车站施工方法的选择,受场地工程地质和水文地质条件、周围环境条件、车站埋置深度、施工机具及工程投资等多种因素的制约,同时对施工期间的地面交通和城市居民的正常生活、施工工期、工程的难易程度等产生直接影响。因此,在选取地铁车站的暗挖方法时,应以车站站址处的地质条件为主要依据,结合车站的结构形式、断面大小、施工工期、施工方的机械设备能力及其施工技术水平等因素选取施工方法。同时,应尽量采用新技术、新工艺、新设备,以提高施工效率,改善劳动条件,加快施工速度,保证施工质量。另外,还应考虑地层条件变化时施工方法的适应性和变更的可能性。

(5)对于大断面地铁车站的浅埋暗挖施工,其核心的思想是将大断面转化为小断面。但是,大断面划分为小断面,并不是越小越好,而要根据地质条件做调整,小断面开挖固然安全,但经过多次力系转换,易造成累计沉降过大。

2.3.4 浅埋暗挖地铁车站系统优化

2.3.4.1 浅埋暗挖地铁车站系统优化体系的思想

系统工程体现了分解和综合集成的系统思想,其分解—集成过程如下:首先对系统进行总体设计,通过需求分析、系统功能分析、设计权衡以及实验验证,形成一个初步的系统方案。此方案把系统分解为子系统、辅助措施等若干层次和组分,组分间具有确定、协调的物质和能量交换以及信息交流界面,以形成系统的整体功能。而子系统作为下一层次的开发目标,依据其自身的特点分别进行具体的研究和设计。诚然,系统的开发过程是不断深化对系统认识的过程。刚开始人们不一定能对系统所涉及的所有专业技术,各组分间的物质、能量、信息交流关系都有清晰的认识,因此需要遵循分析→实践→再分析→再实践的反复认识过程。地铁车站系统工程研究过程中分析、综合的思维过程和系统工程活动见图2.30。

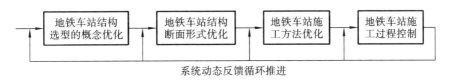

图 2.30 浅埋暗挖地铁车站系统工程过程图

地铁车站系统工程研究是从过程系统的整体出发,根据系统内部各个组成部分的特殊性及相关性,确定过程系统在规划、设计、控制和管理等方面的最优策略。由图2.30可见,系统工程的任务分析和功能分析是首要的,因此建立浅埋暗挖地铁车站系统优化体系是实现系统工程研究的第一步。

浅埋暗挖地铁车站系统优化研究的主要思想如下。

(1) 系统优化体系建立,其主要任务是把复杂的系统优化问题通过系统论、协同论等理论分解为现有优化技术可行的优化子系统,形成一个可操作与控制的系统综合结构。

(2) 各子系统优化研究(阶段优化),其主要内容是根据各子系统的特点和内容进行优化研究。

(3) 对优化结果进行系统综合,完成系统设计并进行实践验证,取得经验改进系统优化方法,形成循环进化系统。

2.3.4.2 浅埋暗挖地铁车站系统优化体系的特点

从上述浅埋暗挖地铁车站结构选型和施工方法的影响因素分析及系统优化的思想不难看出,浅埋暗挖地铁车站系统优化体系具有如下几方面特点。

(1) 浅埋暗挖地铁车站设计和施工涉及的内容繁杂,方法众多。地铁车站工程是与众多因素相关的综合技术,涉及地质条件、岩土性质、场地环境、工程要求、地下水动态、施工顺序和方法等众多复杂问题。其中,有些影响因素是直接发生作用的,有些是间接发生作用的,有些因素的作用是明显的,有些则是隐含的,因此,各因素并非具有相同的等级。

(2) 影响地铁车站设计和施工的因素既有确定性的,也有非确定性的。首先,地铁车站工程勘察不可能彻底弄清岩土体的空间分布形态和地下水的渗流特性,岩土性质千差万别,勘探、取样和试验所得数据离散性大,往往难以代表土层的总体情况。其次,施工环境具有多变性,某些理论和计算方法含有大量的简化假设,难以正确反映实际施工工序、模拟施工过程,如围岩压力的计算模式、支护结构内力的计算模式等。最后,地铁车站周边环境复杂,施工质量问题突发或其他偶然事件的不良影响,使得影响地铁车站设计和施工的因素既有确定性的,也有非确定性的。

(3) 浅埋暗挖地铁车站系统优化体系的设计目标与设计变量之间难以建立显式的函数关系。浅埋暗挖地铁车站系统优化体系由多级子系统构成,系统设计变量和优化目标之间很难直接建立起联系,通常需要经过多个复杂函数的反复复合才能获得,因此,浅埋暗挖地铁车站系统优化体系的目标函数往往是隐式的。而且很多情况下,由于系统中包含了大量的不确定性因素,优化目标和设计变量之间根本无法建立起确定的函数关系,这给优化带来了非常大的困难。

(4) 浅埋暗挖地铁车站系统优化体系中各个子方案取得最优,并不意味着整个体系取得最优,反之,体系整体取得最优,各个子方案却未必最优。因此,系统优化中不仅要对各个影响因素进行分析,更重要的是研究分析各因素对各目标的影响程度和主次顺序,以求各设计变量和设计参数能匹配到最佳状态。

2.3.4.3 浅埋暗挖地铁车站系统优化的原则

对于多因素的系统而言,因素的取值和因素的分析可以有很多种,并且都有其合理的成分和依据。因此,要对系统进行优化,必须给出规则及评判的尺度,或称为优化的原则。浅埋暗挖地铁车站系统优化的原则如下。

（1）能充分发挥地下洞室周围土体的结构强度（包括稍加处理后增加的那部分强度）。在设计思想上应摒弃视地下洞室围岩只是一种作用在支护结构上的荷载的概念，尽可能地利用围岩所具有的自我支撑的潜力。

（2）地铁车站的结构形式和施工方法应选取技术实用可靠、对场地环境适应性强、对周边环境的影响较小的方案。

（3）统筹考虑工程的造价、工期、施工难度和技术水平要求，最大限度地降低成本，提高工程的综合效益。

2.3.4.4　浅埋暗挖地铁车站优化系统的层次构架

地铁车站工程的分析和设计本身就是一个非常复杂的问题。对于这样的岩土工程进行优化无疑是非常棘手的事情。解决问题的关键是抓住主要矛盾，建立合理的优化体系。影响地铁车站结构形式和施工方法的因素众多，在优化过程中只能考虑那些起主要影响作用的因素。在需要考虑的这些因素中，无法将所有因素同时考虑，只能根据它们的类型和相关程度进行分类。浅埋暗挖地铁车站系统工程优化按其阶段不同，整体上可分为五个层次：结构选型的概念优化、结构断面形式的单指标试验设计、结构断面形式的多指标试验设计、施工方法的综合比选、施工过程控制。

（1）结构选型的概念优化，即地铁车站结构形式的方案优选，根据不同结构形式地铁车站的各自特点和适应性进行比较分析，提出地铁车站结构形式的优选原则。

（2）结构断面形式的单指标试验设计是在车站结构形式初步确定后，对具体方案进行试验设计，研究不同的地铁车站结构断面参数对各项试验指标的影响规律，探讨各因素对各项试验指标的影响程度，并确定影响该指标因素的主次顺序。

（3）结构断面形式的多指标试验设计是在单指标试验设计的基础上，进行多指标问题的求解，寻找在满足结构受力要求条件下最经济的地铁车站结构形式，获得兼顾各试验指标的最优参数组合，找到适用于浅埋暗挖地铁车站结构断面形式多指标优化问题的求解方法。

（4）施工方法的综合比选是地铁车站结构选型优化在施工过程中的必然延伸，通过大量的调研，将浅埋暗挖地铁车站的施工方法按结构形式归类总结，对各类结构形式暗挖车站常用的施工方法进行综合比选，寻求各种结构形式暗挖车站各自最适宜的施工方法,并提出浅埋暗挖地铁车站施工方法的选取原则。

(5) 施工过程控制是保证地铁车站施工安全的关键,基于变位分配控制原理,将地表沉降的控制标准分解到每个施工阶段中,通过在施工过程中对变形进行分步控制,将每一步的变形值控制在控制标准内,从而实现较为准确的地表变形过程控制。

根据浅埋暗挖地铁车站设计程序、施工过程的特点,建立浅埋暗挖地铁车站结构形式和施工方法优化体系,如图 2.31 所示。

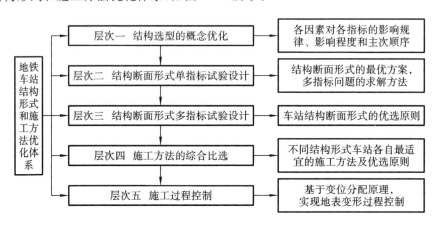

图 2.31　浅埋暗挖地铁车站结构形式和施工方法优化体系

2.4　高架车站地铁施工技术

2.4.1　地铁高架车站基本概念

(1) 地铁车站建筑。地铁车站建筑是在轨道线路中规划设置的站点,指车站建筑本身以及附属用房、人行天桥、楼梯电梯等附属设置,是乘客进出站、购票售票、候车过程中能感知到的建筑空间。高架车站建筑区别于一般的交通建筑,在建筑分类中具有一定特殊性,高架车站设计的主要目的是满足地铁车辆运输和乘客通行、换乘的需求,同时还要考虑在车站管理运营中需要的设备与辅助设施。高架车站的结构形式相对单一,但其功能流线组织较为复杂,需要多专业的相互协调,通常包括轨道行驶、乘客候车区、站厅层售票安检、技术设备和辅助用房等部分。

(2) 地铁高架车站。城市地铁高架车站为轨道线路沿地面或者高架敷设,站房在地面以上的车站形式,车站两层一般连接区间高架桥梁或路基段。高架车站由于对城市景观、噪声控制、道路规划有特殊要求,一般位于城市组团的边缘地块及远期开发区域。但是随着近年来国家市域铁路、城际铁路以及城市组团郊区线路的增多,高架车站的数量与日俱增,在整条轨道线网的占比逐渐增加。

2.4.2 城市地铁高架车站概述

地铁高架线路是指在城市地面或地面上空形式的地铁线路,其车站建筑设计具有交通建筑的一般特征,但又与火车站、汽车站、机场等大型交通枢纽、交通建筑不同,具备一定的差异性。地铁高架车站主要是为解决如何在短时间内安全、高效地疏散客流且不需要大量的等候空间的问题而设计的;车站建筑形态以线状布局为主,在城市中体量突出。

2.4.2.1 功能构成与平面布局

1. 高架车站的主要功能

高架车站的功能构成可分为两部分。一是乘客可使用的公共空间,包括站厅层大厅、站台层候车区、卫生间以及人行天桥等服务设施,站厅层需要有足够的公区面积,能够满足安检、检票、售票等相关设施的布置以及高峰人流集散需求;站台层则需要设置足够的站台宽度以满足上下客流的需求,还需要均匀分散布置楼梯、电梯、自动扶梯以及封闭式的候车用房;公共卫生间可根据车站具体设计进行布置,多设置于站厅层。二是服务于车站正常运作的设备与管理用房,通常设置于高架车站站厅层的两侧,部分车站将设备用房脱离主体结构独立设置(图2.32)。

2. 高架车站典型平面布局

高架车站平面布局分为站台层与站厅层,与地下车站不同,其客流组织与站台站厅相对位置有所区别。高架车站站台层在最顶层,人流向上经站厅层检票后通过竖向交通上至站台层;由于车站设于地面以上,车站具备自然通风与采光条件,无须设置庞大的空调机房,设备用房的面积较小(图2.33)。

在站厅层的布局中,设备与管理用房基本分设于车站两端,并呈现出一端较大而另一端较小或者不设的情况,中间留出站厅的公共分区,用作人流集聚购票,通向站台候车;也可根据车站场地现状,将设备用房与主体结构脱离,单独设

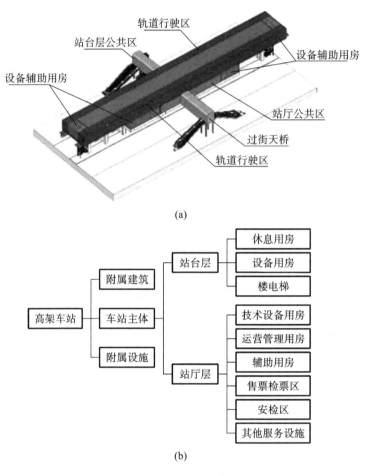

图 2.32 高架车站功能构成

置;站厅层公共区域主要解决车站客流出入口、售票及进出站检票、安检、体温监测、付费区与非付费区分隔等功能问题;此外还需考虑站台与站厅竖向交通体系及无障碍设施等问题。

在站台层公共区域设计中,需要对站台的长度与宽度进行估算与预设,长度以车辆的编组为准,但同时还需考虑停靠误差。此外,在宽度设置中,还需要考虑与轨道区域的退界需求,轨道行驶线路中心线到车站内部界面间隔不得小于 3.6 m。由于换乘站点设置或外部场地要素制约,高架车站多为 3~4 层,除最上 2~3 层为车站主体外,下部 1~2 层解决出入口设置,其余部分可用作商业开发等其他功能。

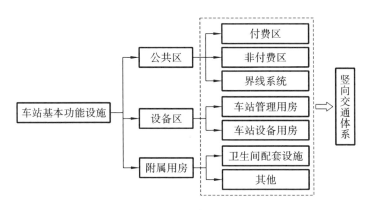

图 2.33　车站的模块化设计示意图

2.4.2.2　高架车站分类

依据线路走向、城市规划、既有环境等条件及城市景观要求,高架车站一般分两种类型:第一种为设在城市规划道路上,主体建筑沿规划道路中心布置(简称"路中高架站");第二种为设在城市规划道路路侧地块内(简称"路侧站")。

路中高架站为常见的高架站型,此类站型需要较宽的道路断面,约 10 m 的路中绿化带。车站由主体、附属用房、出入口、天桥四部分组成。车站主体位于道路上方,为高架三层车站。一层架空,二层是车站站厅层,三层是站台层;附属用房设在道路的一侧,为多层框架结构,通过人行天桥与站厅层连接,底层设置公共卫生间与人行出入口。在附属用房周边布置消防环道、停车以及绿化铺地等。在道路的另一侧设置过街出入口,并通过天桥与车站主体的站厅层连通。车站主体的建筑高度一般控制在 24 m 以内,轨面在 12~13 m,附属用房一般为两层或三层,为普通框架体系,建筑高度一般控制在 18 m 以内。

受路中条件限制,如路中高架线、高架桥、道路宽度不足等原因,路侧高架站成为必然。该站型由车站主体及附属用房、出入口组成。将附属用房及一侧出入口与车站主体整合为一体,均设在道路的一侧,常规均为框架结构体系,不设架空层。该站型一般为高架两层或三层。采用两层高架站形式时:一层为进站大厅、付费区以及局部设备用房;二层为站台层,其余设备用房位于夹层内。采用三层高架站形式时:一层为出入口进站大厅、局部设备用房和商业预留空间;二层为站厅层,布置公共区和设备区;三层为站台层。车站主体的建筑高度一般控制在 24 m 以内,高架两层站轨面在 8~9 m,三层站轨面在 12~13 m。

此外,高架车站按照站台与轨道相对位置关系分类,可分为侧式站台、岛式站台、侧岛混合式站台。岛式站台位于往返轨道线路中间,使用空间较为集中,面积较大,便于往返客流的调剂;侧式站台位于往返车辆线路两边,是常用的一种形式,可避免干扰,造价较低,改建容易,但是管理分散,需增设换边通道;岛侧混合式站台是将岛式站台与侧式站台设置于同一车站内,主要用于具有快慢线路、多条线路的大型高架车站。

2.4.2.3 剖面设计与结构方案

1. 剖面设计

在高架车站的剖面设计中,根据轨道线路的高程点和地形地势的差异,高架车站尺度与布局形态不同,在地面上有两层、三层甚至四层的高架站,而作为车站主体功能的仅为两层。在交通干道中央的路中车站通常下部架空可局部将设备用房设于底层,保证行车视野。剖面设计还需要根据车辆的运行界限确定站台尺寸,根据轨道高程点以及悬挂的设备层对结构提出屋面高程的要求,结合造型综合考虑。

2. 结构方案

(1) 站台层以下主体结构。

高架车站下部主体结构形式一般为现浇钢筋混凝土结构。墩柱可采用现浇或竖向分段的方式进行预制,盖梁结构可采用现浇钢筋混凝土梁板结构或预制梁结构。高架车站结构根据梁架与上部结构的荷载传递方式可分为"桥—建"分离、"桥—建"部分合一、"桥—建"完全合一这三种结构形式。

第一种方案:"桥—建"分离结构形式,即行车部分采用与区间桥梁相似的结构形式,站厅层、站台层及设备与管理用房采用常规框架结构形式,桥梁与梁架结构和建筑结构相互脱离,完全独立,荷载传递与结构设计较为简单,但是结构整体性较差。

第二种方案:"桥—建"部分合一结构形式,即将桥梁结构和车站结构结合在一起,形成一个结构体系,共用墩柱及盖梁,轨道梁简支于车站结构的盖梁上,采用简支支座。

第三种方案:"桥—建"完全合一结构形式,即全现浇框架结构。这种结构形式更类似于常用的建筑结构形式。这种结构形式的优点是车站结构与桥梁结构统一进行设计,有利于车站平面功能与设备管线的设置布局,车站整体性强,结构设计合理,结构断面尺寸合理,整体刚度好。

(2)站台层设计。

站台层的结构形式以轻型钢结构为主,通过钢结构的结构可塑性与延展性,创造多样化的建筑造型。此外,根据场地条件与地域文化等要素,站台层也常采用清水混凝土结构与木结构,营造出不同的空间体验。高架车站的规模、尺度适中,跨度通常在 20~30 m,因此屋架结构的选型与设计较之一般的交通类大跨结构建筑更为自由,无须严格采用大跨度建筑的结构选型方式,可采用更为自由、轻盈、多元化的创新型结构形式。

2.4.2.4　立面造型设计

城市地铁高架车站设置于地面之上,车站的造型与形态对周边城市环境有较大影响,因此,在高架车站立面造型中,应通过现代化的造型手法表现高架车站的韵律感与流动性。

高架车站立面造型与形态设计和功能紧密相关,沿着轨道形成狭长的矩形或弧形形体,体量关系较为简单,为减少对城市空间的影响,两侧不能有过多的复杂体量,多以简洁的形体与多种材料的组合与变化体现高架车站特殊的功能与结构形式。车站的立面设计依据建筑功能较多地采用横向两段式或者三段式划分,通过屋架结构的变化呼应城市环境,再根据不同车站的线路位置异同,对立面进行不同的处理,体现现代交通建筑的时代观感。

2.4.2.5　高架车站典型结构形式

高架车站站厅层结构一般为钢筋混凝土框架结构,而站台层的结构形式较为多样,可分为轻型钢结构与混凝土结构。而轻型钢结构构件的生产迅速,造型能力较强,因此广泛用于高架车站建筑。现国内轻型钢结构常用门式钢架、钢框架、钢桁架、钢网架、异型钢结构这五种结构形式。典型结构形式的结构性能与形态特征如下所示。

1. 门式钢架

(1)构件组成:冷弯薄壁型钢、轻型焊接 H 型钢、热轧 H 型钢,屋面板压型金属板、屋架之间的支撑,连接构件。

(2)优点:能够有效缩短施工工期,自重相对较轻,空间布置灵活,经济效益较好,可做弧形处理,使用较多。

2. 钢框架

(1)构件组成:钢柱、钢梁、屋面板压型金属板、其他装饰构件。

(2)优点:梁柱截面更小,能够在降低自重的同时,获得良好的空间条件,可以快速提升施工效率。

3. 钢桁架

(1)构件组成:直杆端部以铰链连接形成的空间或者平面结构为钢桁架结构。

(2)优点:在高架车站屋面中的应用效果较好,降低施工成本,形状更加丰富多样,能满足不同建设要求。

4. 钢网架

(1)构件组成:空间铰接杆体系结构形式,主次杆件、索杆、连接节点、金属面板,下弦、上弦和腹杆等共同组成双层网架。

(2)优点:结构形式具有一定规律性,能够满足多向传力的要求,在各种跨度车站中的应用效果较好,造型能力强,实现对多种平面结构形状的有效覆盖。

5. 异型钢结构

(1)构件组成:空间任意钢结构即异型钢结构。

(2)优点:能够改善地铁高架车站屋面的外观形式。

6. 混凝土结构

(1)构件组成:混凝土梁、柱、板、屋面板、立面填充墙体、外挂板、幕墙等。

(2)优点:混凝土的可塑性、材质肌理表现性、结构耐久性较好;建筑形体相对敦实厚重。

2.4.3　地铁高架车站施工

高架车站通常为钢筋混凝土框架结构,施工方法同地面框架结构房屋施工。车站轨道线路结构通常与车站主体结构连接在一起,形成整体受力结构,少数车站框架结构与线路轨道结构脱离。

高架车站的施工具有以下特点。

(1)施工环境复杂,邻近建(构)筑物、地下管线多,工程地质与水文地质复杂,不确定因素多。

(2)高架线路多毗邻居民区、交通繁忙地段,有些地方还是多种交通方式的交会地段,对周边交通影响大。

(3)分部分项工程施工多,方法交叉变换多,高支模工程、高空作业频繁,施工难度大。

(4) 施工过程中,噪声、振动、扬尘对周边环境干扰大。

2.4.4 地铁高架车站施工方案选择——以西安地铁某高架车站工程为例

2.4.4.1 工程概况

车站位于西安某生态区内,靠近灞河,周围是沙土地质,地势平缓,为三层高架车站,车站底层为架空结构,顶层为站台层,二层为站厅层,总长度118 m,车站宽度为20.7 m,主要考虑车站主体结构的施工,不考虑轨道线路及线路设备等施工。

2.4.4.2 施工方法比选

对于钢筋混凝土结构的高架站施工方法主要有三种:混凝土现浇施工、预制板房和节段拼装。

1. 混凝土现浇施工

现场浇筑混凝土受气候、场地及运输条件等因素影响,在原材料配制、搅拌、运输、灌筑方法、养护等方面,需根据现场实际情况,采取相应的措施保障混凝土最终成型。①制备:就近设置混凝土搅拌站,节省运输成本。②工序检查:保证浇筑混凝土的整体性和结构稳定性。③垂直运输:采用升降井架、卷扬机或将混凝土装入吊斗,用起重机吊运至灌注部位。④泵送混凝土:将混凝土布满灌注部位,同时振捣密实,保证施工连续作业。⑤养护:为防止混凝土成型后内部水分蒸发,发生干裂现象,对混凝土加以覆盖并浇水养护。⑥拆模:为准确得到合适的模板拆除时间,需根据灌注结构的种类监测混凝土达到的强度。

2. 预制板房

在房屋建造工程中给楼板采用预制板拼装的方式,因板的空心位置不受力,可以减轻自身重量以及节省工程造价。在预制板制作过程中,先用木板钉制模型,布好钢筋后,用水泥灌注,等待水泥养护到合格强度后拆除模板,得到成型预制板。若采用预制板,需考虑购买、运输及堆放问题。预制板的隔音效果较差,并且由于预制板房是组装式结构,当面临地质灾害时,可能会产生滑移,造成断裂和掉落,威胁安全。

3. 节段拼装

立柱结构考虑现浇施工，楼板底层预制，上层现浇。①预制场安排：包含扎筋区、浇筑区、搅拌区和材料堆放区4个区域。②节段预制：扎筋区完成捆扎钢筋笼工作，浇筑区进行浇捣混凝土工作，搅拌区搅拌混凝土，堆放区堆放预制成品构件。③运输：节段梁的运输需用大型运输车从预制场内运输到施工现场。④拼装：结合高架区间架桥机设备要求，将可吊装的车站梁划分为若干节段；在预制场内预制梁段，运输车运至施工现场。

4. 施工方法对比

（1）在安全性方面，为保证整体结构稳定性，排除空心预制板的施工办法。

（2）在场地布置方面，节段拼装施工要安排梁段预制场，占用场地多。

（3）从经济角度分析，虽然节段拼装施工工期短，但涉及的人力及大型设备比现浇施工多，耗资更多。

（4）从环境角度分析，现浇混凝土施工能减少对周围环境的影响；节段拼装施工因采用大型机械设备会产生一定的噪声。

结合现场情况，比较其安全性、经济性、工期以及对周围环境的影响，并考虑目前国内外地铁高架站的施工现状，采用混凝土现浇施工方法。

2.4.4.3 施工组织

1. 施工平面布置

施工平面布置要满足施工总体计划，保障施工场地附近的交通线路的运行状况，使车站施工过程中的材料供应及渣土车的弃渣等工作正常进行。根据安全生产及文明施工的有关要求，对施工场地进行合理的规划布置。

施工用地为东三环西侧车站施工用地范围，在区域内设置便道方便施工。施工材料放置在规划停车场区域和现有绿化区域，与车站主体结构施工区域间预留消防通道，方便材料运输和紧急情况下人员疏散。在规划停车场处设置混凝土搅拌站，安排工程车辆及机械停放，并留有材料放置及钢筋加工的余地。钻孔桩施工须在场地内配备沉淀池，排水均经环保处理后才可排入市政排污管网。考虑到南北两侧均有规划道路，为方便车辆出入，加快材料运输，设置两个出入口，与消防通道相连接，并顺应三环车流流向，南侧为入口，北侧为出口，减少对道路交通的影响。在车站主体施工部分设置全封闭式施工围挡，在围挡出口处设置洗车槽和三级沉淀池，所有离开场地的工程车都须冲洗干净，减少粉尘污染。考虑到材料的堆放及加工问题,生活用房不设置在施工场地范围内,在西侧租地建造。

2. 施工总体流程

车站总体施工流程:施工准备→施工围挡及场地平整→钻孔灌注桩施工→基坑开挖→承台施工→消防池施工→底层主体结构施工→站厅层主体结构施工→站台板下层主体结构施工→站台层主体结构施工→砌体工程→附属结构施工→竣工验收。

(1) 车站基础结构施工。

① 钻孔灌注桩施工。

该部分主要包括施工准备、钻孔、清孔、吊装钢筋笼、灌注混凝土等内容。钻孔先钻对角桩,弃渣由施工人员用手推车运到临时存渣场处理。

② 承台施工。

a. 基坑开挖:先确定基坑开挖边线并做好护桩,基坑周围使用素土围护。

b. 桩头凿除:承台基坑开挖按1∶0.5的坡度进行施工。

c. 铺筑地模:使用要求配合比的混凝土浇筑、压实、抹光,作为扩大基础及车站结构的桩顶系梁基础地模。

d. 钢筋制作及绑扎:按照施工图纸的位置和距离放置好钢筋再进行绑扎工作。

e. 模板安装:承台侧模采用组合钢模板。

f. 浇筑:采用商用混凝土。

g. 拆模及养护:当凝结强度达到设计要求后拆除模板,并检查表面是否有空洞,若存在,则立即用高标号的水泥浆进行修补,且及时洒水养护。

h. 基坑回填。

(2) 车站主体结构施工。

① 消防水池施工。

高架站消防水池施工时要注意对防水层的保护,故混凝土浇筑要按顺序连续完成,振捣要密实,防止漏振或少振现象发生,并且底板混凝土终凝后注意及时洒水养护。

② 墩柱施工。

墩柱施工采用定形钢模板,主要施工工艺流程:清基→定位放线→钢筋加工与绑扎→模板与支撑→混凝土浇筑→拆模养护。

③盖梁施工。

车站结构的盖梁为预应力混凝土结构,工艺流程:清基→钢筋绑扎工作→安装模板→混凝土浇筑→拆模、养护。

④框架结构施工。

框架结构施工采用由下到上逐层施工的方式,主要使用钢管脚手架,车站外围采用双排钢管脚手架架设,室内使用满堂红脚手架达到支撑并且加固梁、板、柱的模板的目的。

⑤模板施工。

本车站为全现浇框架结构,施工模板采用整体式木框竹胶模板。

a. 支模系统要求:模板的架设主要采用钢管支撑的方式,立柱及梁板采用方木做框架。

b. 支模质量要求:确保模板及支架具有足够的强度及稳定性;模板的接缝和错位小于 2.5 mm;柱模内部用水冲洗干净、柱模底部采用水泥砂浆护壁。

c. 模板拆除:拆模顺序为先支后拆,并安排人员及时运离施工区域。

⑥混凝土施工。

采用泵送法施工,并在现场取样,做坍落度试验,保证混凝土质量;对钢筋、模板进行清洗,保证钢筋结构在浇筑前的干燥性和浇筑施工区内干净整洁。浇筑框架柱混凝土时,尽量将输送管伸至模板内部。分层浇筑的厚度控制在 50 cm 以内,每个施工段的梁、板混凝土须一次性连续浇筑完成。每次混凝土的浇筑过程都要取样品作抗压试块,并送到试验中心进行强度试验。

(3)内部结构施工。

①站台板施工。

站台板结构采用分段分部施工顺序,分为支撑墙施工和板体施工。站台板施工过程中,钢筋在加工区内加工成型。支撑墙与站台板连接处的预埋钢筋采用焊接方式。站台板板面混凝土初凝后,对其进行压实、抹面,终凝后用湿麻袋覆盖,洒水养护混凝土。

②电梯井和楼、扶梯施工。

车站主体结构施工完后,站内的二次结构施工开始,依次将车站内的电梯井壁、步梯、台阶等结构施工完成。二次结构的模板安装、混凝土浇筑等流程按主体结构的要求进行。内部结构要确保结构的净空尺寸和位置,如电梯井壁的垂直度、站台板的高度、站台下底板的平整度等。车站内部楼梯板混凝土浇筑施工选取由下向上的施工顺序进行,防止底部出现垮塌现象。

2.4.4.4 施工应急预案及环境保护

1. 施工应急预案

(1) 做好施工管理工作。

(2) 做好劳动力和施工设备的配备问题,保障工作量及施工进度发生变化下的施工连续性。

(3) 配备发电机,保证在不能正常供电的情况下满足施工用电的要求;在紧急停水情况下可考虑从渭河引水满足施工、消防及生活用水正常。

(4) 为避免施工中因暴雨或水管破裂等紧急情况出现水淹现象影响正常施工,准备抽水泵,进行紧急排水。

(5) 预留紧急疏散通道,在工程特别是施工到上层的时候,在外侧脚手架上一直预留员工通道,有危险发生时能及时撤离。

(6) 联系检测公司,做好施工监控工作,当施工面临危险时,自动提示警报,保证员工的安全撤离和工程的及时维护。

(7) 联系就近救护队,在员工受伤或急病时能迅速救助。

2. 环境保护

(1) 大气污染防治措施:安排清洁人员及时清理施工垃圾;散水泥和其他易飞扬的细颗粒材料尽量安排在材料库内存放;土方运输车采用环保封闭运输车;车辆驶出前需将车轮冲洗干净;在产生尘土量较大时,由专人负责现场洒水降尘。

(2) 水污染防治措施:施工现场设置沉淀池,废水经二次沉淀处理后,才能排到市政污水管线;水磨面作业产生的污水,应严格控制污水流向,经沉淀池沉淀;严禁将施工过程中产生的有毒有害废弃物用在土方回填作业中,造成地下水污染。

(3) 噪声污染防治措施:打桩机禁止夜间(22:00—6:00)工作;涉及强噪声的加工作业,尽量在生产车间内完成;施工过程中的机械安排应首先选择低噪声或备有消声降噪功能的施工机械。

(4) 固体废弃物污染防治措施:建筑垃圾及时清理,垃圾车必须是封闭的。定期对沉淀池进行清理。

2.4.4.5 案例总结

(1) 对三种钢筋混凝土结构的施工方法进行比选,采用现浇施工方法进行施工。

(2) 根据施工总体规划,对施工平面进行布置,安排施工过程中的生产、生活、管理用房以及材料的堆放、加工场地。

(3) 结合实际情况,对施工总流程进行分析,讨论施工过程中的模板架设、钢筋加工、混凝土浇筑及养护的施工工艺,按照基础结构→主体结构→内部结构的施工顺序进行。

(4) 提出做好施工应急预案和对周围环境的保护工作的相关措施。

2.4.5 地铁高架车站的装配式发展

2.4.5.1 运用装配式技术提升高架车站的建设效率

国家住房和城乡建设部自 2015 年来先后颁布多项针对装配式建筑推广利用管理的政策法规,装配式建筑在各个领域的推行建设已经纳入城市现代化发展的重要议题。大力发展装配式建筑是国家政策导向,也是推进建筑业供给侧改革,实现绿色建造的重要举措。2021 年,国务院《关于印发 2030 年前碳达峰行动方案的通知》明确:推广绿色低碳建材和绿色建造方式,加快推进新型建筑工业化,大力发展装配式建筑,推广钢结构住宅,推动建材循环利用,强化绿色设计和绿色施工管理。加强县城绿色低碳建设。

在国家政策引导下,国内多个省、直辖市、自治区陆续颁布实施了地方推广装配式建筑的政策法规。北京、上海、南京等多个城市已编制了该城市地下空间的规划文件,使得装配式建筑开发利用及统筹设计得到了规范化推行。在法治建设方面,截至 2020 年底,中国颁布有关城市地下空间的法律法规、规章、规范性文件共 527 部。

随着城市化进程的不断扩张,高架车站的施工与建造也成为国内大量城市公共基础设施建设的重要内容,装配式设计建造的方法与技术也正在由传统民用建筑或工业建筑扩展到轨道交通建筑。随着国内首个全装配式轨道交通站点的成功建造,多个地区的轨道交通站点项目也在装配式建筑设计领域进行实践探索。

但是整体而言,装配式技术在轨道交通工程的应用仍处于起步阶段,尤其是在高架车站设计中的运用较少。直到 2014 年,上海申通地铁才尝试采用高架车站装配式建造的研究。上海 17 号线东方绿舟站、朱家角站、徐泾北城站共三个车站应用了装配式设计的理念进行建造,是装配式技术在国内轨道交通高架车站的首次尝试。因此，为顺应当下轨道交通高架车站大量建造与发展的形势，采用建筑工业化相关的研究基础，开展轨道交通高架车站的装配式建造及其关键技术的研究有着显著的社会和经济效益。

2.4.5.2 装配式轨道交通高架车站

目前关于装配式轨道交通高架车站暂无明确的定义。依据现有装配式建筑的定义与相关工程实践，装配式轨道交通高架车站指运用预制装配方法进行设计，建筑构件在工厂中预制生产，运输至施工现场进行组装连接的高架车站建筑。常用的结构形式与选型依据具体设计的需求，多数采用装配式钢架结构和装配式混凝土结构。

装配式轨道交通高架车站的构件拆分设计需要遵循结构安全、利于施工运输、标准化、模数化设计的原则与方法。在满足高架车站建筑功能需求的同时，车站的结构形式应该满足通用化、标准化、多样化的要求，便于预制构件的生产与制作，降低生产成本，但是也要考虑高架车站屋架结构造型的多样化需求，因此屋架结构体系还需考虑标准化构件与非标准构件的设计。同时，在高架车站装配式设计中构件的连接构造设计、接缝设计也需要在保证可靠性的同时进行精细化设计。整体而言，装配式高架车站在工程实践中需考虑预制构件的拆分与连接、装配式技术集成，同时还需要展现高架车站的建筑美学特征。

2.5 地铁车站附属工程施工技术

2.5.1 地铁车站附属工程

地铁车站附属工程包括车站出入口、地铁车站中的风亭、风井、泵房、联络通道、冷却塔等，地址车站后期的一些装饰、安装工程，地面上的绿化工程等。下面主要介绍地铁出入口、风亭、冷却塔和车站装饰装修工程。

2.5.1.1 地铁出入口

1. 地铁出入口概念

出入口这个词从字面上可以理解为，联系内外的中介或者是自身具有空间的场所。出入口是空间体系重要的组成部分，它包含环境空间体系和建筑空间体系,它是从一个空间通向另外一个空间的中介。

对于出入口的空间概念我们可以从两个方面解释:一方面,是指联系两个空间所设置的通道或遮挡物,也就是我们通常所说的门;另一方面,是指建立在门的基础之上延伸的地段,它包括出入口的台阶、坡道、广场绿化以及基础设施等元素。

地铁出入口指的是出入口部分的空间和周边的环境,地铁出入口是地铁车站空间内部与地面环境之间的过渡和联系的空间,其中包括地面部分的建筑和道路等,地铁出入口有一定秩序的人造公共环境。因此,地铁出入口空间包括了地面建筑、出入口广场以及植物绿化等一系列元素。

2. 地铁出入口功能性要求及设计原则

(1) 功能性要求。

①交通枢纽功能。

作为地下轨道交通系统的一部分,地铁出入口所承担的首要任务就是将地面乘客引导至地铁车站之中,并将到达旅客指引至外部城市地面空间。这要求出入口的设计应充分考虑客流量的大小,并以此确定出入口的数量、位置及规模等参数。此外,出入口还应考虑与路面建筑的配合问题,尽可能与公交站点、过街天桥、地下通道等设施靠近,避免造成出口客流拥堵等问题。

②安全疏散功能。

作为主要的交通方式之一,地铁每天承担着城市交通极大部分客流,尤其在上下班高峰期,站内人员密度会非常大。在这种情况下,若有火灾、地震等紧急事故发生,站内形势将难以控制。封闭的地下地铁车站环境在防灾上具有疏散困难、救援困难、排烟困难及外部灭火困难等特点。这也是地下空间内部灾害更难防范和抗御的重要因素。因此,地铁内部空间合理规划十分重要,地铁出入口在设计上应该满足安全时效范围内最大人流通过密度,其连接的外部空间也应具有足够空间进行人员疏散。

③过渡功能。

地下空间出入口承担着连接城市地上空间与地铁车站内部的纽带作用。地铁出入口在城市地上空间具有具体明显的建筑表现形式,又通过楼梯、过道等设施引导乘客从宽敞明亮的地面进入地铁车站内部。因此,地铁出入口承担着内外空间转换的责任,需要处理好空间及旅客心理的过渡。

④引导功能。

地铁车站出入口的空间位置设计合理,内部结构简单明了,可以让人们轻松地按照预定设计方向和线路行走，顺利将乘客引导至地铁出入口。在设计时适当添加的指示牌、景观小品、绿植等元素，可以更好地引导人们按照不同的路线行走。

⑤景观功能。

地铁车站的出入口作为乘客认识地铁线路的第一站，其景观设计好坏直接影响乘客对整个地铁的印象。在设计时，出入口应与城市的景观相结合，具有自己的特色，又需要和周围的环境相互协调。此外，出入口还要与当地的历史文化相结合，综合发挥地铁出入口在城市景观中的作用。

（2）设计原则。

根据地铁设计规范，作为城市交通系统，地铁出入口在设计时首先应考虑它位置的选择，在保证能够吸引足够客流的同时，方便疏散乘客；地铁出入口的数量应该根据车站的大小、长度、人流密集程度以及地形条件确定，其位置应该分散布置，这样可以扩大吸引范围，按照规定每个车站出入口的数量不得少于两个；出入口在设计时保证其在道路红线之外，在外观设计上应考虑当地地域特色和人文风貌，并需要与周边建筑协调，在地形条件限制的情况下，应优先考虑与建筑合建；在设计时应保证出入口的开口要高于地面积水水位，并且在雨水量较大的城市应该有防淹措施。

此外，地铁出入口还应遵循一定的空间设计原则：车站的引导标示要清晰，线路要简洁明确，尽量减少乘客步行的距离，方便乘客进出车站；出入口设置的公共设施要满足客流量的需要，并且要预留以后用于扩建或者改建的余地；进站和出站的客流应该分开，以免在高峰期时出站人员和进站人员相互干扰造成拥堵；在设计时应尽量选用通透耐用的材料，降低成本，节约能耗。

3．地铁出入口的常见形式

地下空间的出入口常见形式有三种：独立出入口、与周边建筑结合设置的出入口、与下沉广场结合设置的出入口。

（1）独立式出入口。

独立式出入口是指地下空间有单独建设的地面建筑，人流通过此建筑进出地下空间。这种出入口一般建设在广场或周边建筑比较开阔的地区，有自己独特的建筑形式，是地下空间的一个标志性节点。目前国内多运用轻钢玻璃结构设计，设计宽度应包含满足人员疏散要求的楼梯和上行扶梯一部（下行扶梯视提升高度而定），设计高度需与周边环境相适应。

(2) 与周边建筑结合式出入口。

与周边建筑结合的出入口一般设置在比较繁华的城市中心或者是客流量比较大的地方。由于周边的建筑密度比较高,道路不够宽阔,可将地下商业的出入口与周边建筑结合设置。人们通过地面建筑中的一个分区进入地下,不单独在室外设置建筑,有利于减少对街道景观的影响。

(3) 与下沉广场结合式出入口。

此类出入口一般多出现在下沉式商业广场或庭院,它起到人流集散的功能,行人通过自动扶梯到达室外广场,可进行购物、休闲、娱乐等,提供给行人一个互相交流的平台。

2.5.1.2 地铁风亭

1. 地铁风亭的概念

风亭是地铁车站联系地下与地上的一个中介,是车站及区间隧道同外界进行空气交换的端口,是地铁通风空调系统不可缺少的部分。一般而言,风亭在单个区间或车站附近应设置的数目为2~8个,沿线的数目还会随实际情况相应增多,因此而带来的噪声污染、空气质量问题、与周边景观搭配等问题不得不引起设计者的重视。

地铁作为城市地上空间在地下的扩展与延伸,其车站内部及铺设线路多处于封闭的地下环境之中,缺乏与地上环境的交流。因列车运行、设备工作、乘客活动等产生的多余废气等不易扩散,极易产生安全隐患。因此,在实际设计规划中,风亭被广泛使用。风亭通过连接地铁车站及区间隧道地下空间和地面空间,保证站内外空气的流通,满足地下空间列车设备人员及防灾的需要,具有不可替代的作用。

风亭作为地铁不可缺少的一部分,其设计规划如何满足城市形象,如何与城市已有建筑协调统一,是设计中不可忽视的问题。

2. 地铁风亭功能性要求和设计原则

地下空间除出入口等极少部位与外界相连通外,基本与外界隔绝,需要设置与外界进行空气交流的设施,用人工气候环境满足人们的要求。通风空调系统,就是采用人工方法,创造和维持满足一定要求的空气环境,包括空气的温度、湿度、空气流动速度和空气质量,同时保证火灾救援时的防排烟功能。风亭作为城市建筑的一部分,其建筑设计应遵循以下原则。

（1）满足功能要求原则。

风亭设计的首要任务就是满足功能要求，能够为地铁车站提供新鲜空气的输送，是设计人员在进行风亭设计时的首要因素。

（2）与城市景观协调原则。

城市景观是提升城市形象，展示城市特色的重要途径之一。好的城市景观能够给出行的人们带来轻松愉悦的心情。地铁风亭作为地铁车站的地面建筑，它属于城市景观的一部分，所以在设计时要保证它与城市景观的共同存在，协调发展，不能与城市景观相互矛盾。

（3）优先与其他建筑合建原则。

地铁风亭的造型、噪声以及废气或多或少对城市景观造成影响。由于城市规划和地形的限制，地铁风亭在设计时应该优先考虑能够与周边的建筑物合建。

（4）尽量弱化体量原则。

如果受条件限制不能与周边建筑合建，在设计时应考虑地铁风亭对城市景观的影响，尽量弱化它的体量，但是同时需要满足它的使用功能。

3．地铁风亭的常见形式

地下空间风亭的常用形式有四种：独立式风亭、组合式风亭、集约式风亭和合建式风亭。

（1）独立式风亭。

独立风亭有低风亭和高风亭两种形式，多数呈低矮敞口形式。根据规范要求，各个不同功能的风亭须独立分散设置，采用敞口上排风形式时，风亭高度不大于1 m，适合设置在产权单一的城市广场、绿地和公园内，或是远郊尚未开发地区。这种建筑形式的风亭外形简洁，对周边环境和景观影响小，容易取得公众的认可，是建筑师和规划部门较多选择的风亭形式，但需考虑雨水倒灌，有防洪、防涝的要求，风亭下部应设排水设施。同时由于落叶和垃圾的聚集，定期要对风亭下部进行清理，运营费用会有所增加。

（2）组合式风亭。

在城市中心区的建设过程中，征地和拆迁也会对工程实施产生影响。所以出地面的风亭应尽可能集中设置，减少占地面积，集中设置的风亭采用组合式风亭形式。

在城市规划设计中，地下空间开发基本都在周边规划完善、客流集中、建筑密集的城市建成区。风亭往往在其中见缝插针地设置。其设置的原则是在不影响风亭功能的前提下，尽可能地减少征地面积和拆迁量，所以集中设置组合风亭是必然的选择。不同功能的风亭通过风道的转折集中为一个体量引出地面。受风口之间距离的限制,风亭的体量需向高度发展,有的风亭还有上置的冷却塔。这类风亭的特点:占地面积小,有一定的体量,建筑的各个方向均有出风口,是一个具有功能性的构筑物。针对这类风亭需要在环保、卫生防疫、消防和景观上考虑对周边环境的影响。但它是集约性的设计,能减少征地拆迁量,可整体设计,统一施工。

(3)集约式风亭。

集约式风亭是组合式风亭与地铁设施合建的设置形式。结合形式具有多样性,可以与出入口、疏散通道、冷却塔、公共卫生间、垂直电梯等其他地铁使用空间结合。其特点如下:结构关系合理,可节省建筑材料及基建投资;在土地使用方面,可减少地铁风亭单独征地;在规划布局方面,地铁风亭与地面建筑有机地结合在一起,有利于建筑形式的统一,建筑体量易把握,能很好地与周边环境相融合。

(4)合建式风亭。

合建式风亭是组合风亭与退缩道路地块内其他建筑合建的形式。这类风亭一般设置在建筑的一个角部,不同功能的风口错位布置。风亭不单独征地,节约建筑间的退缩距离,土地利用率高。其建筑体系完整,立面形式与合建建筑保持统一,以便合理规整地进行平面和空间的划分。但需与规划部门和建设单位进行良好的沟通、协调,具备与其他建筑的合建条件,适合旧城改造和新区建设中完整地块的开发。

2.5.1.3 地铁冷却塔

目前,大部分中心城区的地铁车站均设置为地下车站形式,车站内部通风环境与室外环境相对隔绝,冷却塔主要通过间接消除车站余热,为乘客创造一个舒适的过渡性环境,从而成为地铁空调系统中重要的设备设施。

1. 冷却塔的施工要求

(1)冷却塔的设置位置应通风良好。由于冷却塔原理的需要,良好的通风条件是冷却塔设置的首选因素。

(2)当周边规划协调需要,冷却塔采用下沉式布置,或用围墙、顶板等进行遮挡时,应确保进风侧有足够的进风面积,并避免排风侧的热、湿空气回流。

(3)冷却塔应远离厨房排风、制动电阻散热等高温或有害气体;根据冷却塔通风散热的特性,冷却塔口部与车站进风亭口部、出入口口部距离宜大于10 m;

与排风亭口部、活塞风亭口部距离应不小于 5 m。

（4）注意与周边环境的协调，避免飘水、噪声等对周围环境的影响。

（5）地上冷却塔的造型、色彩、位置应符合城市规划、景观及环保要求。

（6）冷却塔与其他建筑物的距离应满足防火间距要求。

2. 冷却塔的常规布置形式

冷却塔的设置从结合形式可分为独立设置形式、冷却塔与风亭结合设置形式、冷却塔与其他设施结合设置形式。冷却塔从设置位置上可分为高位设置和低位设置两种方式。

（1）独立设置形式。

独立设置形式是指冷却塔在室外单独布置，当独立布置时，高位布置与低位布置都是较为常见的形式。其中，在高位布置方式中，冷却塔的安装高度应设于所在区域地面以上；在低位布置方式中，冷却塔的安装高度低于地面，一般为半下沉和全下沉两种。

当采用高位布置方式时，冷却塔具有以下特点：①冷却塔的排风口、进风口有高差，而且方向不同，气流组织好，散热效果好；②冷却塔的水管接口位于地面以上，连接管段一般不会高于系统开口点，管路布设简单且灵活。

当采用低位布置方式时，冷却塔具有以下特点。①冷却塔的排风口、进风口无高差，而且方向基本相同，气流组织很难完全避免冷却塔排风的热、湿空气回流与进风短路的情况，尤其是在室外环境较恶劣的情况下，会影响散热效果，增加运行能耗。为保证散热效果，避免气流组织短路，需要控制进风风速，适当加大冷却塔进风侧与障碍物的距离，预留足够的进风空间。②冷却塔的水管接口位于地面以下，对连接管段要求较高，在考虑管路敷设路径时，应尽量避免中间段管路高于系统开口点，对于中间管路高于系统开口点的情况，需采用措施，防止停机时管网内冷却水泄漏而形成空气段，影响系统的正常运行。③低位布置由于采用了下沉式设置，对周围城市景观影响较小，可以采用立体绿化，使冷却塔基坑与周围环境紧密结合，更加易于与环境融为一体，将景观影响降到最低。

（2）冷却塔与风亭结合设置形式。

风亭、冷却塔作为地铁通风空调系统的地面设施，二者结合设置具有减少占地面积、管线连接简单、管理方便等优点，但前提是风亭必须为高风亭，同时，也应注意避免冷却塔对车站进风造成污染。风亭和冷却塔结合设置形式一般都为高位布置，其特点与冷却塔独立设置高位布置形式相同。

由于风亭和冷却塔结合设置形式的体量如同一栋建筑物，庞大的体量会对景观和人的视觉、心理造成影响,因此,需要对其造型和立面进行设计。作为一栋建筑物,还要与其他建筑一样融入周边环境,并保持一定的退缩距离,不突兀。

(3) 冷却塔与其他设施结合设置。

冷却塔在室外与其他设施如周边的建筑物等结合设置,一般为高位布置。

在此类布置形式中,结合点的选择应注意以下问题:①避免周边环境对水系统的影响,应远离厨房排风、制动电阻散热等高温或有害气体;②防止水系统对周边环境的影响,避免飘水、噪声等对周围环境的影响;③此设置形式应避免出现体量过大、视觉观感较差的问题,尽量隐蔽设置,减少对周边景观的影响。同时,冷却塔与其他设施结合还需考虑施工时序、预留土建条件等其他因素的影响。

3. 不同布置形式的施工规模

对于不同的布置形式,工程实施规模差别较大,相应的造价投资也存在较大区别,因此,在工程实际中,规模和造价也是选择布置形式的重要考量因素。

高位布置的冷却塔周围仅需考虑一定的检修和维护空间即可,且通风条件相较于低位下沉式布置冷却塔有明显优势,位置更为灵活,永久用地只兼作进风空间,必要时可按检修范围征地。如果能结合高风亭设置于顶部,可忽略其土建要求。

低位布置的冷却塔除需要考虑检修和维护空间外,还需要考虑进风空间,进风空间与下沉坑壁的间距不小于塔体进风口高度的 2 倍。另外,还需布置在建筑物最小频率风向的上风侧。可见,低位布置永久用地需求较大,因此规模较大,且下沉基坑土建施工量较大,造价较高。

4. 对环境的影响

(1) 与周边环境的结合。

高位布置时,冷却塔设施露在地面之上,体量较大,高度较大,视觉冲击大,用地协调难度大,对景观影响较大。低位布置时,冷却塔设施隐藏在地面之下,对景观影响小,且易于景观隐蔽处理,但用地范围增大。

(2) 运行对周边环境的影响。

冷却塔运行的排风、散热、噪声、飘水主要来自排风口,运行时,风机的转动和布水滴水等易对环境产生噪声污染和大气污染。当高位布置时,排风口离地面高 5 m 以上;当低位布置时,排风口位于地面之下,因此,影响范围及影响程度都比高位布置方式略大。

结合以上所述,冷却塔的高位布置方式在初投资、运营费用等方面均比低位布置更具优势,但对周边景观的影响较大,协调难度大,而低位布置方式对周边景观影响较小,易于实施。

2.5.1.4　地铁车站装饰装修工程

地铁车站装饰装修工程范围主要涉及车站公共区(含物业预留区)和设备区、地面附属建筑及其他,装饰装修内容主要如下。

(1)公共区(含物业预留区)和设备区:站厅层、站台层、出入口通道的公共区墙面、地面、顶面、柱面装饰装修,设备区的设备用房、管理用房、卫生间、走道的二次结构及装饰装修,另外还包含灯具、栏杆扶手、监控亭、座椅、垃圾桶等设施安装。

(2)地面附属建筑:出入口、高低风亭、无障碍电梯、紧急疏散口和冷却塔等外立面装饰。

(3)其他:导向标识、广告商业设施、艺术品等。

地铁导向标识系统由站外导向标识系统和站内导向标识系统构成:站外部分包括轨道交通车站导向标志、轨道交通标志、车站出入口站名标志、车站出入口标志、运营时间标志、公告栏等;站内部分包括吊挂式导向标识、吊挂式定位标识、贴附式导向标识、贴附式定位标识、贴附式资讯标识、贴附式警示标识、柱立式导向标识、柱立式资讯标识、嵌入式资讯标识等。

地铁站广告系统由列车广告和车站广告构成。列车广告系统主要包括电视视频广告、固定式招贴和广告看板。车站广告系统主要包括公共区站厅、站台墙面、公共区通道墙面、轨行区灯箱、橱窗、LCD广告以及广告看板等。

2.5.2　地铁车站附属工程施工技术实践

2.5.2.1　武汉某地铁车站出入口施工

1. 车站工程概况

(1)工程概况。

武汉某地铁站共设4个出入口,其中1号、2号出入口下穿车站主体西侧的综合管廊,在该区段采用暗挖喷锚法施工,1号出入口暗挖段为27.5 m,覆土厚4.7~6 m,综合管廊底板底距出入口结构顶板0.8 m;2号出入口暗挖段为25.

22 m,覆土厚 6~6.7 m,综合管廊底板底距出入口结构顶板 2 m。暗挖横断面为直墙式矩形,标准段开挖外轮廓为 7.9 m×5.5 m,1 号出入口暗挖土方为 1300 m³,2 号出入口暗挖土方为 1200 m³。

(2) 工程地质及水文地质条件。

地层主要为素填土和粉质黏土。素填土层厚 1.50~10.10 m,为近期人工堆填而成,主要成分为黏性土,部分未压实,呈松散状,局部见有碎石,属 I 级松土;粉质黏土为深灰色、灰黑色、硬塑;主要成分为黏粒,属 II 级普通土;建议地基基本承载力取 $\sigma_0 = 150$ kPa。

(3) 工程施工难点。

1 号、2 号出入口下穿车站主体西侧的综合管廊。1 号出入口综合管廊底板底距出入口结构顶板 0.8 m,2 号出入口综合管廊底板底距出入口结构顶板 2 m。工程施工难点如下。一是车站周边环境复杂,暗挖段顶部有综合管廊穿过,综合管廊内有给水、煤气、通信等设施。二是暗挖段大部分位于回填土内,地层自稳性差,施工难度较大。三是暗挖段位于武汉市通往新区的繁华路段,保证车站开挖支护过程中的结构稳定和控制变形难度较大。四是工程的重点为解决好暗挖车站在初期支护与二次衬砌形成过程中的受力体系转换和力的平衡,防止结构变形及失稳破坏,避免出现地面及拱部的过量沉降和坍塌。

2. 车站出入口浅埋暗挖施工技术

(1) 施工方法和主要施工工序。

出入口暗挖结构形式采用"初期支护+二次衬砌"复合式衬砌。初期支护采用"钢格栅+钢筋网"锚喷支护,二次衬砌为防水钢筋混凝土模筑衬砌。

暗挖段施工应在明挖段主体结构施工完毕后进行,模筑混凝土沿纵向分段进行,每段长度小于等于 6.0 m。出入口暗挖施工步骤如下:施工准备→超前小导管(大管棚)、注浆→分步开挖进洞→开挖支护→喷混凝土封闭→基面清理→初期支护验收→二衬结构施工。

(2) 隧道开挖施工。

出入口暗挖采用浅埋暗挖工法(CRD 法),施工中严格执行"管超前、严注浆、短开挖、强支护、早封闭、勤量测"施工原则。做好超前注浆预支护,确保开挖安全;开挖后紧接支护,早成环,早封闭,及时进行初期支护;采用信息化施工,加强监控量测,通过量测信息反馈优化支护参数。

①开挖步骤。

拱顶直墙断面开挖分 6 个洞室分别依次进行开挖,洞室间设中隔壁、中隔板。开挖顺序为1号导洞→2号导洞(左、右侧)→3号导洞(左、右侧)→4号导洞,每导洞断面纵向错开距离为3 m。

首先进行1号导洞开挖施工。开挖循环进尺不得超过0.5 m,开挖后立即初喷8 cm混凝土,并及时进行喷、锚、网系统支护,架设钢筋格栅钢架,在该拱脚上30 cm高处,紧贴钢架两侧边沿下倾角30°设锁脚锚管,锚管采用ϕ32水煤气管,每榀布设1根,水泥浆液水灰比为1:1,锁脚锚管与钢架牢固焊接,复喷混凝土至设计厚度30 cm。

②变截面位置施工。

拱顶直墙断面1号、2号导洞施工到变截面位置(人防段)直接抬高拱顶高度,并向上进行土方开挖;3号、4号导洞施工到变截面位置直接降低洞底高度,并向下进行土方开挖。

(3)初期支护施工。

①钢筋格栅施工。

初支格栅纵向间距500 mm。永久格栅规格为195 mm×150 mm;临时格栅规格为195 mm×150 mm。内外侧钢筋保护层均为40 mm。开挖后基面铺设双层钢筋网(150 mm×150 mm),网片搭接200 mm,固定牢靠,铺设后安装格栅。格栅采用激光导向仪定位,安装时落脚基面要保证坚实平整,地脚用木板或泡沫砖等支垫稳妥。格栅连接采用拴接,现场严格检查保证连接牢靠。

②喷射混凝土。

采用C25早强喷射混凝土,喷射混凝土厚度300 mm。格栅安装后,立即喷射混凝土封闭。混合料搅拌采用强制搅拌机,设在车站主体结构明挖基坑边靠近暗挖隧道入洞处的位置,通过输料管送至车站结构中板,用小型翻斗车运到作业面,人工装入喷射机二次搅拌,在喷头处和水混合后喷射。混凝土喷射前应清理场地,清扫受喷面,尤其应清理原有混凝土接茬面,避免附着砂土影响混凝土黏结。混凝土自下而上分段分层喷射,每次喷射厚度:边墙,7~10 cm;拱部,5~6 cm。分层喷射时,应在前一层混凝土终凝前进行,喷头距基面1 m左右,并应垂直于受喷面,喷射混凝土不得使用回弹料,掌握好喷射压力,保证混凝土质量。

(4)防水施工。

由于地铁工程对防水等级要求很高,按设计要求,采用技术上比较成熟的无钉孔铺设防水板施工工艺。铺设方法采用垫块焊铺法,采用厚度为2 mm的塑料防水板进行全包防水处理。缓冲层采用单位质量为400 g/m² 的土工布,防水板施工应根据量测数据在初期支护变形基本稳定和二次衬砌灌注混凝土施工前进行。

(5) 二次衬砌施工。

①施工顺序。

出入口二衬结构按分部分段灌注混凝土施工。先施工底板,然后搭支架立模施工边墙及顶板。混凝土采用商品混凝土,运至进料孔输送泵内,再从泵内送入二衬模型内。断面变化处二次衬砌采用端头模突变施作。

②钢筋施工。

钢筋在地表预制,预制好的半成品钢筋原材料用吊车吊至孔底,人工用小板车运至施工现场进行绑扎成型。仰拱防水层及保护层施作完成后进行钢筋绑扎施工,先施作仰拱钢筋,待仰拱二衬混凝土拆模后施作拱墙钢筋。仰拱钢筋绑扎采取人工直接绑扎,边墙拱部钢筋绑扎采取多功能简易台架绑扎。横向主筋连接及纵向分布筋的连接均采用搭接焊连接,受力钢筋的接头宜设置在受力较小处,钢筋接头要相互错开,在 $35D$(D 为钢筋直径)范围内接头面积占总的钢筋面积的 50%。仰拱钢筋保护层及两层钢筋间距的控制:底层钢筋保护层采用砂浆垫块进行控制,双层钢筋之间的间距用马凳控制,边墙、拱部钢筋绑扎施工,利用简易台架一次性绑扎成型,然后支模浇筑混凝土,拱部钢筋绑扎时要按照设计要求预埋注浆管,以备衬砌完成后进行背后填充注浆。钢筋保护层施工:钢筋保护层用 50 mm×50 mm×50 mm 的迎土面、50 mm×50 mm×40 mm 的背土面与二衬混凝土同标号等强度的砂浆垫块,挂设间距 1000 mm×1000 mm(环向×纵向),呈梅花形交错布置。砂浆垫块在地表预制,预制时预埋扎丝,待砂浆垫块强度满足要求后利用砂浆垫块上的预埋扎丝与钢筋绑扎固定牢固。

③混凝土浇筑。

混凝土采用 C35 P8 商品混凝土;混凝土坍落度控制在(140±20)mm,入模温度不得大于 30 ℃,混凝土的中心温度与表面温度的差值、混凝土表面温度与大气温度的差值都不得大于 25 ℃。二衬混凝土采用"双掺技术",加入 20%优质粉煤灰及抗裂(密实型)外加剂。二衬混凝土临水侧结构受力主筋净保护层厚度不小于 50 mm,背水侧结构受力主筋净保护层厚度不小于 40 mm。二衬混凝土泵送时所用石子的最大料径不应大于输送管径的 1/4,即 40 mm,吸水率为 1.5%,不得使用碱性骨料,砂宜采用中砂。水平施工缝设置在底板面上 300 mm 处;仰拱浇筑采取从仰拱底部向两边对称浇筑;拱墙混凝土浇筑先浇筑边墙,后浇筑拱部;边墙浇筑采取在钢管支架两侧起拱线标高位置纵向每隔 3 m 开一个 400 mm×600 mm 混凝土浇筑窗口,混凝土泵送钢管送料至支架后,通过左、右分叉软管同时送至左、右两侧浇筑口对称浇筑;拱部浇筑待边墙混凝土浇筑至起拱线标高后,取掉分叉软管,用直通软管接混凝土泵送钢管把混凝土直接输送至拱部浇筑。封顶时先以两端浇筑口进料,最后用中间浇筑口进行封顶。在接近完成时,应派专人进行观察,使拱部混凝土不能多浇也不能少浇。多浇时如果输送泵不及时停止送料,会使组合钢模受到过大的压力而变形,造成严重的后果;少浇会造成拱部二衬混凝土厚度不能满足设计厚度。一组钢管支架混凝土浇筑应从下至上分层浇筑,分层厚度为500 mm。如因其他原因间歇,应在前次混凝土初凝前完成上一层混凝土浇筑。仰拱混凝土振捣采用插入式振捣棒结合人工敲锤外模板面振捣密实,拱墙混凝土振捣采用附着式振捣器结合插入式振捣器振捣密实。插入式振捣采用 $\phi 50$ 振固棒,振捣间距约为300 mm,振点呈梅花形均匀排列,振捣时快插慢拔,不得漏振、过振。单点振捣时间以开始振捣后不冒气泡而开始出现泛浆则终止振捣为准。泵送混凝土管内的混凝土停歇最长间隔时间不能超过45 min,混凝土浇筑完成后必须泵送清水洗管彻底。拱部混凝土浇筑时,拱部挡头板及衬砌台架中部均需留观察口,以便及时观察拱部混凝土是否灌满。

(6) 辅助施工技术。

① 大管棚施工。

超前大管棚设于明暗挖相接(暗挖进洞)处。管棚选用直径为108的热轧钢管,$t=6$ mm,大管棚外插角控制在3°以内,环向从拱顶与侧墙相交处布置,间距0.3 m,1号出入口大管棚加固长度为10 m,2号出入口大管棚加固长度为7 m。根据现场作业条件和施工机具性能,大管棚采用2~3 m的钢管节,对口焊接联结,外套20 cm长钢管套;在管壁上烧直径为8 mm出浆孔,间距0.2 m,梅花形布设,相邻两管接头位置错开。管内注1∶1水泥浆,控制注浆压力在0.8~1 MPa,以增加管棚刚度并填充钢管与管周土体间空隙,同时对周围地层进行加固。

② 超前支护施工。

超前支护施工采用直径为32 mm超前小导管,间距300 mm,$L=2.0$ m。注浆采用水泥浆,浆液配比和水灰比为1∶1。小导管注浆沿纵向每榀格栅打设一环。

a. 小导管选用32 mm×3.25 mm的普通水煤气管,长度2.0 m。导管前端做成尖锥形封闭,尾端焊上直径为6 mm钢筋制成的箍。在离头部1.0 m以下每隔10~20 cm交叉钻直径为6~8 mm的孔。

b. 钻孔、插管：格栅架立后在格栅间采用 YT-28 风钻钻孔，导管沿开挖轮廓环向间距为 0.3 m，外插角控制在 5°左右，小导管外露 20 cm，以便安设注浆管路。成孔后用自制风管清孔，清孔后插入小导管。导管插入长度不小于管长的 90%，尾端和格栅主筋焊接牢固。

c. 导管周围封闭：插管完成后，喷射混凝土封闭支护。为堵塞孔壁与导管之间空隙，防止浆液泄漏，在导管附近喷 8～10 cm 厚混凝土或在孔隙处用速凝水泥封堵，封闭管口后连接管路注浆。

d. 浆液配制：注浆浆液根据设计要求选用水泥浆（地层无水）。为保证注浆效果，浆液配比由现场试验确定（水灰比为 1∶1）。

e. 注浆：连接管路后，检查密封情况，准备注浆。一般每根导管进浆速度控制在 30 L/min 内。要求扩散直径不小于 0.4 m。据此计算单孔注浆量、定量注浆。压力控制在 0.5 MPa，若压力上升，注浆量没有达到设定值，则达到预定压力后持续 30～60 s 即可停止注浆。为防止浆液外漏，注浆后导管立即用棉纱封堵。

（7）背后注浆施工。

回填注浆分为初期支护回填注浆和二次衬砌背后回填注浆。初期支护回填注浆采用预埋直径为 32 mm 普通焊接钢管，管长 0.5 m。注浆管沿拱顶布置，每断面 3 根。注浆浆液采用水泥砂浆，水灰比为 0.5～1.0，灰砂比为 1∶2.5～1∶2，注浆压力为 0.2～0.6 MPa。二衬衬砌背后回填注浆管布置在拱顶、边墙，每断面 3 根，纵向间距 4～6 m。在施工缝处环向背贴式止水带设注浆管 2 根。注浆材料选用水灰比为 1∶0.5～1∶0.4 的水泥浆，水泥浆中添加 2%～3% 的 MgO 微膨胀剂。

（8）施工监测。

由于该工程穿越彩云路，埋深浅，地下管线离拱顶较近，施工期间监控量测是确保洞室稳定和地表、周围管线安全的重要环节。在施工过程中主要监测项目有隧道拱顶沉降、净空收敛、地表沉降、钢筋应力、围岩土压力、土体深层水平位移和综合管廊沉降等。

3. 案例总结

车站出入口暗挖段是在不良地质条件下修建的出入口，经监测，地表及结构沉降均满足安全性要求。在工程施工中，成功地运用浅埋暗挖法（CRD 法），修建了浅埋暗挖平拱直墙出入口，为城市地下结构施工积累了经验。一方面，浅埋暗挖法在保证地面交通不中断且管线保持正常使用的前提下，同时也避免了传统工法对周围环境产生的污染。另一方面,虽然与其他地铁施工工法相比,浅埋暗挖法有一些优点,但是也存在一些不足之处,如喷射混凝土粉尘多、施工速度慢、机械化程度不高等。因此,浅埋暗挖法要得到更广泛应用,还有许多问题有待进一步解决。

2.5.2.2 天津地铁某车站附属工程的围护结构施工

1. 工程概况

天津地铁某车站附属工程包括2座风道、2个风亭,建筑面积共1910 m²;4个出入口,建筑面积共2279 m²。出入口、风道均采用850搅拌桩+H700型钢,间隔施工。

主体结构采用明挖顺筑法施工。

2. 围护结构SMW工法桩施工

(1) 施工计划安排。

1、3号出入口先开工,1号出入口基坑土方挖完后立即开挖东北风道,3号出入口基坑土方挖完后立即开挖西南风道,2、4号出入口迟于1、3号出入口半个月开工,4个出入口、2座风道平行作业。

(2) 850三轴搅拌机SMW施工方案。

①施工工艺参数。

水泥掺量:20%。

水泥:32.5级普通硅酸盐水泥。

水灰比:1.6。

桩体搭接长度:20 cm。

28 d无侧限抗压强度:q_u>1.5 MPa。

②深层搅拌桩允许偏差见表2.6。

表2.6 深层搅拌桩允许偏差

序号	检查项目		单位	允许偏差	检查方法
1	水灰比		—	符合设计规定	用泥浆比重仪测量
2	相邻桩成桩时间间隔		h	<12	检查成桩记录
3	搅拌桩喷浆速度	下沉	m/min	<1	用秒表读数计算
		重复搅拌		<1	
		提升		<2	

续表

序号	检查项目		单位	允许偏差	检查方法
4	桩位偏差	平行基坑方向	mm	20	用尺量
		垂直基坑方向			
5	桩垂直度		%	0.3	用经纬仪垂线测量计算
6	成桩深度		mm	50	用尺量

③H 型钢制作允许偏差见表 2.7。

表 2.7 H 型钢制作允许偏差

序 号	检查项目	单 位	允许偏差	检查方法
1	型钢长度	mm	±20	用尺量
2	截面高度	mm	±4	用尺量
3	截面宽度	mm	±3	用尺量
4	腹板中心位移	mm	±2	用尺量
5	型钢对接焊缝	mm	±2	超声波探伤二级验收
6	轴线偏差	mm	±20	用经纬仪垂线测量
7	型钢顶标高	mm	±4	用水准仪垂线测量
8	型钢形心转角	°	±2	用卷尺测量计算

④SMW 工法施工工艺流程:施工放样→清除地面、地下障碍物→桩机就位,校正、复核桩机水平和垂直度→开启空压机、拌制水泥浆液并压送至桩机钻头→桩机钻头喷浆、喷气并切割土体下沉→喷浆提升桩机钻头至设计桩顶标高→H 型钢垂直起吊、定位→核校 H 型钢垂直度→在刚搅拌完成的水泥土桩内迅速、准确、垂直插入 H 型钢至设计标高→固定 H 型钢→施工完毕。

3. SMW 工法施工方法

(1)施工顺序。

本工程采用日本进口设备 PAS-120VAR 三轴搅拌机施工,墙体内插 H 型钢芯材。

(2)测量放线和开挖沟槽

根据甲方提供的坐标基准点,按图放出桩位,设立临时控制桩,做好技术复核单,提请甲方验收。根据基坑围护边线用 0.4 m³ 挖机开挖槽沟,并清除地下障碍物,开挖沟槽土体应及时处理,以保证 SMW 工法正常施工。

(3) 定位型钢放置。

在槽沟两侧打入地下 4 根 10♯槽钢,深 1.5 m,作为固定支点,垂直槽沟方向放置两根型钢与支点焊接,长约 2.5 m,再在其上平行槽沟方向放置两根型钢,长 7~12 m,两组型钢之间焊接。

(4) 桩机就位。

三轴搅拌桩中心间距为 900 mm,根据这个尺寸在定位 H 型钢表面划线定位。由当班班长统一指挥桩机就位,移动前看清上、下、左、右各方面的情况,发现有障碍物应及时清除,移动结束后检查定位情况并及时纠正;桩机应平稳、平正,并用经纬仪或线锤进行观测以确保钻机的垂直度;三轴水泥搅拌桩桩位定位偏差应小于 1 cm。

(5) 搅拌及注浆。

在施工现场搭建拌浆施工平台,平台附近搭建水泥库,在开机前应进行浆液的搅制,水泥浆液的水灰比控制在 1.6 左右,每立方米搅拌水泥土水泥用量为 360 kg。三轴水泥搅拌桩在下沉和提升过程中均应注入水泥浆液,同时严格控制下沉和提升速度,根据有关技术资料下沉速度不大于 1 m/s,提升速度不大于 2 m/s,在桩底部分重复搅拌注浆时,提升速度不大于 1 m/s,并做好原始记录。

(6) H 型钢插入。

①三轴水泥搅拌桩施工完毕后,吊机应立即就位,准备吊放 H 型钢。型钢应预涂减摩剂,以便回收。

②起吊前在距 H 型钢顶端 0.2 m 处开一个中心孔,孔径约 4 cm,装好吊具和固定钩,然后用 50 t 吊机起吊 H 型钢,必须保持垂直,自然插入。

③在槽沟定位型钢上设 H 型钢定位卡固定,定位卡必须牢固、水平,然后将 H 型钢底部中心对准正桩位中心并沿定位卡徐徐垂直插入水泥土搅拌桩体内,用线锤或经纬仪控制垂直度,垂直度应小于 3‰,型钢插入过程中转角小于 1°。

④当 H 型钢插放到设计标高时,用吊筋将 H 型钢固定。溢出的水泥土必须进行处理,控制到一定标高,以便进行下一道工序施工。

⑤待水泥土搅拌桩硬化到一定程度后,将吊筋与槽沟定位型钢撤除。

(7) 试块及报表记录。

①施工过程中由专人负责记录,记录要求详细、真实、准确。

②每天要求做一组 (7.07×7.07×7.07) cm³ 试块,试样宜取自最后一次搅拌头提升出来的附于钻头上的土,试块制作好后进行编号、记录、养护,到龄期后

送实验室做抗压强度试验。

(8) H 型钢回收。

在围护结构完成使用功能后,设备进场对 H 型钢进行拔除回收。主要拔除设备有两台 100 t 液压千斤顶、一台液压油泵、一台 15 t 吊车以及自制顶升夹具装置等。液压千斤顶冲程 25 cm,对 H 型钢进行反复顶升,直到用吊车将 H 型钢拔除。

4. 总结

采用 SMW 搅拌桩施工,减少了对周围建筑物的干扰,保证了后期主体工程的施工安全,加快了施工进度,经济效益良好。

2.5.2.3 地铁车站外挂附属结构施工技术

目前,国内地铁车站附属结构多采用明挖法施工,而在施工条件受周边环境限制、工程水文地质条件差和有环境保护要求的地方,应针对不同工况采用更合理的施工技术,以有效规避制约因素,做到在保证基坑施工安全的同时节约成本,缩短工期。

受城市规划地块限制,地铁车站附属结构一般有外挂和通道与敞口段结合两种形式。地铁车站外挂附属结构多为单层结构,其基坑比地铁车站主体基坑浅,一般在地铁车站主体结构完成后施工。因常规外挂出入口跨度小,可通过围护桩+内支撑实现先做结构后破洞门,但对跨度大的外挂结构,如外挂风亭的内支撑需同时支撑车站和风亭的地下连续墙,还需考虑洞门地下连续墙破除的技术间歇,一般有以下 3 种做法:

(1) 在车站主体设置外挂结构支撑托座,实现地下连续墙随挖随破结构一次性完成;

(2) 设置后浇带的方式先做一部分外挂结构,实现受力转换后再破除地下连续墙施工后浇带;

(3) 在地下水位低的情况下,采用桩+锚索的形式实现外挂结构施工。

下面分别对这 3 种情况进行详细介绍。

1. 车站主体设置外挂结构支撑托座

(1) 工程概况。

某车站主体为地下 4 层双柱三跨框架结构,车站顶板覆土厚 3 m,外挂结构位于车站东南侧,与车站主体平行布置,跨度 48 m,两层框架结构采用明挖法顺筑法施工。基坑深 18.4 m,基坑采用内支撑＋地下连续墙进行支护;共设 3 道支撑,第 1 道支撑为 600 mm×800 mm 的 C30 混凝土支撑,第 2 道和第 3 道均为 ϕ609×16 钢管支撑。支撑一端撑在出入口地下连续墙上,另一端撑在原主体围护结构的地下连续墙上。

(2) 施工步骤。

①在车站结构施工时预留外挂结构的支撑托座,再施工外挂结构的地下连续墙和第 1 道混凝土支撑(图 2.34)。

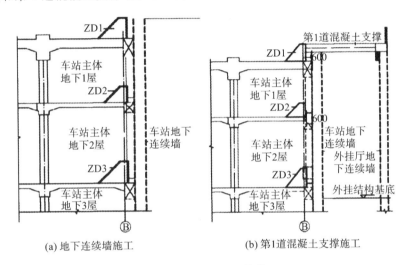

图 2.34 外挂围护结构施工

②开挖外挂结构的土方,随挖随破除车站地下连续墙并架设钢支撑,最后施作外挂结构,随做结构随拆除支撑(图 2.35)。

(3) 社会及经济价值。

设置外挂结构支撑托座的方法适用于一般的标准地铁车站外挂结构施工,主体结构地下连续墙破除可与基坑同步开挖,具有连续、经济、节省工期的优点。该方法可实现外挂结构明挖顺作一次性完成,避免设置后浇带带来的基坑变形及变形缝、施工缝渗漏等隐患。

2. 外挂结构设置后浇带

(1) 工程概况。

济南地铁 3 号线裴家营站为地下 2 层车站,顶板覆土厚 8 m,附属结构 2 号风道与车站连接处为单层结构,局部 3 层结构。沿车站纵向 55.85 m,横向 20.70 m。基坑深 16.2 m,采用内支撑＋地下连续墙支护,设 3 道支撑:第 1 道为截

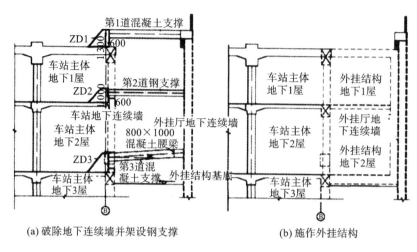

图 2.35 外挂主体结构施工(单位:mm)

面 800 mm×800 mm 的 C30 混凝土支撑,第 2 和第 3 道均为 $\phi 609 \times 16$ 钢管支撑。支撑一端撑在出入口地下连续墙上,另一端撑在原主体围护结构的地下连续墙上,首道混凝土支撑距顶板 5.48 m。

(2)施工步骤。

先施工外挂结构的地下连续墙,随基坑开挖随架设支撑,再施工一部分外挂结构(除后浇带),随做结构随拆除支撑(图 2.36)。

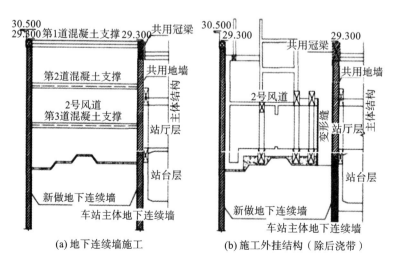

图 2.36 外挂结构(除后浇带)施工(单位:m)

待支撑全部拆除,结构达到设计强度后,拆除与车站主体共用的地下连续墙,最后施工后浇带(图2.37)。

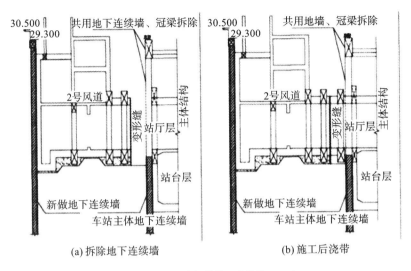

图2.37 后浇带施工(单位:mm)

随结构施工拆除地下连续墙时,因外挂结构尚未与车站结构形成整体,外挂结构基坑仍处于不稳定状态,故支撑拆除前需采取措施实现受力转换,具体做法有以下两种。

(1)底板施工时,在后浇带标高以下位置外挂结构填充素混凝土起受力转换作用(图2.38);

(2)在外挂结构的顶板位置架设临时支撑,与车站主体结构顶板对撑(图2.39)。考虑到地下连续墙破除工程量大,且后浇带普遍较窄,破除作业面小,故根据支撑平面的布置情况,可在保证基坑安全的前提下,随基坑开挖破除部分地下连续墙(图2.40)。

(3)社会及经济价值。

设置后浇带的方法适用于非标准车站的外挂结构施工,在无法使用托座做支撑的情况下采用该法,外挂结构施工期间可满足基坑受力转换的要求,保证施工安全,但因地下连续墙破除工作量大,难度高,需分部施作结构(留置后浇带),故成本较高,工期较长。

3. 外挂结构采用桩+锚索形式施工

(1)工程概况。

北京地铁14号线望京南站(京顺路站)车站主体为2层结构,外挂风道地下2层,顺车站跨度为48 m,基坑深度22 m,顶板覆土厚5.7 m,位于锚索顶板上

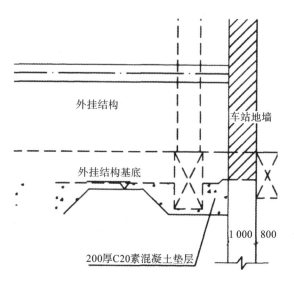

图 2.38 底板受力转换节点(单位:mm)

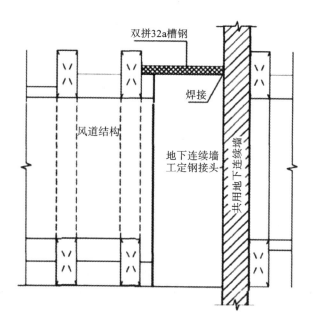

图 2.39 顶板受力转换节点

3.7 m 处。由于车站地下水位低,外挂结构采用桩锚围护,可发挥前两种方法的长处,明挖顺筑即可完成外挂厅施工。外挂结构和车站主体结构关系示意图见图 2.41。

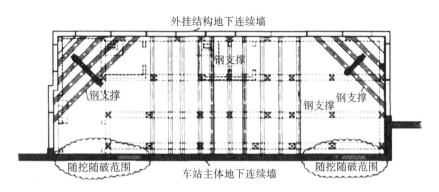

图 2.40　支撑与破除地下连续墙的关系

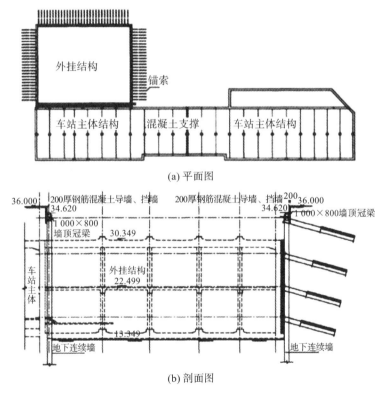

图 2.41　外挂结构和车站主体结构关系示意图(单位:mm)

(2) 社会及经济价值。

在地下水位低的情况下,采用桩锚形式施工地铁车站外挂结构,可避免前两种方法的不足之处,但因工程水文地质情况的要求较高,故适用范围受限。

4. 总结

目前国内地铁车站附属结构多采用明挖法施工，而在施工条件受周边环境限制、工程水文地质条件差、环境保护要求高的位置，针对不同工况采用更合理的施工技术，能有效规避制约因素，在保证基坑施工安全的同时达到节约成本、缩短工期的目的。

第3章 地铁区间土建工程

3.1 矿山法施工

3.1.1 矿山法施工工艺及应用

3.1.1.1 矿山法施工工艺

地铁区间隧道矿山法施工主要应用于覆土浅、地质条件差的岩石地层。其主要特点是变形快,特别是初期增长快,自稳能力差,极易引起地表下沉甚至坍塌,且区间隧道沿线往往地下管线及建筑物密集,施工难度极大。矿山法是以超前加固、处理中硬岩地层为前提,采用喷射混凝土、锚杆等复合衬砌为基本支护结构的暗挖施工方法。它以对围岩的监控量测为主要技术手段指导设计与施工,并形成良好的反馈机制,以此来控制地表沉降,保证施工安全。矿山法的基本施工流程如下。

(1) 预加固和预支护。城市地铁隧道施工常常会有沙砾土、黏性土等不稳定地层。在钻爆开挖过程中其稳定性较差,可能会发生初期支护还未施作或者混凝土强度还未达到足够强度时,地层已发生塌落的情况。以下几种方式可对地层进行预加固支护:小导管超前注浆、管棚超前支护、全断面帷幕注浆等方法。

(2) 钻爆开挖。钻爆开挖主要分为钻眼、装药、爆破、开挖等过程。根据爆破区域水文、地质条件的不同,对防震及沉降要求的不同,爆破方式可以选择光面爆破、微震爆破、预裂爆破等。此外,还要根据不同的地质条件及隧道断面采用不同的开挖方法,但是开挖的总原则不变:预支护加固一段,开挖一段;开挖一段,支护一段;支护一段,封闭成环一段。

(3) 初期支护。地铁隧道工程施工不仅需要对地层进行预加固支护,还需要及时对隧道施作初期支护,使支护达到足够的强度和刚度,保证围岩的稳定性,防止地表塌陷。钢拱喷锚混凝土支护能够很好地满足上述要求的支护形式,在实际施工过程中这种方式使用较多。

（4）防水施工。防水施工在初期支护阶段就应该开始实施，在初支过程中进行防水处理并形成防水层，保证地下空间结构的稳定性。

（5）二次衬砌。矿山法隧道施工中，只有当初期支护结构的变形基本稳定，并且防水结构经过验收合格以后，才可以进行二次衬砌。地铁区间隧道的截面尺寸基本保持不变，所以二次衬砌模板多采用模板台车，加快了立模和拆模的速度，节省时间。

3.1.1.2 矿山法的应用

矿山法最早因矿石开采而得名，主要施工方式是钻爆开挖＋钢木支撑，这种施工方法大多都需要钻眼爆破，故又称为钻爆法。矿山法主要应用于岩石地层的地铁车站以及从硬岩地层到具备一定自稳能力的第四世纪地层的地铁区间隧道的施工。目前矿山法在地铁区间隧道施工中的使用比较普遍，施工经验已比较成熟，采用矿山法进行地铁施工时，工程投资少，对地面干扰也相对较小，能够避免明挖法施工带来的房屋拆迁、交通改道，减少对沿线居民日常生活和出行的影响，并且对地质的适应性强、地表沉降量小，适用于硬、软岩地下工程，在渡线、联络线、折返线等结构复杂的隧道断面工程中，矿山法具有其他工法无法比拟的优越性，并且矿山法施工为地铁暗挖技术奠定了基础。

我国的地铁工作者运用矿山法施工原理修建了大量地铁工程，特别在中硬岩地层中，不仅利用锚杆和喷射混凝土，还利用地层注浆、格栅、管棚等手段相互配合使用，有许多技术创新，我国在中硬岩地层的地铁施工技术已进入世界先进行列。我国地铁施工行业总结出了"管超前、严注浆、短开挖、强支护、快封闭、勤量测"的方针原则，应用于地铁区间隧道施工中，在我国地铁隧道工程中发挥了重要作用。

3.1.2 矿山法开挖方法

矿山法隧道开挖根据开挖面的形式和施工顺序具体划分为以下几种方法：全断面开挖法、台阶法和分部开挖法。

1. 全断面开挖法

全断面开挖法的掌子面面积较其他方法大，因此便于使用机械设备，加快开挖效率。但全断面法通常适用于等级较高的围岩，一般用于Ⅰ～Ⅲ级硬岩中，也可利用支护措施用于Ⅳ级围岩。若围岩岩性强度较差,可采取适当的预加固措施后运用全断面法开挖。但全断面法需要在掌子面孔中布置适量的炸药,爆破后进行初期支护,这也要求全断面法施工时隧道的长度不宜小于 1 km,且对爆破技术水平有较高要求。

2. 台阶法

台阶法的施工工艺较全断面法复杂,需将掌子面根据位置关系划分成两个或者多个区域,按先后顺序开挖。在实际工程中一般根据现场情况选择台阶长度,选择范围包括长台阶法、短台阶法和超短台阶法,三种方法的台阶长度取值分别为高于 5 倍隧道洞径、1~1.5 倍隧道洞径、小于 1 倍隧道洞径。台阶法隧道施工时,由于多个区域先后开挖对土层产生叠加扰动,故需要尽早做好初期支护,以保证隧道稳定。

3. 分部开挖法

分部开挖法即根据现场情况对掌子面进行划分,一般进行多次分部开挖以保证隧道稳定,最后达到隧道设计开挖断面的一种施工方法,如图 3.1 所示。其施工较为烦琐,对施工技术有较高的要求,可分为环形开挖预留核心土法、双侧壁导坑法、中洞法、中隔壁法(CD 法)、交叉中隔壁法(CRD 法)。多次开挖对人力和机械应用较多,因此分部开挖法造价较高,主要应用于隧道施工的特殊部位,如地铁车站等,或用于地质条件差、断面较为复杂的地层中。

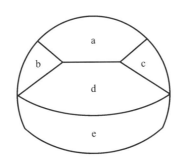

a、b、c——环形拱部;d——上部核心土;e——下部台阶

图 3.1 环形开挖预留核心土法

3.1.3 矿山法施工的特点

城市地铁隧道施工所用矿山法,又称为浅埋矿山法,是在借鉴新奥法的理论基础上,针对我国的具体工程条件开发出来的一整套完善的地铁隧道修建理论

和操作方法。与新奥法的不同之处在于,矿山法适合城市地区松散土介质围岩,隧道埋深小于等于隧道直径,以很小的地表沉降修筑隧道。它的突出优势在于不影响城市交通,无污染,无噪声,而且适合于各种尺寸和断面形式的隧道洞口。

矿山法特点:有水地层需特殊处理;不占用街道路面;适用于不同断面;需要的深度比盾构小;地面下沉较小;对交通影响不大;不需要拆迁和防护地下管线;振动噪声小;地面拆迁少;防水有一定难度;水处理需要堵、降水或堵排水结合;开工快,总工期正常;造价小。

3.1.4　矿山法隧道施工安全管控

3.1.4.1　矿山法隧道施工危险源分析

在地铁隧道施工中应用矿山法能降低施工对城市生产生活的影响,但在应用过程中存在着不少危险,只有全面、深刻地分析这些危险因素,并提出具有针对性的管理与控制措施,才能提升地铁隧道施工效率,保证施工安全。

1. 施工风险

(1) 城市地下地质情况复杂,并且在长期的发展过程中形成了一个较为稳定的岩层结构,开挖地铁隧道肯定会破坏原来的岩层结构,降低城市地下结构的稳定性。虽然在短时间内,城市地下土层及岩层仍具有一定的自稳性,但这个自稳性的水平和持续时间难以评估,若施工人员在施工过程中稍不注意,可能就会导致塌方等安全事故。

(2) 我国地形起伏大、地质多样,部分城市的地下结构中存在一些不良地质。面对不同类型的地下岩层和土层,在选择地铁隧道施工技术和工艺时也会有所差别,这将带来一定的施工风险。

(3) 为了保证隧道开挖顺利进行和施工的安全性,通常都会对隧道及时进行超前支护与初期支护。但如果超前支护与初期支护质量不达标,所选用的材料质量较差或存在偷工减料的问题,就会埋下较大的安全隐患,增加塌方安全事故的发生概率。

2. 地质风险

(1) 少数勘察单位对地质勘察工作的重要性认识不足,单纯为了快捷、省事,随意完成每个勘测点的勘探工作,或者缩减勘测点的数量,跳过勘测难度大的点位。个别单位甚至存在直接根据其他勘测点的数据来推算和伪造相关数据的情况。

(2) 地质勘察只是对建设地铁沿线路段进行了取点观察,虽然这一部分的数据是真实客观的,反映了沿线路段的大致地质情况,也能为相关决策者提供精准有效的数据参考,但有存在异常情况的概率。如果在地铁隧道施工过程中才发现这些异常情况,轻则会影响施工效率,重则可能发生安全事故并需要重新编制施工方案,最终影响地铁工程的顺利进行。

3. 水文风险

地铁线路跨度大,而跨越地区的地层结构、含水量情况可能存在差异。为了保证地铁隧道施工顺利进行,施工单位须掌握城市的水文情况。含水量丰富的地层常出现渗水问题。含水量直接决定了渗水量的大小,一旦地层结构出现渗水问题,那么隧道施工就很难顺利进行,岩土结构也会因为渗水问题而受到影响,进而造成大范围的地表沉降,影响地面建筑物的安全性。

4. 环境风险

(1) 如果在地铁隧道施工中没有正确预估城市地层结构,则会对周边环境造成影响,例如地层结构可能发生变形、地表下沉,严重时甚至导致城市建筑物倾斜。

(2) 地铁隧道施工环境为地下环境,而城市地下分布着城市的水、电及通信等管道,各类地下管网分布复杂,一些较为陈旧的管网在施工过程中极易受到影响,导致管道破裂,进而影响城市居民正常的生产生活。

(3) 地铁多经过城市较为发达的区域,在这些区域进行施工不可避免会给居民的生活带来不便,商户的生产经营及市民出行也会受到影响。加之地铁隧道施工需要较多的机械设备,尤其需要一些大型机械设备,运输车辆反复出入,这也会给施工人员和附近城市居民带来一定的安全风险。

3.1.4.2 矿山法施工风险安全管控重点

地铁工程项目的管理者应树立全局观念,从多角度来控制隧道开挖过程中存在的风险。在应用矿山法进行隧道施工时,要开展全过程动态管理与控制,并将重点工序的管理与控制作为落脚点。

(1) 超前支护。通常情况下,当开挖作业完成后,需对围岩自稳时间低于支护完成时间的地段进行支护。超前支护要综合考虑围岩情况、开挖情况及施工进度等,选择一种或几种相互结合的超前支护方式,常见的超前支护方式有超前锚杆、超前注浆小导管等。

（2）开挖。开挖方式要根据围岩情况及地质水文情况来选择。通常而言，在围岩自稳性好、地质水文条件好的情况下，可选择全断面开挖法；如果围岩松散破损、自稳性差，可选择分部开挖法。矿山法分部开挖施工工序如图 3.2 所示。

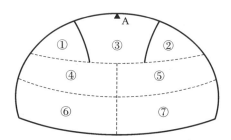

图中序号为开挖顺序：①、②、③为上部；④、⑤为中部；⑥、⑦为下部

图 3.2　矿山法分部开挖施工工序

（3）初期支护。初期支护常用的是喷锚支护，还可选择喷锚支护与格栅钢架、钢筋网相结合的方式。此外，初期支护与二次衬砌之间应设置防水层。

（4）二次衬砌。二次衬砌一般多选择模筑混凝土。根据以上分析，考虑当前国内现有施工技术及水平，为了保证地铁隧道施工质量，控制矿山法在地铁隧道施工中的危险因素，需保证完成循环，及时进行超前支护与初期支护，控制开挖进尺的大小，匀速掘进，及时清理并外运渣土，并且保证二次衬砌的质量。

3.1.4.3　矿山法隧道施工的安全管控措施

1. 人工施工风险管控

（1）加强对人工施工的监督与管理，在隧道施工开始前，要做好地质勘探工作，严格监督勘察单位，确保勘察单位对每一个勘测点都进行了全面的勘察，保证地质勘察报告的科学性与精准性。

（2）重视相关数据的分析与管理工作，对勘察数据进行专业分析和处理，计算出城市的地层应力数据，为施工方案的编制提供真实有效的数据支撑，保证超前支护与初期支护材料准备充分。

2. 地质风险管控

加强各部门间的沟通与协调，编制科学完善的地铁隧道施工方案。在进行隧道施工时，技术人员一定要结合地质勘察报告确定爆破与掘进参数，保证爆破与掘进的安全性,减少隧道施工对周边环境的影响。此外,施工单位要聘用具备资质的地质监测机构对施工隧道周围的岩层进行地质监测,保证施工安全。若地质监测机构在监测过程中发现隧道周围的岩层存在变形,要及时将信息反馈给施工单位,管理者要重视蠕变或压缩等异常变形现象,停止相关项目施工,保障施工人员的人身安全。

3. 水文风险管控

在进行地铁沿线路段的地质勘察时,勘察人员应该标注含水量大的路段及地层,以便施工单位关注到这一问题,做好防渗准备。在含水量较大的路段施工时,施工人员要密切关注地层的渗水情况,适当放缓施工进度,重视排水与堵水,及时处理渗水问题,保证隧道施工质量,避免发生地表沉降。

4. 环境风险管控

随着城市的发展,城市的地下管网布置更加复杂,施工单位要充分发挥矿山法的优势,加强对地下管网的调查,确定水、电及通信等管道的基本走向和使用年限。针对一些陈旧的地下管网,施工单位应通知管网管理单位进行维修更新。此外,施工单位要掌握地铁隧道线路上分布的建筑物,尤其是大型建筑物,尽可能避免因隧道施工而引起的地表沉降问题。

3.1.5 复杂环境条件下的地铁矿山法施工案例

随着全国各地地铁建设的兴起,矿山法施工技术在地铁工程中得到了广泛应用。矿山法适宜岩石地层,且对软、硬岩层及复杂隧道断面具有良好的适应性,有着盾构法无法比拟的优势,但在周边环境复杂、地质条件相对较差的情况下,对矿山法提出了严格要求。当隧道围岩软弱破碎,地面上或地面下周边邻近建(构)筑物较多时,既要考虑爆破开挖施工的安全,又要考虑爆破振动对邻近建(构)筑物的影响问题,因此,在地铁矿山法隧道施工中除了选择合理的基本工法,还必须结合基本工法,综合考虑隧道的地质条件和周边环境等风险因素,选择必要的辅助施工技术或措施,并加以优化。

此处以福州某地铁工程为案例,针对区间隧道复杂的环境条件,对工程施工中可能存在的不利因素及重大风险进行了综合分析,从保证区间隧道施工安全和邻近建(构)筑物安全的角度,提出了适用于本工程的矿山法施工技术,为今后类似工程施工提供经验和参考。

3.1.5.1 工程概况

1. 工程简介

福州地铁 6 号线芦岐站—梁厝站区间,上行线隧道起点设计里程为 SK4＋142.398,终点设计里程 SK6＋718.493,上行线区间隧道长度为 2579.255 m,其中矿山法段为 SK4＋416.130～SK5＋802.000,长 1385.870 m;下行线起点设计里程为 XK4＋142.398,终点设计里程 XK6＋717.233,下行线区间隧道长度为 2584.045 m,其中矿山法段为 XK4＋416.130～XK5＋777.000,长 1360.870 m。

芦岐站—梁厝站区间出芦岐站后在福泉高速连接线南侧沿东南向敷设,然后以 1500 m 及 2000 m 半径往东南方向继续前行,再以 700 m 及 710 m 半径往东北方向转向,继续前行下穿梁厝村民房,后以 360 m 及 375 m 半径往东南方向转向,后接入梁厝站,如图 3.3 所示。区间隧道采用矿山法施工,以单洞单线断面为主,结构支护形式均采用复合式衬砌。

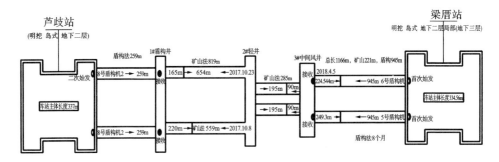

图 3.3 芦岐站—梁厝站正洞施工示意图

2. 工程地质、水文地质条件

区间上行线约 978.5 m 的隧道位于中微风化花岗岩中,约 381.17 m 的隧道位于碎裂状强风化花岗岩中;区间下行线约 814.056 m 的隧道位于中微风化花岗岩中,约 521.414 m 的隧道位于碎裂状强风化花岗岩中;区间特殊性岩土主要为人工填土、软土、残积土、风化岩及球状风化体(孤石)。区间地形以缓坡为主,地表水排泄顺畅,场区无地表水系,地下水稳定水位高程 4.58～15.77 m,埋深 1.8～5.4 m,地下水位变幅 1～3 m。

3. 周边环境

区间隧道下穿一座分离式立交桥,与桥台扩大基础的水平距离约 1.1 m,隧道顶距离桥台扩大基础底 9.736 m；隧道下穿樟岚出入场线矿山法区间，竖向最近距离约 3.49 m；隧道侧穿福泉高速连接线，竖向净距约 16 m，最小水平净距约 1 m；隧道侧穿一处人行天桥，水平距离约 3.8 m；隧道下穿一处人行天桥，竖向距离约 11 m；隧道侧穿一处民房，水平距离约 6.5 m；隧道下穿一处民房，竖向距离约 12 m。

3.1.5.2 施工重难点

由于芦岐站—梁厝站区间段周边环境特殊，在采用暗挖矿山法进行隧道施工存在以下几个重难点：

（1）区间隧道左右线共约 903 m，位于碎裂状强风化花岗岩中，爆破开挖、支护施工的安全风险较高；

（2）后施工的芦岐站—梁厝站区间正线隧道下穿樟岚出入场线时，可能存在因初期支护不及时、不到位而引起的地层沉降问题，甚至因矿山爆破振动引发樟岚出入场线局部坍塌的重大事故风险；

（3）暗挖隧道穿越多处民居、天桥等，存在矿山爆破振动引发周围邻近地面开裂、不均匀沉降及房屋损坏、桥梁失稳等安全风险；

（4）侧穿、下穿既有福厦高速连接线，矿山法施工可能影响高速公路正常通行。

3.1.5.3 总体施工顺序及工艺

首先施工 2#竖井及横通道。2#竖井及横通道施工完成后分别向大小里程方向开辟 4 个工作面。上行线与下行线各 2 个工作面，其中上行线 2 个工作面先施工，待上行线施工到一定的安全距离后再进行下行线 2 个工作面施工，即保证相邻工作面错位推进。

施工工艺流程：2#竖井及横通道施工、1#盾构井、3#中间风井→正线隧道超前支护（超前小导管、帷幕注浆）→隧道开挖→初期支护（型钢钢架、锚杆、钢筋网、喷射混凝土）→初期支护背后注浆→铺设防水层→二次衬砌→二次衬砌背后注浆。

3.1.5.4 复杂环境条件下矿山法隧道施工技术

根据隧道埋深、断面形式及部分隧道穿越碎裂状强风化花岗岩地层的情况，并考虑隧道下穿立交桥、人行天桥，下穿既有矿山法区间隧道、侧穿福泉高速连接线和民房的复杂环境条件,该工程针对不良地质、地下水、勘察资料深度及可靠性,并重点从周边环境的类型、重要程度、复杂性及安全现状、周边环境与拟建工程的位置关系等方面,对工程施工可能存在的不利因素及重大风险因素进行了综合分析。从保证区间隧道顺利掘进和工程施工安全的角度出发,工程对施工拟采取的矿山法技术进行了不断的修改和完善,经反复比选,最终确定该矿山隧道以台阶法施工为主,在围岩掌子面稳定性较差时,辅以环形台阶预留核心土施工方法,同时施工全过程采取爆破振动控制技术对爆破振动影响加以控制,在上述基础上,再对施工重难点问题采取适当的特殊处理措施。

1. 台阶法

台阶法施工采取光面爆破,拱部开挖每循环按进尺控制,并随即施作型钢钢架和喷混凝土初期支护,同时在拱脚两侧设 $\phi 42$ 锁脚锚管,与型钢钢架焊连,形成锁脚,打设系统锚杆,防止拱部下沉,下部左右两侧交错开挖,并及时接长钢架,尽快封闭成环。施工要点主要如下:

(1) 上台阶的开挖循环进尺控制在 2.5 m 以内,下台阶的开挖可根据地质情况适当加大;

(2) 下部台阶必须在隧道拱部初期支护结构施工完成并已基本稳定,喷射混凝土达到设计强度的 70% 以上时方可进行开挖;

(3) 工序紧密衔接,初期支护及时封闭成环,台阶不宜拉得过长;

(4) 及时施作钢架之间纵向连接钢筋,确保连接牢固;

(5) 边墙单侧或双侧交错开挖,防止上部结构悬空;

(6) 边墙挖好后,立即架设钢筋拱架,进行喷射混凝土施工。

2. 环形预留核心土法施工

如围岩掌子面稳定性较差,从有利于隧道洞身结构的稳定性和施工的安全性考虑,采取环形预留核心土法施工,主要目的有三个:一是可以有效避免传统矿山法大范围开挖引起的对松软、破碎围岩的扰动,减少洞身收敛和下沉;二是可以利用预留核心土支撑工作面,起到临时保护围岩的作用;三是可以利用环形开挖预留的作业空间提前进行初支结构施工,能大大地缩短围岩暴露时间,有效地减少或限制围岩变形,有利于提高围岩的稳定性、整体性与安全性。

开挖面划分为环形拱部、上部核心及下部台阶三个部分。采用弱爆破+人工开挖方式施工。开挖顺序为先开挖上部导坑弧形断面,并预留核心土平台,其次进行下部两侧边墙开挖,最后开挖中部核心土。每循环开挖进尺控制在 0.5

~1 m,上部核心土的长度控制在 2.0~3.0 m,预留核心土面积大小视围岩地质情况而定,但不小于开挖断面面积的 50%,核心土刷坡坡率为 1∶0.75~1∶0.5,上部弧形、左右侧墙部、中部核心土开挖各错开 3.0~5.0 m,平行作业。每次开挖到位后,及时施作喷锚支护,安装钢架支撑,每榀钢架之间采用钢筋连接,并加设锁脚锚杆(管)。仰拱施工紧随下部台阶,全断面初期支护完成距拱部开挖面不超过 30 m。施工要点主要如下:

(1) 拱部环形开挖,核心土顶面距离开挖拱顶高度控制在 1.5 m,环形开挖高度控制在 3.5~4.0 m;

(2) 各部开挖时,尽量保证周边轮廓圆顺,减小应力集中;

(3) 各部的底部高程应与钢架接头处一致;

(4) 侧墙一次开挖作业宽度控制在 1.5~2 m;

(5) 仰拱采取全幅开挖方式,仰拱钢支撑与边墙下部钢支撑通过焊接连接牢固;

(6) 采取弱爆破+人工方式进行开挖,严格控制炮眼深度与装药量;

(7) 开挖形成全断面时,及时完成全断面初期支护并闭合成环;

(8) 及时施作二次衬砌,提高支护结构强度。

环形预留核心土法施工适用于 Ⅴ 级围岩、Ⅳ 级围岩紧急停车带施工。如图 3.4 所示,其施工工序如下:(a) 上Ⅰ部弧形开挖;(b) 上Ⅱ部开挖;(c) 上Ⅲ部开挖;(d) 上部初期支护及施工支护;(e) 左侧下部开挖及初期支护;(f) 右侧开挖及初期支护;(g) 仰拱开挖及初期支护;(h) 仰拱及仰拱回填施作;(i) 施作防水及二次衬砌。

3. 爆破振动控制技术

工程实践证明,爆破产生的振动对隧道围岩稳定性及周边环境的破坏影响是显而易见的。考虑到该矿山法隧道埋深较浅、围岩松散破碎,还要下穿紧邻的既有矿山隧道、下穿(侧穿)民居、天桥、高速连接线的风险因素,为避免爆破施工引起围岩塌方及造成邻近地面环境和周边建(构)筑物的扰动或破坏,首先必须控制好爆破的振动影响。

在控制爆破振动的爆破技术中,想依靠某个单一的技术解决复杂环境条件下的振动影响问题是不现实的,只有综合运用各类爆破控制技术措施方能取得比较理想的效果。为此,本工程结合具体实际,采取了综合减振技术措施,具体包括合理的开挖、掏槽技术、使用低爆速炸药、毫秒雷管微差、改善装药结构、控制爆破规模、控制循环进尺等。

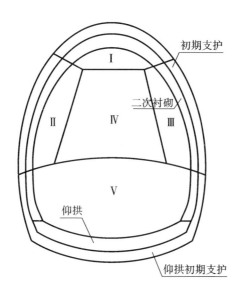

图 3.4　预留环形核心土施工工序图

（1）采用光面爆破技术，尽可能地保持隧道围岩的完整性，减少超挖或欠挖现象。

（2）采用多重楔形掏槽、直眼分层掏槽以及螺旋形掏槽方式。

（3）为创造相对较好的临空面，采取宽孔距与小抵抗线的布眼形式。

（4）选择 200～2500 m/s 的低爆速炸药，使振速比普通岩石硝铵炸药降低了 64%～78.7%，极大减轻了爆破的振动影响。

（5）选用合理的段间隔时差，控制好每段的起爆时间。采用孔内微差、孔外同段的非电微差起爆技术，导爆管跳段使用，段间间隔时间大于 50 ms，控制震波相叠加而加剧对隧道围岩的扰动。

（6）控制爆破规模，将爆破振动影响控制在合理的允许范围内。

（7）适当增加炮眼布置和雷管段位，采用毫秒雷管结合秒管分两次起爆。

（8）对周边采用分段预裂爆破技术，减小掏槽掘进炮眼爆破对隧道围岩的振动效应。

（9）根据炮孔的位置和作用，科学合理地选择炸药单耗。周边采用临界装药量，掏槽采用加强抛掷爆破的装药量，扩槽和底板眼采用标准抛掷爆破的装药量，掘进眼槽腔上部采用松动爆破的装药量，槽腔两侧采用减弱抛掷爆破的装药量，槽腔下采用标准抛掷爆破的装药量，二圈眼采用松动爆破的装药量。

台阶爆破炮孔布置见图 3.5，台阶法起爆顺序见图 3.6。

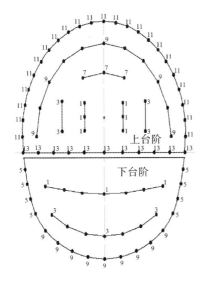 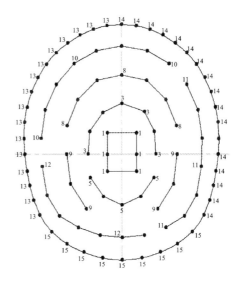

图 3.5 台阶爆破炮孔布置　　　　图 3.6 台阶法起爆顺序图

4．特殊处理技术措施

在采用上述施工技术的基础上，针对该工程的重难点问题，还采取了特殊处理技术措施。

(1) 区间隧道侧穿分离式立交桥桥台扩大基础，采取以下措施：①超前地质预报；②控制循环进尺，循环进尺不宜超过型钢钢架间距；③施工期间，立交桥下沉较大时在基础周边采用袖阀管进行地面加固。

(2) 区间隧道下穿樟岚出入场线，采取以下措施：对交叉段范围上下隧道衬砌均进行加强，下部隧道施工时，对下部上行线隧道拱顶 120°范围内采用超前 $\phi25$ 中空锚杆注浆，同时加强上部隧道监测，避免上下隧道同时施工。

(3) 区间隧道下穿福泉连接线及 2#人行天桥，采取以下措施：上行线隧道拱顶 120°范围内采用双排超前 $\phi25\times3.5$ 超前注浆小导管；下行线隧道拱顶 150°范围内采用双排超前 $\phi42\times3.5$ 超前注浆小导管。

(4) 区间隧道侧穿、下穿 1#人行天桥、民房，采取以下措施：①超前地质预报；②施工过程中加强监测，监测数据超过规范要求时，对人行天桥基础周边进行袖阀管注浆加固。

5．案例总结

该工程在采用传统暗挖矿山法的同时，还针对复杂环境条件采取了多项比较有针对性的辅助施工技术，有效地降低了工程施工的安全风险。目前，该矿山法隧道已顺利完工。工程实践表明,在周边环境相对复杂的条件下,只要能严格加强风险辨识与分析,有针对性地采取相应的风险防控措施,并科学、灵活地运用矿山法施工技术,风险是可控的。

3.2 盾构法区间施工

3.2.1 盾构法施工原理

3.2.1.1 盾构施工技术介绍

盾构法是一种全机械式的施工方式,在地下开挖的过程由盾构机向前掘进,并通过盾构机自身的外壳做支撑,再用管片、注浆等方式支撑盾构推进形成隧道的周围土体,防止隧道坍塌。盾构机是通过刀盘来剥削盾构前方土体,并通过机械的方式运出隧道外,前方土体开挖出后,后方通过千斤顶将盾构机向前推进,然后在后方及时拼装预制的管片,组成地铁隧道施工中的一种机械化方式。在现代城市建设中,暗挖隧道可以更好地减少对已有道路交通的干扰,并且盾构法施工在遇到埋深较大、地质条件较复杂的情况都可以更好地解决。使用盾构法修筑隧道距今大概已有百年的历史,最先开始研究此方法的是布律内尔,他于1818年着手盾构法施工的研究,1825年在伦敦的泰晤士运河下建成了全球第一条水底隧道(宽 11.4 m、高 6.8 m)。

3.2.1.2 盾构施工主要工序

盾构法现场施工主要有如下步骤。

(1)采用盾构法的隧道需要在隧道的两端修建工作井,施工现场一般使用车站作为盾构的接收井和始发井。

(2)盾构在始发井内安装就位。

(3)依靠盾构中已安装好的千斤顶将盾构从始发井向洞内推进,千斤顶的反力墙可以是工作井的后壁或者新拼装好的管片。

(4)盾构机在地层中按照已经设计图纸中规定的轴线移动,并实时测量,及时纠偏。在推进过程中不断地将前方刀盘剥削下来的土体运出隧道外,并及时拼装预制管片。

(5) 管片拼装后，管片与土层之间依然有缝隙。注浆可以填补这个空隙，防止地层变形进一步扩大，并可以起到固定管片位置的作用。

(6) 盾构机完成一段区间的隧道工作后，可以选择继续推进下一个区间，或者在接收井处被吊出。

盾构施工示意见图3.7。

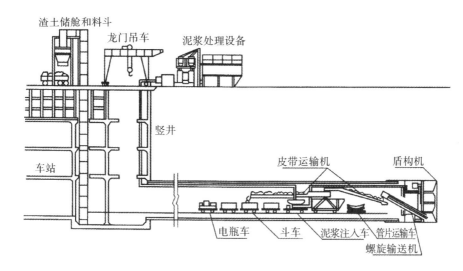

图3.7 盾构施工示意

3.2.1.3 盾构法的优缺点

1. 优点

(1) 盾构法施工是在有支护的地下进行暗挖，对路面交通影响小，并且盾构法可以穿越河道，不受潮汐、航运等限制，即使是路上环境较为恶劣也不影响其施工，经济环保，能够保证隧道施工安全。

(2) 盾构机可以形成隧道修建的全自动化流程，盾构的掘进、出土、管片拼装过程等有效地降低了劳动强度，提高了隧道修建的速度。

(3) 当地有需要保护的自然地貌或者人文景观时，盾构机可以保证不影响周围的环境，能够有效地保护历史文化资源。

(4) 盾构法施工只有在修建始发井或者接收井时会有一定的噪声，在推进过程中并没有明显的噪声以及环境污染，对公众危害小。

(5) 当地铁线路穿越地层条件好，不利因素少时，推荐明挖法修建，但是当隧道埋深较大，地基基础不好，影响土体开挖的不利因素较多时，盾构法越能够体现经济性和施工速度上的优越性。

2. 盾构施工缺点

（1）盾构机造价高，建造难度大。盾构法施工技术要求高，在施工过程中，管片拼装、注浆效果、土体外运、机械安装等都是较为复杂的工艺。另外，当盾构机在富含地下水的松软地层中推进时，可能需要配合冻结法来完成隧道的修建，技术要求高，施工难度大，地表沉降难控制。

（2）盾构法施工复杂、协调难度大、现场设备多，主要包括设备预制、千斤顶气压供应、注浆设备、应急设备等。管片的预制、防水，注浆材料的配比、注浆压力，现场布置、盾构姿态矫正等需要协调。

（3）由于盾构机下井、出井较为复杂且成本较高，当修建短于750 m的隧道时，经济性很差。若设计中有曲线半径小或者隧道埋深较浅的情况，则施工难度较大。

3.2.2　盾构机选型

3.2.2.1　盾构类型

随着城市化的快速扩展，盾构法施工不断地创新与进步，为快速适应多样的地质条件，盾构的分类也是多种多样的（图3.8）。需要根据具体的施工环境，来选择所需要的盾构机，合适的盾构机有助于加快施工进度和提高施工质量。

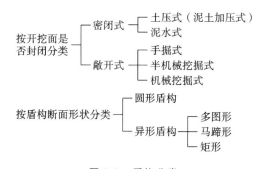

图3.8　盾构分类

3.2.2.2　盾构机选型基本程序

施工现场具体采用哪种盾构机需要一个繁杂且科学的选择过程，主要是经过调查、可行性研究、综合比较等步骤，并且根据施工现场的环境选择具体机型。

1. 调查

调查通常是指现场调查。场地条件调查包括道路承载力、交通压力、工程征地难易程度(如果涉及河流湖泊,应与当地相关部门联系做充分调查);地质条件包括地质特性、地下水、地下的有害气体、土壤特性;障碍物主要包括隧道上方的建筑物以及地下已存在的,调查障碍物还应调查已经废弃的管道、地下室等。

2. 设计条件

设计方提供的盾构隧道的形状、断面尺寸、距地表深度、区间半径、工期等影响因素。

3. 可行性分析

开挖面稳定、环境保护和其他因素(障碍物处理、废弃土处理、废弃土运输、施工用地)。

4. 措施研究

掌子面的稳定、地层变化、竖井洞口土体加固、邻近建筑物保护、孤石等障碍物处理方法、小半径施工等情况。

5. 比选

对比安全性、成本构成、工期三个方面,最后通过综合评价的方式选择合适的盾构机械。

3.2.3 盾构施工技术重难点

3.2.3.1 盾构法施工条件

(1) 地质环境中无硬岩的地层,切地质环境较为均匀。

(2) 盾构隧道的埋深不宜小于隧道直径 D,如果隧道的覆土太浅,或在水下修建隧道,则施工技术难度大。

(3) 盾构隧道必须有始发井和接收井。

(4) 隧道的修建环境应当满足:隧道之间、隧道与构筑物之间的水平距离应大于 0.1 m,垂直距离应大于 1.5 m。

(5) 考虑资金成本,持续推进的盾构隧道施工长度应当大于 300 m。

3.2.3.2 竖井施工

竖井在通常情况下分为进发竖井、到达竖井和中间竖井三种。

1. 进发竖井

进发竖井又称为始发井,是盾构机始发的竖井,盾构机需在地表分解后搬入竖井组装,设置反力架以及进发导口。始发井的另一种功能是运输隧道掘进所需物资,例如管片,始发井还是将盾构过程中产生的泥土、浆液运出的主要出口。

理论上来讲,如果现场场地没有限制,始发井越大越好,然而从经济角度思考,竖井越大所需资金越多,所以一般情况下以满足施工要求为条件修建始发竖井的规格。

2. 到达竖井

盾构隧道的连贯方式有两种:到达竖井连接;两台盾构机对接。

在地下对接的方式一般是在水中,但在水中修建竖井成本高,施工难度大。

3. 中间竖井

随着小半径盾构机推进施工技术的不断提高,中间竖井的作用越来越小。中间竖井在地铁隧道施工过程中一般用来改变盾构推进方向。

3.2.3.3 洞口土体加固

盾构机在始发井内拼装完成后,在进入始发态的时候,需要将掘进范围内的土体加固去除。洞口围护结构的拆除应当保证洞口周围土体稳定并且没有地下水流入。当盾构机通过洞口时,应当确保盾构周围的地下水和土砂不流入竖井,并且要避免因为洞口加固去除导致应力突然释放而引起地层变形,从而破坏周边构筑物。影响盾构洞口土体加固的因素很多,例如地质、地下水的水位、盾构机的类型、盾构隧道的覆土厚度以及施工环境。只有充分考虑了这些因素才能制定合适的洞口土体加固方案。常见的洞口土体加固方法有以下三种。

1. 注浆法

注浆的方法按照原理可以分为两类。

(1) 直接将注浆材料渗透到土体中的颗粒之间加固,这样不改变土体的颗粒排列,这个方法称为渗透法注浆,主要适用于砂、卵石层。

(2) 地层并不是完全均匀密实的,注浆可以沿着土体中的缝隙,利用注浆材料进行填充。这种方法称为劈裂注浆,适用于粉砂等土层。

2. 高压旋喷桩

高压旋喷桩有双管和三管旋喷,主要是使用加固材料例如水泥使其与被搅动的土体进行混合,使土体经混合后自身有一定的强度。

3. 冻结法

冻结法是作为配合盾构法施工的工法,因为经过冻结后的土体有很好的自稳定性,且止水性高,主要是用于含水量高的地层。

3.2.3.4 盾构掘进

1. 盾构掘进控制

盾构掘进控制四要素是开挖控制、线性控制、注浆、一次衬砌。

密闭式盾构掘进控制内容见表3.1。

表3.1 密闭式盾构掘进控制内容

控制要素			内　　容
开挖控制	泥水式	开挖面稳定	泥水压、泥浆性能
		排土量	排土量
	土压式	开挖面稳定	土压、塑流化改良
		排土量	排土量
		盾构参数	土仓压力、仓门开口大小、刀盘转速、油缸压力
线性控制		盾构姿态、位置	等倾角、方向、旋转、方向角、高程、里程
注浆		注浆状况	注浆量、注浆压力
		注浆材料	稠度、凝胶时间、强度、配比
		管片拼装	错台量、破损、真圆状态
一次衬砌		防水	漏水、密封条压缩量、裂缝
		隧道中心位置	偏差量、直角度

2. 管片拼装控制

盾构管片是盾构施工中的重要配件,盾构管片是盾构施工中的重要组成部分,管片是隧道抵御土压力的重要保障。盾构管片拼装是否达到规范要求,是直接影响盾构隧道的质量和安全的,管片之间的缝隙大小、管片与土层之间的缝隙大小都直接关系到隧道的防水能力和耐久性。盾构机在掘进深度达到一环管片的宽度后,应当迅速按照要求拼装管片。管片的拼装过程一般从下往上,从标准到最终的楔形管片,且左、右两侧的管片对称安装。在安装管片时,若千斤顶同时收回,则会引起开挖面不稳定,同时也可能会造成管片拼装的空间不足。

管片拼装的同时需要保证拼装全程真圆,并能够在盾构施工过程中保证真圆状态,管片拼装质量对隧道掘进后的尺寸精度、隧道防水性能、施工进度非常重要。

3. 隧道线性控制

盾构的线性控制就是使盾构机在推进过程中能够按设计规定的路线前进,使得隧道衬砌拼装完成后,隧道的中心线能够顺滑,偏差在规范允许的范围内。线性控制主要控制两点内容。

(1)盾构推进过程控制。随着盾构机不断地往前掘进,在推进过程中一直进行测量,根据测量反馈结果来调整推进的中心线。

(2)方向控制。盾构机在遇到有转弯半径的隧道工作时,需要进行转弯,主要是依靠千斤顶使用数量来调整。盾构隧道纠偏应采用小幅度、勤纠偏的方法,减少因纠偏幅度大而引起的超挖,避免造成地层扰动进而引起安全问题。

4. 注浆控制

每环的管片是在最后一块楔形管片拼装完成后完成的,但是随着盾构机向前推进,衬砌与土体之间会出现一定的缝隙。如不及时进行有效填充,最终会导致地表沉降、邻近建筑物沉降、变形或者破坏等情况。注浆可达到控制地层变形的目的。

3.2.4　盾构法隧道施工新技术及应用

3.2.4.1　断面形式多样化

盾构法已成为修建城市轨道交通地下工程的主要工法,随着盾构装备制造技术与隧道施工技术的不断进步,不同形式、不同大小的盾构隧道结构实践成为可能,如今,盾构地铁隧道已突破常规、单一的断面形式。

一方面,我国城市规模急剧扩张,市郊轨道交通不断拓展,市域联系更加紧密,迫切需要新型断面隧道来满足长距离地铁区间。这些区间设计时速往往较高,区间长度较大,然而常规地铁盾构隧道直径 6.0~6.2 m 的断面已不能满足要求,开始涌现出直径 7.0~8.0 m 等中型断面。例如,成都地铁 18 号线,采用了直径 8.3 m 的外径,最高设计速度达 140 km/h,线路全长 66.16 km,服务于成都市区与成都天府国际机场之间的快线,能兼顾市域客流和机场客流。

另一方面,地铁隧道要穿越建(构)筑物密集的城市,由于线路规划的限制,同时为达到地下空间集约化利用、降低隧道建设成本、空间使用灵活的目的，地铁断面有从单圆向双圆、从单洞单线向单洞双线、从圆形向类矩形等发展的趋势。

为满足城市轨道交通差异化的建设需求，并伴随着盾构技术的进步，多元化的盾构断面形式不断得到发展和应用。具体断面形式有如下几种。

1. 中型断面

中型断面盾构隧道，其建筑限界为内径 7200 mm 的圆，根据建筑限界、施工误差、测量误差、不均匀沉降等因素，确定盾构隧道的内径为 7500 mm，管片厚度 400 mm（见图 3.9）。在紧急疏散平台侧设置纵向疏散通道，每隔一定间距在疏散平台与纵向疏散通道间的隔墙上设置防火门。中型断面盾构隧道隶属快速轨道交通，以成都地铁 18 号线为例，最高运行时速 140 km/h。

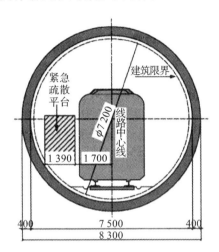

图 3.9 中型盾构隧道断面示意

2. 单圆断面

单圆盾构隧道，内径为 5500 mm，管片厚度 350 mm，1 个区间内布置 2 条独立并行的单圆隧道。为适应轨道交通新的要求，不少城市对现有盾构隧道进行扩径改造，以上海为例，在上海轨道交通建设中采用 A 型车区间隧道结构外径由 6200 mm 调整为 6600 mm，如图 3.10 所示。

3. 双圆断面

双圆盾构隧道，根据建筑限界、施工误差、测量误差、不均匀沉降等因素，确定其隧道的内径为 5700 mm，管片厚度 300 mm，隧道圆环由 11 个节段组成，中间设置立柱，如图 3.11 所示。上海轨道交通 M8 和 M6 线率先采用双圆盾构工法，开创了我国异形盾构工法施工的先河。

4. 单洞双线断面

单洞双线盾构隧道，其建筑限界为内径 9800 mm 的圆，根据建筑限界、施工误差、测量误差、不均匀沉降等因素，确定双线盾构隧道的内径为 10200 mm，管片厚度 500 mm，中间部分为地铁车行道，上部为纵向排烟道，下部为排水沟及集

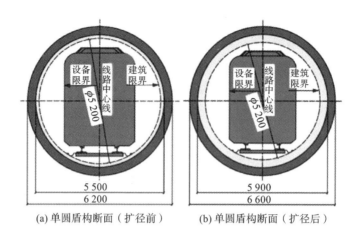

图 3.10 单圆盾构隧道断面示意图

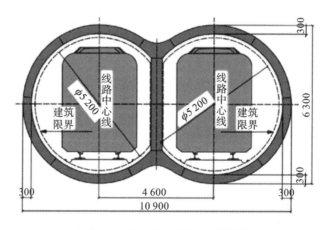

图 3.11 双圆盾构隧道断面示意图

水池,如图 3.12 所示。以南京地铁 10 号线为例,其越江段为国内首条穿越长江的单洞双线大盾构隧道。

5. 类矩形断面

类矩形盾构隧道,其断面由数条光滑、可导的曲线构成,形状类似于矩形的封闭轮廓。常规类矩形盾构区间隧道设计最大顶覆土厚度大于 25 m,限界按 B2 鼓型车考虑,兼顾 A 型车要求;特殊段采用钢或钢混复合管片后具备取消立柱的能力,结构外包尺寸为 11.5 m(长)×7.5 m(宽),管片厚度为 450 mm(见图 3.13)。"阳明号"类矩形盾构机在宁波轨道交通 3 号线出入段破土而出,标志着国内第一条城市轨道交通类矩形盾构隧道顺利贯通。

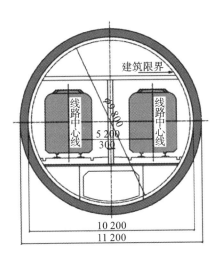

图 3.12　单洞双线大盾构隧道断面示意

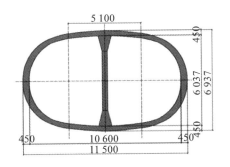

图 3.13　类矩形盾构隧道断面示意

不同断面盾构隧道比较如表3.2所示。由表3.2可知,在城市建设的扩张要求下,我国地铁盾构隧道结构断面并不局限于传统形式,而是形成了以常规单圆隧道为主,中型、双圆、单洞双线、类矩形等多种断面形式协调发展的新局面,呈现出多元化、集约化的发展趋势,使得我国地铁盾构隧道断面的设计与施工技术取得了长足进步。

表 3.2　不同断面盾构隧道比较

对比方面	单线断面			双线断面		
	单圆	单圆(扩径)	中型	双圆	单洞双线	类矩形
隧道外径/m	6.0～6.2	6.6	8.3	6.3	11.2	10.6(长)×7.5(宽)

续表

对比方面	单线断面			双线断面		
	单圆	单圆（扩径）	中型	双圆	单洞双线	类矩形
管片厚度/m	0.3~0.35	0.35	0.4	6.3	0.5	0.45
断面优势	经济合理、进度易控制	减少后期隧道运营维护	运营条件稍好	空间利用率较高	造价较低、缩短施工工期	空间利用率更高
工程进度	—	分别开挖两条隧道	—	—	同时开挖两条隧道	—

3.2.4.2 盾构法隧道施工技术

鉴于我国城市轨道交通受到城市既有建筑和布局的影响，城市轨道交通工程结构的设计和施工有特殊性，多样化、集约化的隧道断面在满足空间利用率的同时，对施工方法和施工工艺的创新上又提出了新的挑战，常规的施工技术很难满足人性化、高标准的建设要求，随着工程材料学科发展水平的提高以及施工理念的转变和完善，新的施工技术开始不断涌现，为城市轨道交通注入新的发展活力。例如，江底常压换刀技术解决了越江隧道施工时换刀的技术难题；冷冻刀盘技术在掌子面进行冷冻预加固，保障换刀时开挖面稳定；盾体中克泥效的应用，有效解决高标准隧道施工沉降问题；隧道中联络通道机械化施工技术的成功实现。

1. 江底常压换刀

我国地域辽阔、水系较多，在滨江、临湖城市的轨道交通建设中难免要穿江越河，在长距离、高水压的过江盾构隧道中，面临诸如砾卵石类及岩石类等复杂多变的地质条件时，刀具磨损严重，需经常更换，刀具更换效率对施工进度有着至关重要的影响。常规手段选择带压进仓检查和更换刀具，但其作业风险大、耗时较长，甚至危及技术人员的生命健康，江底作业时危害更甚。基于此研发出江底常压换刀技术，在南京地铁纬七路、南京地铁10号线越江隧道、纬三路长江隧道、深圳春风隧道中均得到成功应用。

江底常压换刀是把刀盘钢结构设计成类似人闸的结构形式，工作人员可以在刀盘内常压下更换刀具，可控制和减小带压进仓作业风险，确保刀具检查和更换过程中的安全，减少停机时间，提高刀具更换效率。常压换刀施工工序：①刀盘旋转到位;②安装导向杆与闸门,开闭油缸;③安装冲洗水管;④拆除固定螺栓退出刀具;⑤冲洗刀腔、关闭闸门;⑥更换刀具。江底常压换刀流程如图3.14所示。

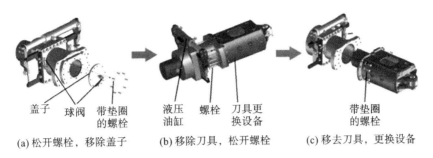

图 3.14　江底常压换刀流程

该技术主要应用于盾构穿越江河等领域,在使用江底常压换刀技术的隧道中,其掌子面无加固效果,坍塌风险较小,且费用低,施工周期短,安全性较高,在江底隧道施工中有很大优越性,缺点是需要使用专用盾构机。

2. 冷冻刀盘技术

盾构在砂层、淤泥层、断层等复杂地质环境中掘进,一旦挖掘到建筑物下面进行刀盘维护和掘进时,需要采取特殊的加固措施,否则很可能出现地面坍塌。当所处地层不满足常压换刀条件时,常规的技术手段很难确保换刀安全以及特殊地段的沉降控制。基于此,中铁华隧研制出世界首台具有冷冻刀盘的盾构机,将冷冻工法与盾构设备结合,换刀作业时在刀盘周围冷冻预加固,形成"冻结圆盘",增加土体强度和稳定性,同时隔绝地下室,能有效控制盾构穿越特殊地段的地面沉降。

运用冷冻刀盘技术的盾构机,掌子面刀盘划分12个隔仓,在刀盘钢结构上焊接异形冷冻管,通过在异形冷冻管中循环-30～-28 ℃低温盐水,使整个刀盘钢结构变成巨大的"冻结圆盘"(等温体),如图3.15所示。盐水的低温循环对隔仓内土体及盾构机头前、后、上、下土体进行冻结,使周边形成冻土帷幕;然后在冻土帷幕的保护下进行换刀,以保障开挖面的稳定,解决了大埋深、高水压、大直径带来的盾构技术发展瓶颈。

3. 盾构施工沉降控制——克泥效的应用

城市轨道交通的修建不可避免穿越密集建筑群、高铁线路、桥基等重要建(构)筑物,尤其是在现今城市建设速度加快的趋势下,城市地铁的修建面临着更

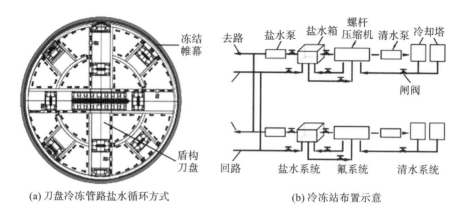

(a) 刀盘冷冻管路盐水循环方式　　(b) 冷冻站布置示意

图 3.15　刀盘冷冻系统原理

多的挑战,地铁隧道与既有建(构)筑物近距离交叉、斜交等问题对于施工沉降和结构安全都是极大考验。

盾构机在地下掘进过程中引起地层的扰动、变形,采用同步注浆技术在盾尾后方注入,填充盾体外壳和管片之间的环形空隙,可改善地层沉降。但盾构刀盘外径一般大于盾体外壳,在盾构机盾体范围内形成的开挖轮廓和盾体之间存在一个环形构造空隙(图 3.16),盾尾同步注浆无法抑制盾体周边土体变形。当新建隧道穿越既有线或者重大危险源时,沉降要求标准较高,必须采取针对性的措施保障施工安全,否则将增大地表变形。基于此提出克泥效工法,该工法在成都地铁 6 号线、成都地铁 10 号线 2 期工程中得到成功应用,较好地抑制了盾体上方沉降(图 3.17)。

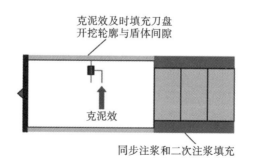

图 3.16　克泥效注入技术机理

克泥效工法原理是将黏土与强塑剂以一定的比例混合后,瞬间形成高黏度、不会硬化、变化性的可塑性黏土(黏度可通过改变两液配合比的方式调整)。在

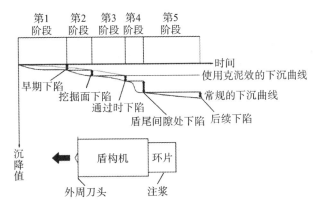

图 3.17 克泥效抑制盾体上方沉降示意

试验中,混合时间 4.5 s,混合后黏度可达 300~500 dPa·s,具有凝结时间快、黏稠度高、抗稀释性和挡水性强、抗沉陷性高等特点。

盾构施工时克泥效工法应用广泛,在保持盾构机始发和长时间停止时的土压平衡、盾构机掘进时的止水、空洞填充及喷涌防治、盾构机姿态控制、盾构机开仓换刀等方面,都能起到良好的作用和效果。

4. 联络通道机械化施工技术

在盾构掘进过程中,联络通道作为联系地下空间、地下空间与地上空间的枢纽,发挥着至关重要的作用。常规条件下联络通道往往在主空间施工完成后进行,其施工易对隧道结构及施工环境造成影响。现有联络通道施工主要为经地层加固后实行矿山法开挖的方式,其加固方式通常为冻结法。

该施工技术相对成熟,应用极为广泛,但存在较大的安全风险,并且施工周期长、费用高、运维病害突出。基于此,宁波轨道交通率先提出了以"微加固、可切削、严密封、强支护"为基本特点的联络通道微加固机械法(T 接)施工技术理念(图 3.18)。其关键在于在狭小封闭状态下的隧道空间内进行盾构顶管机的始发、接收,同时止水注浆以及防止支护结构的变形,实现微加固状态下的 T 接隧道施工。该技术在宁波轨道交通 3 号线联络通道工程中成功应用。该技术能较好地满足城市地下空间开发要求,减小联络通道施工影响,降低施工成本,缩短施工工期,使联络通道实现机械化。当前,我国联络通道机械化技术已较为成熟,国内首次采用盾构法施工,工程实施效果良好。

3.2.4.3 总结

(1) 城市轨道交通盾构法隧道,其隧道断面形式已突破传统单一圆形断面

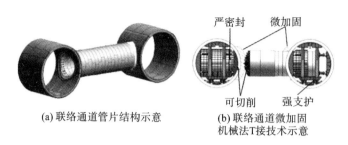

(a) 联络通道管片结构示意　　(b) 联络通道微加固机械法T接技术示意

图 3.18　联络通道机械法示意

形式,出现了诸如双圆断面、单洞双线断面、中型断面、类矩形断面等多种异形断面,以满足城市轨道交通的发展需求。

(2) 在江底盾构机进行开挖时,刀盘遭受的水压力较大,且江底地质情况比陆地更为复杂多变。江底常压换刀技术能有效控制和减小带压进仓作业风险,确保刀具检查和更换过程中的安全,减少停机时间,提高刀具更换效率。

(3) 冷冻刀盘技术在刀盘周围形成"冻结圆盘",能够充分隔绝地下水,增加土体强度和稳定性,如同创造一道冻土屏障,盾构机换刀作业在冻土屏障的保护下进行,提高了盾构施工的安全可靠性。

(4) 当新建隧道穿越既有线或者重大危险源时,沉降要求标准较高,必须采取针对性的措施保障施工安全,克泥效工法能较好地填充在盾构机盾体范围内形成的开挖轮廓和盾体之间存在的环形构造空隙,控制地表变形。

(5) 联络通道机械化技术可在一定程度上缩短施工工期,同时无须进行大面积加固,降低加固成本,同时消除冻结加固冻融引起的结构损害及环境影响。

3.2.5　地铁盾构施工及安全管理——以北京地铁为例

目前,盾构法以安全、快速、经济、机械化程度高及劳动强度低等优点,成为轨道交通的主要施工方法。随着全国城市轨道交通的快速发展,盾构制造国产化进程明显加快,目前主要盾构制造厂家均与国内企业进行了不同程度的合作,可以说目前已经进入盾构施工的黄金发展期。但随着盾构施工在国内的广泛应用,有关盾构施工由于各种原因引起的事故报道也日益增多,因此,在盾构施工过程中的安全管理变得尤为重要。本案例针对北京地区盾构施工特点,对地铁盾构施工安全管理与风险防范进行了研究。

3.2.5.1　北京地区地质特点

北京市地处永定河洪冲积扇的中上部,第四系松散土层及砂卵石层遍布全区,其地质沉积层的相变十分明显,如西部单一的砂卵石层向东很快渐变成黏性土和粉细砂互层的多层状态。在北京市采用盾构法进行隧道施工时,将碰到以下几类极具北京地质特征的地层:①黏性土及粉土层(粉质黏土、黏质粉土);②砂性土层(粉细砂、中细砂、中砂、中粗砂,部分石英含量大);③砂卵石地层(一般粒径3~5 mm,西部5~15 mm,最大层厚超过40 mm);④黏质粉土、砂质粉土、中细砂互层,中砂、粉质黏土、砂卵石互层。北京市的地下水一般指上层滞水、潜水和浅层地下水,另有一类景观、河期渗漏水以及城市上下水管道的漏失水等城市特殊水。

3.2.5.2 盾构法施工风险及防范措施

采用盾构法施工过程中,其风险存在于机械和施工工艺及周边环境。这里将针对上述3方面分别进行分析并对其防范措施进行讨论。

1. 机械方面

(1) 盾构选型。

选择合适的盾构是盾构施工成功的关键。施工单位在中标后需要深入地查勘施工范围的工程地质、水文地质、周围建筑物及管线等,随后确定施工中的各种可能的风险,根据附近地区类似施工经验,请盾构制造商、相关专家及设计人员进行讨论,选择最适合的盾构配置,保证施工顺利进行。

(2) 盾构主轴承故障。

主轴承是盾构的关键部件,不能在洞内进行维修,同时盾构施工开始后只能前进,不能后退,主轴承故障对盾构施工来说是灾难性的。目前盾构主轴承厂家比较固定,同时均要求达到10000 h使用寿命,能够满足要求。

(3) 盾构的压气作业。

目前,盾构均配备了压气系统,即通过密封刀盘和盾构前体的通道,向刀盘内注入无油空气,使刀盘内的压力升高,以达到平衡外侧土体压力的目的,压力可达到0.3~0.4 MPa。为了保证操作人员的适应性,一般在通道处设置密闭的过渡增压舱,这将在很大程度上缓解压力变化带给操作人员的影响。由于操作人员是在一个密闭的环境中工作,刀盘内空间狭窄,不能有多人同时作业,压入的空气中也可能含有一定的杂质,且工作面的环境温度将会很高,当操作人员出现不适时,需要经过一定时间减压过渡后才能得到医疗。

压气作业注意以下事项:尽量减少在不良地质条件下进入刀盘内,尽可能地在基本可以自稳的地层中进行开舱作业,这样可以不用压气作业。因此,要根据地质条件的变化,选择适当的时机,提前或推迟进入刀盘内,尤其是更换刀具时要有预见性。

要挑选身体健康、强壮的工人作为进入刀盘内的操作人员,并经过职业病医院严格的身体检查,确保对恶劣环境的抵抗力。一般压气作业一天不宜超过4 h。如需压气作业,一定要选用无油型空压机,确保空气质量,减小环境污染。

准备好通信工具,无间断地保持联络。做好应急准备,必要时要能在减压舱(刀盘与盾构前体间的密封过渡通道)内抢救伤员,并与有关医院签好急救协议。有条件的要配备专用的流动医疗舱,以便在送往医院的过程中,保持伤员所受体外压力差基本一致。

(4) 盾构刀具更换。

随着地质条件的变化,隧道掘进过程中需要对刀具进行更换,尤其是当岩石强度较高时,需要更换滚刀。滚刀一般是背卸式,以方便拆卸,但相对而言,滚刀质量大、四周光滑、没有固定点、搬运困难,安装和拆卸均要比刮刀、割刀难得多。刀盘内空间狭窄、不能多人同时作业,也很难借助机械,刀盘内往往湿滑,刀盘下部充满了泥土或者是泥浆,刀盘开口处还可能有不稳定岩土掉入,影响刀具更换。因此,进入刀盘内更换刀具是盾构施工过程中一项相对较危险的作业工序,进行刀具更换时应注意以下事项。

①当地质条件不好、开挖面地层有可能失稳时,应预先对地层进行加固处理,可采取注浆或洞内加支撑等办法防止岩土掉块对作业人员的伤害,尤其是作业人员在搬运刀具过程中遇意外物体打击极易失衡,轻则将刀具掉入刀盘内,要花费相当时间才能打捞上来;重则人被滚刀碰伤,甚至有可能滑入刀盘底部,被滚刀二次击伤,造成严重后果。

②除了对地层采取必要的措施,还要做好其他准备工作,如对刀盘内的积土或淤泥和泥浆进行清理,尽量保持刀盘内作业空间位置,搭设稳固的临时支架和作业平台,提供充足的照明,包括行灯等局部照明工具。

③选派技术精、能吃苦、体质好的作业人员进行刀具的更换工作,尤其作业人员相互之间要配合娴熟,尽量缩短盾构停止时间,防止土体失稳。如有土体严重失稳,可分次完成刀具更换,一般这时土体强度不大,盾构可掘进数环后再更换另一批刀具。软土地层中盾构停止时间以不超过2 d为宜。

④滚刀质量大、边缘光滑、不宜固定,应尽量借助机械装置安装和拆卸滚刀,如合理运用葫芦等起重装置和滑轨等移动装置,以及支架等固定装置,操作时要倍加小心。

⑤刀盘内潮湿,水气大,随着温度的升高会产生雾化现象,对电器、电线绝缘性能要求高,需选用 24 V 以下的安全电压。

⑥刀盘非期望转动伤人在盾构施工过程中屡有发生,因此,重新启动盾构时一定要再三确认土舱内没有操作人员且工具材料已全部回收,最好能实现安全本质化,即在盾构设计或改造时,锁定原操作室的控制开关,在入闸口增设控制开关,并实行重复挂牌清点制度。

目前,由于国内盾构市场的迅速膨胀,个别制造商的产能不能适应市场的需要,出现制造工艺及参数控制偏差,需要买方在合同签订后加强履约情况检查,加强制造过程中的监造。

2. 施工工艺

(1)注浆作业。

盾构开挖直径一般比管片外径大 20 cm 左右,在掘进过程中需要对管片外侧的环形空隙中注入浆液体,大多以水泥、砂、水为主要成分。浆液出口段为刚性管道,很容易堵塞,这些管多埋在盾壳内,不方便清理,常常整条管完全堵塞了才不得不清理,且砂浆已出现固化现象,清理非常困难。清理过程中,一方面用具有弹性的硬质钢丝疏通,另一方面要加大注浆泵的压力。当管道突然畅通时,管道内的砂浆将会高速喷出,对周围的人员造成伤害。作业人员往往能意识到这点,在出口处用编织带防护,但大多没有将其固定绑扎,砂浆在高压下可以击穿编织物或顶开编织物,仍然会对人员造成伤害,尤其是眼部伤害。因此,要选用结实、坚固的编织物或帆布,并用铁丝绑扎牢固,操作人员不可求快,压力要慢慢增加,不可突然急剧加压。

(2)施工用电管理。

盾构掘进用电一般采用双回路专供的电缆,供电电压达 10 kV,隧道内环境潮湿,随着盾构向前不断推进,高压电缆也要经过多次连接,接头要选用优质的专用接驳器,电缆要在隧道内固定好,并留有一定活动余地,悬挂高度合适,至少要比运输车辆高,防止运输车辆脱轨后击断电缆,造成严重后果。

除了盾构,隧道施工的其他临时用电量也很大,必须采用三级配电,二级保护,尤其要配备足够的分配电箱,电箱要用铁皮制作,不能用木板或胶板等其他材料代替,并要真正做到"一机、一闸、一箱、一漏""四个一"。往往施工单位很难做到"四个一",为了节约成本,一箱多机、一箱多闸现象较为普遍,极易合错闸,从而导致触电事故。

（3）隧道内临时轨道运输。

和其他工法施工隧道不同，中小直径的盾构隧道几乎均采用有轨运输系统。盾构的掘进速度很快，运输往往是限制施工速度的一个瓶颈，因此，运输车辆一般设计得较长，渣土斗也设计得很大，占用了隧道很大空间。管片底部为圆弧形，对轨枕的稳定性有一定影响，运输车辆容易脱轨，有可能威胁人行道上人员的安全，尤其是碰到盾构专用高压电缆时，后果不堪设想。施工轨道要严格按有关技术规范执行，对轨距、轨道高差、弧度、接缝等重要参数要重点检查，轨枕保证足够的刚度，并和管片上的螺栓保持固定或焊接，避免滑动变形。

应严禁各类人员搭乘管片车进出隧道，严禁挤在操作室内，如隧道距离较长，应设计专门的人员运输车辆，外设围栏，严禁车辆未停稳前上下车。隧道内运输引起的事故较多，一旦发生安全事故，后果大多比较严重，特别是在盾构位置，电瓶车与盾构之间几乎没有空隙，非常狭窄，稍不注意，人员易被挤卡在中间。

（4）盾构吊装及吊拆。

盾构主机重约 300 t，单件重约 100 t，无论是整体吊装还是分体吊装均存在很大风险，需要组织专业人员进行吊装设计，编制详细的施工方案，仔细查勘作业现场，保证吊装安全。

（5）管片拼装

单块管片重约 3.5 t，管片运输进入洞内后主要通过在吊装孔旋入吊装螺栓吊起、旋转，过程中会出现个别预埋件拔出管片滑落到底面的现象，洞内作业空间狭小，人员不能及时躲避则会出现伤人事故。在国内盾构施工中出现过此类事故。

目前盾构施工在国内已经比较普遍，施工过程是简单的、机械的重复，主要是做好具体作业人员的教育和培训，做好细节管理，做到安全、均衡施工。

（6）盾构始发及到达。

盾构始发及到达是盾构法施工的重要环节，涉及工作井洞门的形式，盾构内设备的布置、隧道出、进洞施工土体加固方法，防止及减少地面沉降等技术方案。关键还是如何保证土体加固效果。北京大部分地区含水较少，主要是做好端头附近的各种水管的保护，避免局部坍塌造成水管破裂后引起的大面积塌陷。在盾构施工中始发及到达出现的各类事故举不胜举，需要引起参建各方足够的重视，将其作为一个关键节点进行相关验收。

3. 周围环境

(1) 城市构筑物。

北京是一个特大城市,地下修建了大量的构筑物,如上下水管道、煤气、热力、电力、通信、人防工程等。北京又是一个古老的城市,除地下可能有大量文物外,旧繁华市区还可能存在一些年代久远、损坏严重、存在严重渗滑的各种管道。而由于历史的原因,北京市城市建设档案管理相对滞后,很难弄清地下各种构筑物的分布状况。工程勘测时,因钻孔距离的局限,隧道沿线总存在勘测的空当,实际上地铁隧道上方地面还存在大量房屋建筑,不能实施勘测。因此盾构法施工过程中,会遇到各种障碍物或异物,并且往往不具备从地面进行处理的条件,给盾构掘进施工带来意想不到的困难。在盾构内预先设计多个注浆加固孔(按可全断面注浆的要求设计),同时配备盾构内专用注浆设备,一旦施工需要,立即安装注浆设备,对开挖面前方土体实施超前注浆加固。设计超前注浆深度一般为 $3\sim4$ m,最大注浆加固土体断面直径可达 12 m。

(2) 代表性地层。

北京地铁所穿越地层有大量的砂土及砂卵石地层,不少地区地下水位较低,甚至隧道穿越无水砂卵石地层,盾构在这种地质环境中掘进时,仅考虑采用加泥措施来改善切削土体流动性往往效果不佳,密封舱内切削土体离析严重,盾构经常堵塞,不能正常掘进,而且加泥量过大,掘进效率降低,施工费用增加。为适应前述地质环境的施工,可在加泥的基础上增加泡沫系统。利用加入泡沫改善土体粒状构造,吸附在土体颗粒之间的气泡可以减少土体颗粒的摩擦,增加切削土体的黏聚力,同时降低土体渗透性,达到既能平衡开挖面土压又能连续向外顺畅排土的目的。

(3) 工作环境。

盾构仅推进系统就达到 1000 kW 的功率,当岩石较硬或具有很高的耐磨性时,其机内的温度很高,可超过 50 ℃,尤其是在南方施工,夏季时间长,外界温度高,隧道内主要处在湿、闷、热的环境中,尽管盾构配备了送风系统,在很大程度上降低了温度,但比地面作业差得多,气温应尽量控制在 28 ℃ 左右。盾构在推进过程中,噪声往往超过 80 dB,作业人员长时间处于这种环境下极易疲劳,从而诱发安全事故。因此,作业人员要佩戴耳塞,保证足够的休息时间,上班不超过 8 h,如有必要,除送风系统外,增设抽风系统或冷却系统,加强空气对流。

3.2.5.3 案例总结

经过上述讨论,结合北京地区盾构施工特点,在地铁盾构施工过程中的安全管理与防范措施要注意以下几个方面。

(1) 在施工过程中,要充分做好施工组织管理,针对存在风险的方面要定期进行安全生产专项检查和安全生产重大隐患排查,做好安全巡查、旁站和日常检查记录,并定期召开安全例会和专题安全生产管理会议,把施工风险降到最低。

(2) 确定可能影响项目的施工风险,并把风险具有的特征整理编制风险分析清单,对风险和条件进行定性分析,测算风险发生的概率和后果,估计其产生给项目造成的损失,并在整个项目建设中监测剩余风险,识别新的风险,执行降低风险计划及评价它们的后果。

(3) 坚持安全与风险管理及时性,强化动态管理。要根据工程进展及时调整安全工作的重点和施工风险的控制方案,不能用单一的方法和原则进行管理。工作是变化的,因此方案和检查也应进行调整,做到有的放矢,使其具有针对性。

(4) 各方参与、齐抓共管、健全组织体系、重点落实。参建施工、建设、监理、社会安全监督机构及专业分包各方负责人均要重视,共同参与,要有健全的组织机构和制度落实,保障建设项目施工安全的正常进行,共同努力避免重大安全或风险事故的发生。

3.3 TBM 法地铁区间施工

3.3.1 TBM 简介

从广义上来讲,TBM(tunnel boring machine,隧道掘进机)是用于隧道开挖的隧道掘进机;从狭义上来讲,TBM 专指全断面岩石隧道掘进机。隧道掘进机始于 19 世纪中期,但由于当时滚刀问题无法解决,所以未用于实践中,直到 20 世纪 50 年代,滚刀问题被美国人 James Robbins 解决后,隧道掘进机才开始被认可并推广应用。隧道掘进机的隧道开挖方法与钻爆法等传统方法不同,隧道掘进机通过刀具挤裂岩石并不断地向前推进来形成隧道,使得隧道的长度不断增加。

3.3.1.1 隧道掘进机的分类及适用范围

隧道掘进机种类众多,对于不同的地质地形和围岩等情况应选择不同的类型,以较好地完成隧道修筑。目前根据不同的标准隧道掘进机主要有以下类型。

(1) 按适应的地质条件分:硬岩 TBM(如开敞式 TBM)、软硬岩兼容 TBM(如双护盾 TBM)和软土掘进机。

(2) 按照护盾形式分:开敞式、双护盾或者多护盾、盾构 TBM(如泥水盾构、土压平衡盾构),岩石和软土兼容的混合盾构 TBM 等。

(3) 按照直径大小分:微型 TBM、小型 TBM、中型 TBM 和大型 TBM 等。

(4) 按掘进方向分:水平掘进机、斜井掘进机和竖井掘进机。

(5) 按照开挖断面形式分:单圆断面、双圆断面、三圆断面和不规则断面。

(6) 按照掌子面是否需要稳定压力分:常压式和增压式。

(7) 按成洞开挖次数分:一次成洞、先导后扩。

(8) 按照掘进机的掘进头部形状分:刀盘式和臂架式。

以上分类中,全断面岩石隧道掘进机在下文中以 TBM 简称。TBM 目前是岩石隧道掘进机中应用广泛的一种。

3.3.1.2 TBM 的工作原理

TBM 法是一种快速、高效、安全、机械化程度很高的施工方法。它以 TBM 为核心进行施工,完成开挖、支护、渣土输送、地质预报等工作。TBM 掘进机的核心部分是主机系统,主机系统主要由带刀具的刀盘、刀盘驱动和推进系统组成。主机刀盘上安装了一定数量的盘形滚刀,当刀盘旋转时,盘形滚刀划出的痕迹是以刀盘中心为圆心、间距均匀的同心圆切槽。在掘进时,支撑系统把主机架牢固地锁定在开挖的隧道洞壁上,承受刀盘扭矩和推进力的反力。推进油缸以支撑系统为支点,把推力施加给主机架和刀盘,推动刀盘破岩掘进。在推力作用下,安装在刀盘上的盘形滚刀紧压岩面,随着刀盘的旋转,盘形滚刀绕刀盘中心轴公转,并绕自身轴线自转。硬岩掘进机的刀具组成目前是单刃盘形刀具,在刀盘强大的推力和扭矩作用下,滚刀在掌子面固定同心圆切缝上滚动,当推力超过岩石的强度时,盘形刀下的岩石直接破碎,盘形刀贯入岩石,掌子面被盘形滚刀挤压碎裂而形成多道同心圆沟槽。随着沟槽深度的增加,岩体表面裂纹加深扩大,当超过岩石的剪切和拉伸强度时,相邻同心圆沟槽间的岩石成片剥落。崩落在隧底的岩渣被随刀盘旋转的均布在刀盘上的铲斗和刮板收集到主机内的皮带机上,通过皮带机系统转载后,运送至后配套,将石渣转载于矿车上。

3.3.1.3 TBM 的基本功能

TBM 在隧道应用中必须具有掘进、出渣、导向和支护四个基本功能。下面就这四个基本功能进行简单介绍。

(1) 掘进功能。

掘进功能分为掌子面破碎岩石和隧道掌子面推进功能。因此 TBM 必须具备合适的破碎岩石的刀盘和使得 TBM 不断向前推进的推力。破碎掌子面岩石以刀具形式和刀盘的转动回转力矩为条件,如不能提供合适的刀具和回转力矩,则会造成刀具磨损严重或者刀盘遇硬岩卡死的状况。TBM 的推进力以及承受回转力矩主要由支撑机构和推进机构来满足。

推进力必须大于岩石破碎所需的力,刀盘的回转力矩大于在推力下全部刀具的回转力矩,同时支撑力还必须小于被支撑物的许用比压,整体接地比压小于洞底的许用比压。

(2) 出渣功能。

掌子面的岩石被刀盘和刀具破碎后受重力作用和导渣条作用使碎石下落到掌子面底部或者直接进入铲斗。如果碎石导入铲斗后不进行处理,铲斗马上就会装满,因此必须将碎石输入到其他地方。当铲斗随刀盘旋转到掘进机顶部时,岩渣会随着重力下落到运渣胶带机,再由胶带机运输到掘进机后部,使得 TBM 能不断出渣。如果 TBM 不具备出渣功能,那么 TBM 也无法完成掌子面的推进。

(3) 导向功能。

TBM 的导向功能是控制隧道掘进方向的,如果掘进方向无法控制,那就会造成隧道偏离或者掘进方向错误,因此导向功能必须具备方向的确定、方向的调整和偏转的调整等细分功能。

TBM 一般采用激光导向装置来确定掘进机的掘进方向。当 TBM 偏离设计的线路时,一般采用液压缸来调整方向偏差,液压缸具备水平和垂直方向的纠偏装置。

(4) 支护功能。

支护功能一般分为刀盘前未开挖围岩的预处理和开挖后洞壁局部或者整体加固或支护。对于超前预报前方开挖段落的不良地质条件,主要采用喷射混凝土、打锚杆、挂网和设置钢拱架的措施。对于不同的支护方法,TBM 应相应地配置不同的设备,如锚杆机、钢拱架安装机、混凝土管片安装机以及喷射混凝土机等。

3.3.1.4 TBM 的施工特点

TBM 对于传统钻爆法的最大优势就是其惊人的掘进速度,其开挖速度一般是钻爆法的 3~5 倍,因此在围岩条件不受限制的情况下,TBM 无疑会大大缩短隧道施工的工期。影响掘进速度的主要因素主要是岩石破碎程度和掘进机作业率。

TBM 开挖的隧道洞壁较为光滑,这也减小了洞壁的局部应力集中,开挖的洞径尺寸精确,超挖范围小。同时精确导向使得开挖隧道洞线与预期洞线误差也很小,一般可控制在±5 cm 范围内。这样的开挖方式也使得隧道开挖对洞壁外的围岩产生较小的扰动,影响范围一般不会超过 50 cm。当然这也取决于围岩的状况,如果局部十分破碎,那么产生的扰动也会比较好的围岩大。

掘进机自身带有局部或者整体护盾,工作人员能在护盾下工作,生产更加安全。支护设备对于不良地质条件能充分发挥作用,使得隧道更加安全。TBM 开挖隧道较大部分都是机械完成的,自动化程度高,施工作业人员相对传统钻爆法减少很多,便于管理者的施工和安全管理。

掘进机设备成本较高,相对传统钻爆法缺少优势。但是如果考虑到施工作业人员少和施工工期短以及对周围环境的扰动、噪声小等特点后,TBM 的竞争力大大增强。尤其是当隧道长度大于 3 km 时,这些特点更加明显。

虽然 TBM 优点很多,但是它也存在很多问题。首先,TBM 购买设备一次性投入较高,这也使得承包商必须具备较雄厚的经济实力。其次,TBM 设计、制造周期较长,同时设备由制造地到施工地点及设备组装也相当费时。再次,TBM 设备的刀盘直径一般只适用于一个工程,当用于其他工程时往往需要改变刀盘直径,当然这也需要 TBM 配套设备能够满足其他尺寸刀盘的规范要求。最后,TBM 对不同围岩状况的适应性较差,由于围岩不可能一成不变,在 TBM 掘进过程中就会经常遇到不良地质段,这就需要配备不同的支护设备。有时围岩局部过分软弱,TBM 的支撑力不足,这就造成 TBM 掘进方向偏离和无法为 TBM 掘进提供足够大的推进力。

3.3.2 TBM 隧道的施工过程

3.3.2.1 TBM 施工前期准备工作

TBM 前期准备工作繁多,需要大量的时间,因此 TBM 在正式施工前有很长的一段时间都在进行准备工作。首先根据地勘报告确定 TBM 的选型,根据设计施工方案选择 TBM 的数量和断面直径。

洞外场地布置主要的洞外配套设施有混凝土拌和系统、修理车间、堆渣场地、TBM 集装箱存放场地、TBM 组装场地等。

作为 TBM 开挖前的准备洞室必须提前做好,一般采用钻爆法进行开挖。开挖预备洞和出发洞的目的是使 TBM 开挖前能达到较好的围岩和形成能够提供支撑力的洞室,只有具备这些条件 TBM 才能掘进。同时 TBM 的供电、供水、通风等条件也必须具备。在这些条件都满足时,TBM 将被运进场地进行组装调试。

3.3.2.2 TBM 掘进作业

首先 TBM 要步进到出发洞的掌子面,在 TBM 到达掌子面后,撑靴撑紧出发洞的支护,使 TBM 能获得足够的掘进推力和应对刀盘转动所需的回转扭矩。在开始掘进前必须确认电、风、水已经正确、安全地输送到机器上,确认风机启动、泵站启动、电机启动、输送带启动、水系统正常、刀盘润滑正常等。当这些工作正常后,将外机架向前移动并撑紧,后支承收起并前移,后配套系统进行拖拉,待拖拉完毕就可开始掘进了。

刀盘开始按设定的转速转动,推进系统缓慢地将刀盘推向掌子面,滚刀与掌子面接触,在掌子面固定同心圆切缝上滚动,当推力超过岩石的强度时,盘形刀的岩石直接破碎,同时供水系统不断地向刀盘喷水。随着沟槽深度的增加,岩体表面裂纹加深、扩大,当超过岩石的剪切和拉伸强度时,相邻同心圆沟槽间的岩石成片剥落。崩落在隧底的岩渣被随刀盘旋转的均布在刀盘上的铲斗、刮板收集到主机内的皮带机上,通过皮带机系统转载后,运送至后配套将石渣转载于矿车上。与此同时,TBM 上的支护工作人员正在进行锚杆支护、布置钢筋网、设置钢拱架以及钢拱架的焊接与横向连接工作。当 TBM 掘进一段时间后,新掘进露出的围岩到达混凝土喷射器时就会被喷上设计厚度的混凝土。当岩石状况很差时可将混凝土喷射器接上橡胶管,在安装好钢拱架后马上进行混凝土喷射,待此部分围岩到达混凝土喷射器喷射范围时再喷射至设计厚度。TBM掘进时,撑靴撑紧在洞壁上为掘进机提供掘进反力,刀盘在主推进油缸的推力作用下向前推进,后配套台车停在隧道中。TBM调向工作是在掘进过程中完成的。TBM一般都配置有激光导向系统,这样TBM在掘进过程中就可以通过激光导向系统的指引来完成调向工作。激光导向系统一般由激光发射器、激光接收器(即激光接收靶)和控制显示系统等组成。电脑将激光导向系统的数据进行计算,为TBM在掘进过程中的调向提供可视化操作。然后由撑靴和刀盘护盾的液压缸的升降配合来完成TBM整个调向工作。当然调向并不是任意角度的,TBM每次调向时不能使边刀移动距离超过3 mm,导向角变量控制在8 mm/m内,否则将造成边刀损坏和仰拱块铺设困难。正确的导向状态下,洞壁表面不出现偏向造成的痕迹,如屋脊状岩壁表面等。若出现此情况,应及时调整导向角等参数,以防边刀损坏或者铺设工作的困难。掘进一个循环后(一个推进循环一般1.8 m左右),根据传感器的信号,PLC系统会自动停止推进,并控制刀盘后退3～5 cm,使得滚刀离开岩面。然后根据剩余岩渣的多少来令刀盘继续旋转一定时间。待岩渣基本清理干净后,刀盘喷水停止,刀盘停止转动,电机停止工作。待输送机的输送带上岩碴输送完成后,输送机停止工作。

接下来该进行TBM的换步。主机下的轨道应在主机推进的同时或者停止后按照推进路程需要安装轨排。换步过程主要是TBM放下后垂直支撑(以仅有水平浮动撑靴和后垂直撑靴的TBM为例),然后收回水平支撑,撑靴向前移动再撑紧水平撑靴使之与岩壁紧密接触,收起后垂直支撑,配套设备向前拖拉,此时换步过程完成。

接下来启动风机、泵站、电机、输送、水系统、刀盘润滑等相关设备,并确认设备工作正常后TBM开始掘进。

TBM掘进过程中的推力和扭矩根据不同围岩状况进行调整。推力和扭矩在软岩情况下应当相应降低,刀盘速度、推进速度等也应降低到某一适当值。撑靴支撑力在硬岩情况下一般为额定值,当进入软弱围岩状态下应降低撑靴支撑力,以免撑坏围岩,造成局部塌陷或者严重破碎。

3.3.3 TBM适宜的工作围岩和地质状况

TBM主机及配套设备组成的体积庞大,行动不便。TBM在施工过程中受到岩石抗压强度、岩体完整性、节理、裂隙等很多因素的影响,因此对状况差的围岩地质条件的适应性较差。目前TBM的种类多样化,增强了TBM对不良地质功能的处理能力,使得 TBM 的应用范围有所增加,但是整体而言 TBM 对不良地质段的适应能力仍然较差。

根据目前的《工程岩体分级标准》(GB/T 50218—2014),由岩石单轴抗压强度值可分为极硬岩、较硬岩、较软岩、软岩、极软岩五级。其中极硬岩与极软岩对 TBM 是很不利的。极硬岩对于 TBM 掘进影响极大,极硬岩对机具的磨损严重,使得掘进速度较慢;而极软岩对于 TBM 掘进的影响则在于掌子面及支垫层的强度不足,围岩易坍塌,使得 TBM 掘进受到阻碍。在一般情况下有利于 TBM 掘进的岩石单周抗压强度范围为 30~200 MPa。

根据岩体的完整系数 K_v 和岩体体积节理数 J_v 值,可将隧道围岩岩体完整程度(或者称为岩体孔隙率裂隙发育程度或岩体裂隙化程度)分成完整、较完整、较破碎、破碎和极破碎五级。试验研究表明 $K_v \geqslant 0.85$,并且在 $R_c > 100$ MPa 时,TBM 的掘进速度明显降低,特别当岩石的 $R_c > 200$ MPa 时,TBM 的掘进速度极度缓慢;当 K_v 值为 0.40~0.45 或者 $K_v \leqslant 0.40$ 时,TBM 由于岩石完整性差而难以掘进;当 K_v 值为 0.40~0.85 和岩石 R_c 为 30~200 MPa 时,比较有利于 TBM 的掘进施工。

TBM 的直径一般以中小断面(小于等于 9 m)为主,适宜在岩石单轴抗压强度为 20~200 MPa 时掘进工作,当岩石单轴抗压强度为 50~100 MPa 的均质岩石中掘进时,TBM 的掘进速度最快。而当岩石单轴抗压强度大于 300 MPa 时,TBM 施工将遇到刀具磨损过大等问题,此时应当采用其他方法进行开挖。

对于地质条件极其复杂地段,如高承压水与涌突水地段、暗河段、松散富水地段等含水地段,不适合 TBM 施工,应当采用其他方法;对于地层塌陷、卵石地层、含大量孤石、岩溶洞穴地层、地应力极高地段、膨胀性岩层等不适宜 TBM 施工。很多情况下隧道修建往往综合采用两种方法联合施工(TBM 法和钻爆法),这样既可以提高施工速度又可以节约成本。

3.3.4　TBM 施工遇到不良地质状况的处理方法

隧道掘进机对隧道的地质状况十分敏感,不同类型的地质状况适应不同类型的隧道掘进机。对于一般的软岩、硬岩、断层破碎带,可采用不同类型的掘进机,并配合预加固和有效的支护方法进行隧道开挖。但是对于隧道经过岩溶、暗河发育或者存在高地应力、围岩大变形等情况,就应当谨慎采用 TBM 施工法,而采用钻爆法更佳。因为采用钻爆法更能发挥机动灵活的特点,使隧道开挖更加合理。随着近年来 TBM 在国内的应用更加广泛,TBM 在施工过程中遇到的问题也在增加。TBM在断层破碎带等不良地质段的适应性较差,在掘进过程中遇到地质问题会给掘进速度造成很大影响,因此对不良地质段进行必要的加固措施是十分重要的。

(1) TBM通过含水裂隙带的处理方法。

TBM通过含丰富裂隙水的地段时,岩体受到裂隙水的作用而使岩体内摩擦力几乎丧失。随着TBM的开挖,掌子面上的岩体严重坍塌,使得TBM滚刀负荷过大而停止工作。同时大量松散围岩涌入隧道,TBM撑靴失去着力点。

应对此类情况如有超前预报,则可提前进行聚氨酯化学注浆加固,使得掌子面周围形成一定厚度(根据不同情况确定加固厚度)的加固区,将裂隙水阻挡在隧道外。对于已发生的情况,应准备多台抽水设备以免机电设备受损。然后将散碎围岩进行清理,并对围岩进行化学注浆。对于前方有大体积水的情况,可将TBM停止在距离水体一定安全距离的地方,然后打孔,用导管将水引出。

(2) TBM通过软弱地质段时的处理方法。

根据地质预报或地质勘探报告,如前方遇到软弱地质段会造成地表大沉降、洞壁变形过大,甚至出现碎石塌落等状况。此时可采用预注浆加固的处理方法,并针对软弱地质段的广度和围岩质量,决定是地表大范围、长距离注浆还是只进行洞周小导管注浆。如果在掘进过程中TBM下沉,可先将TBM后退至软弱区域外,在软弱区域浇筑混凝土置换,待混凝土达到一定强度后再以千斤顶和枕木垛对TBM的通过加以配合。

(3) 隧道局部坍塌处理方法。

当拱顶出现部分崩塌或者局部掉块时,主要采用加密的砂浆锚杆、挂双层钢筋网将锚杆头和钢筋网焊接成整体,之后喷射混凝土,使得混凝土和围岩形成整体。在此过程中TBM可正常掘进。当在TBM刀盘处发生坍塌时,TBM需停机处理顶部围岩进行超前喷护,架立钢拱架并架设钢板封闭,用C20细石混凝土回填,将塌腔与周围围岩连成一体,等混凝土初凝后就可以继续掘进了。对于拱墙处坍塌的处理,在小范围软弱结构时可通过锁死部分撑靴,并调整相应的掘进参数就可不停机通过。对于较大范围的拱墙坍塌应当停机处理,清理危石,并在喷射一定厚度的混凝土,架立钢拱架并用钢板封闭,回填混凝土,最后再在钢板上喷射混凝土,使之与周围围岩形成整体,待混凝土初凝后就可进行继续掘进。

(4) TBM过区域性断层时。

在TBM通过区域性断层时,为了使TBM快速、安全地通过该地段,可以采用TBM步进的方式而不是采用TBM掘进的方式。对于隧道的开挖方式可以采用钻爆法并进行相应预加固处理,然后TBM可步进直接通过。

(5) 撑靴作用部位处于软弱地质段的处理方法。

当撑靴作用部位处于软弱地质条件时,撑靴支撑在围岩上往往不能获得足够的支撑强度,此时TBM也无法通过围岩对撑靴的支撑力来获得足够的推进力和回转扭矩。对此主要处理方法是将对墙支撑撑靴作用部位进行换填处理,架立钢模板并用C20或者C25混凝土进行换填,待回填混凝土初凝后再重新撑紧撑靴,让TBM继续掘进。或者在撑靴作用部位采用打迈式锚杆注浆的方法加固岩石,同时调整撑靴压力,如加大撑靴作用面积等方法。加大撑靴作用面积可通过在撑靴下垫枕木垛的方法来实现。

(6) 一些常规的处理方法。

针对围岩常常在隧道顶部出现松散等现象,可考虑采用超前管棚支护、超前小导管注浆等方法。超前管棚支护就是沿着开挖隧道的边缘周围钻孔,钻孔与隧道轴线一般采用3°~6°的差角,然后插入钢管并向管内注浆,固结隧道洞壁周围的围岩,达到增强洞壁抗剪强度的目的。超前小导管注浆是沿初期支护外轮廓线,以一定仰角,向掌子面施打带泄浆孔的小导管并进行注浆,充分填充土体空隙,形成一定厚度的结合体的方法。

以上这些方法一般可以帮助TBM顺利通过不良地质条件的段落。这些方法不但能减少TBM在国内应用上的局限,还能为TBM遇到现实问题时提供解决问题的思路。

3.3.5 地铁TBM施工及安全管理——以青岛地铁2号线为例

3.3.5.1 工程简介

以青岛地铁2号线1标02TBM工区双护盾复合式TBM施工为例,通过对该段施工线路的分析,梳理TBM始发、掘进、过站可能遇到的风险,梳理得到青岛市近海岩石地质条件下TBM施工安全风险源体系,为双护盾复合式TBM在地铁项目施工中应用的安全评价提供基础依据,并采用三维网程式模型对风险源进行识别。

青岛地铁2号线土建1标02TBM工区主要施工任务为"五站四区间",即海安路站—海川路站—徐家麦岛站—麦岛站—高雄路站及各站区间。其中麦岛站为 TBM 始发站，四个区间采用双护盾复合式 TBM 施工，单线全长 4.3 km。

本例选取地质条件极为典型的麦岛站—高雄路站区间作为研究对象。

麦岛站—高雄路站区间概况如下。

(1) 地形地貌及区间地层特性。

高雄路站—麦岛站地下区间为左、右分修的两条并行单线隧道，左线里程为 ZSK33+147.06～ZSK34+068.299，短链 7.612，长度 913.627 m；右线里程为 YSK33+147.06～YSK34+068.299，长度 931.239 m。线间距为 12～15 m，在 YSK33+641.02、ZSK33+650.84 处设联络一处；区间为单面坡，轨顶标高为 −5.00～0.25 m。本区间采用 TBM 法施工，施工场地设置于麦岛站车站的西端，不单独设置工作井。本区间无人防大断面。

本区间沿香港中路向东自高雄路至花莲路地势逐渐增高，地面标高 25.0～40.0 m，地貌类型属剥蚀斜坡；自花莲路至麦岛站地势逐渐降低，地面标高 40.0～20.0 m，地貌类型属剥蚀斜坡。场区第四系厚度多数小于 3.0 m，部分第四系厚度 3～8 m。

(2) 区间地质情况。

本区段隧道洞身通过的围岩有 ⑯$_下$、⑯$_5$、⑰、⑰$_1$、⑰$_5$、⑱、⑱$_1$、⑱$_5$ 八个层位。根据详勘报告，根据围岩工程地质条件、开挖后状态、围岩压缩波速等条件划分隧道围岩分级。区间围岩基本分级表见表 3.3。区间围岩综合分级表见表 3.4。

表 3.3 本区间围岩基本分级表

层号	岩土名称	岩土特征	开挖后的稳定状态	围岩分级
⑯$_下$	粗粒花岗岩强风化下亚带	角砾状夹碎块状，呈碎石状压碎结构	拱部无支护时，可产生较大的坍塌，侧壁有时失去稳定	Ⅳ
⑯$_5$	砂土状碎裂岩	角砾状，呈角砾碎石状松散结构	易坍塌	Ⅴ
⑰	中等风化花岗岩	碎块状、块状、短柱状，呈块石状镶嵌结构	拱部无支护时，可能产生小坍塌，侧壁基本稳定，爆破震动过大，易坍塌	Ⅲ
⑰$_1$	中等风化煌斑岩	块状，呈碎石状压碎结构	拱部无支护时，可产生较大的坍塌，侧壁有时失去稳定	Ⅳ
⑰$_5$	块状碎裂岩	碎块状，呈碎石状压碎结构	拱部无支护时，可产生较大的坍塌，侧壁有时失去稳定	Ⅳ

续表

层号	岩土名称	岩土特征	开挖后的稳定状态	围岩分级
⑱	微风化花岗岩	柱状,巨块状结构	暴露时间长,可能会出现局部小坍塌,侧壁稳定	Ⅱ
	微风化花岗岩节理发育带	块状、碎块状,大块状结构	拱部无支护时,可能产生小坍塌,侧壁基本稳定,爆破震动过大,易坍塌	Ⅲ
⑱₁	微风化煌斑岩	块状、碎块状,大块状结构	拱部无支护时,可能产生小坍塌,侧壁基本稳定,爆破震动过大,易坍塌	Ⅱ
	微风化煌斑岩节理发育带	碎块状,呈碎石状压碎结构	拱部无支护时,可产生较大的坍塌,侧壁有时失去稳定	Ⅳ～Ⅲ
⑱₃	微风化花岗斑	块状、碎块状,大块状结构	拱部无支护时,可能产生小坍塌,侧壁基本稳定,爆破震动过大,易坍塌	Ⅱ

表 3.4 区间围岩综合分级表

序号	里程范围	隧道围岩综合分级
1	YSK33+253～YSK33+348	Ⅳ
2	YSK33+386～YSK33+424	Ⅳ
3	YSK33+424～YSK33+591	Ⅳ
4	YSK33+591～YSK34+045	Ⅳ
5	YSK34+045～YSK34+068	Ⅴ

(3)沿线水文地质情况。

场区地下水主要有两种类型:松散土层孔隙潜水主要分布在第四系填土层中,线路与宁夏路交口处为周边的最低处,为汇水区域,富水性较好,但受季节影响较大,易蒸发。勘察期间,未发现该层水位;风化裂隙以潜水为主,呈层状分布,具统一水面。本区间 YSK33+632、ZSK33+642 至大里程方向,强风化厚度普遍较大,最厚近 20 m,风化裂隙水发育。但根据勘测期间的水文观测,稳定水位埋深 1.88～5.42 m,标高 13.82～24.65 m,风化裂隙水水量较小,富水性为贫至极贫。构造裂隙水主要赋存于构造带及受构造带影响的节理发育带、花岗斑岩、煌斑岩等后期侵入的脉状岩脉与花岗岩的接触带上,呈脉状、带状产出,无统一水面,具有一定的承压性。

3.3.5.2 双护盾复合式 TBM

1. 青岛地铁双护盾复合式 TBM

目前 TBM 种类众多,针对青岛多山地铁典型岩石地质情况,青岛地铁 2 号线一期工程采用意大利 SELI 与中船重工联合生产的 DSUC 通用紧凑型复合式 TBM。

DSUC 通用紧凑型复合式 TBM 不只是一种新型的 TBM,也是首次对后配套和隧道运输设备的完全整合;保留了传统双护盾 TBM 的大部分优点,配置更简易的操作系统,可作为典型条件下敞开式 TBM 的替代品。

2. 复合式 TBM 的施工特点

复合式 TBM 与传统矿山法相比优势明显,主要体现在掘进速度快和良好的安全性,掘进速度是一般矿山法的 5 倍左右,在地质条件良好情况下施工掘进效率得到很大的提高,从而有利于缩短工期。城市轨道交通隧洞施工应用 TBM 影响掘进速度的主要因素是施工人员组织情况、围岩地质条件、掘进机正常率及利用率。

由于应用了精确导向系统 TBM 开挖的隧道洞径尺寸及轴线偏移误差小,能有效控制超欠挖情况。洞径误差一般控制在 2 cm 范围内。围岩状况好的情况下,TBM 掘进时对洞壁外的围岩产生的扰动较小,影响范围一般不会超过 50 cm。在遇到局部地层十分破碎的情况时,围岩与掘进机刀盘接触面相互作用力大,掘进会对周边产生较大扰动。为保证作业时人员的安全,复合式 TBM 设计有整体护盾,作业时操作人员可以在护盾内。为应对不良地质条件,TBM 设计有相应的支护设备,能够利用支护设备提前预处理,确保隧道施工安全。复合式 TBM 掘进机施工大部分都是机械化完成,施工作业人员较少,便于施工组织管理和安全管理。

虽然 TBM 掘进机设备整体购买成本较高,施工成本缺少优势。但是如果综合考虑掘进机施工机械化程度高、作业人员少、更加环保、人员安全更加有保证、施工效率高、对周边环境的影响小等特点,那么 TBM 掘进机的竞争力就更加凸显。尤其在长大隧道施工应用 TBM 掘进机,这些特点更加明显。

采用TBM施工优点虽然很多,但其也有缺陷。首先,采购TBM一次性经济投入较大,给企业经济压力巨大;其次,TBM需经漫长多次的设计联络确定规格,制造周期长,而且设备运输及设备到工地后组装极其烦琐费时,需要各专业协同;再次,掘进机的刀盘直径一般只适用于一个工程,决定了掘进机再利用率差。最后,由于隧道围岩的不确定性,在掘进过程中遇到不良地质条件段是不可避免的,复合式TBM虽然可以采用不同的掘进模式,当围岩局部过于软弱或破碎使得采用单护盾或敞开式模式掘进时支撑力不足时,需采用双护盾模式掘进,但这种掘进模式下,不能实现同步管片安装作业,效率相对单护盾、敞开式低下;有时局部岩石破碎,这就容易造成TBM掘进方向偏离、掌子面围岩塌方,从而造成TBM掘进机卡机。

3. 复合式TBM的施工过程

复合式TBM要实现掘进施工,必须先从组装位置推进到始发掌子面,推进时需要依靠步进反力托架。步进到达掌子面后撑紧撑靴或在尾盾后部对始发洞围岩加固做始发反力架,为TBM提供掘进时所需的反推力。在开始掘进前必须确认设备系统风、水、电等系统均已经能正常运行,然后收回辅助油缸,将支撑盾向前移动,同时撑紧撑靴,后配套系统随着尾盾拖动前进,一切就绪后TBM就可以掘进施工了。

双护盾TBM掘进机具有三种工作模式:稳定围岩时的撑靴模式、围岩不稳定时的撑靴模式、围岩断层时的单护盾模式。

(1) 围岩稳定时的撑靴模式:伸出撑靴压紧在洞壁上,并以此提供的反力支持推进油缸伸出,由支撑盾提供反力,掘进的时用锚杆钻机打设锚杆支护。

(2) 围岩不稳定时的撑靴模式:此模式下,伸出辅助油缸撑靴压紧在管片上,并以此提供反力支持推进油缸伸出,推进的同时以预制管片或钢环在指型护盾内支护。

(3) 围岩断层时的单护盾模式:此模式下,由辅助油缸提供推进反力,推进一个循环以后,以预制管片或钢管片在护盾内进行支护。

由此可见,在围岩断层条件下掘进施工时,不使用撑靴,掘进和预制管片的安装不能同时进行,从而使掘进速度下降。

在围岩断层时还可以采取另外一种工作模式:TBM掘进时,锁定辅助缸,此时后护盾的位置相对不动,用主油缸推进掘进,此时辅助推进油缸承受机器的反推力和反扭矩。这种工作模式下伸缩盾在地质条件破碎时可能因渣土卡在伸缩缝而无法收回。将伸缩盾伸缩范围限制在很小的范围,可以避免以上事故的发生,可以减少尾盾的移动长度,同时也减小了克服掘进机护盾滑动摩擦的反推力。

双护盾 TBM 结构形式较敞开式、单护盾等更复杂,虽然可适用不同地质条件较强,较之盾构、敞开式、单护盾具有一定的优越性,但由于其本身的构造也存在一定缺陷,如双护盾设计使盾体比其他掘进机盾体长,增加了与岩体的接触面积,摩擦力大,遇到不良地质情况易发生卡机事故。

3.3.5.3 TBM 穿越特殊地段施工措施

本区间段沿线穿越特殊地段主要为断裂带。根据地勘资料,区间主要经过 9 个断裂带,破碎带对工程的影响主要表现在岩体节理裂隙发育,在强风化带内呈砂土化散体状结构,在中至微风化带内呈碎块化碎裂状结构。岩体节理面充填大量黏土矿物,岩体间黏结强度低,作为隧道结构的拱顶及侧墙岩层时自稳性差,易出现坍塌、掉块。构造破碎带及岩脉发育处往往是地下水富集的地带,在洞身开挖过程中会有渗流乃至点、线状渗出的情况发生。受破碎带影响,其向两侧延伸方向上岩体较正常岩破碎,节理密集发育,节理类型以构造压扭型为主,节理面平直、闭合,节理面有较多黏土矿物。受断裂影响充填形成的脉岩主要包括煌斑岩及花岗斑岩。据钻探揭示及区域地质资料分析,在整个场区,岩石分布有一定规律,多呈北东走向。脉岩的广泛发育,导致其与围岩接触带两侧岩体风化程度及差异程度加剧,岩体破碎,强度较低,部分不同岩性接触带上岩石形成"风化漏斗"。为保证 TBM 安全通过,采取保守掘进技术措施及超前注浆加固技术措施。

(1) 保持掘进技术措施。

①降低掘进速度,尽量降低对围岩的扰动,防治因掘进机振动过大扰动岩石。

②及时回填管片背后空隙,及时吹填豆砾石及向管片背后注浆,以稳固岩层。

③加强超前预报,如利用超前地质钻机打设探孔,及时掌握掌子面前围岩地质变化,有针对性地采取应对措施。

(2) 超前注浆加固。

①TBM 将掘进到断裂带时,地面提前注浆加固,为提高加固效果,采用双液注浆。

②TBM 掘进至断裂带时,利用机器自身超前地质钻机打孔,然后在洞内注

浆,加固一段掘进一段,慢速通过破碎带。

3.3.5.4 区间段 TBM 施工风险源清单

通过麦岛站—高雄路站区间线路地质条件及水文状况分析,本区间段沿线穿越的特殊地段主要为断裂带,掘进过程中的危险因素是其主要的危险源。根据地质环境风险、人为风险、TBM 适应性风险梳理出风险源清单,见表 3.5 区间 TBM 施工风险源清单。

表 3.5 区间 TBM 施工风险源清单

风险类别	风险源	可能导致的危险事件
机械设备机具	吊装作业、垂直运输出渣	高空坠物、机械伤害、物体打击
	龙门吊倾倒、吊装事故	机械伤害、人员伤亡、经济损失
	TBM 掘进机维保、换轴承	机械伤害、物体打击、人员伤亡、经济损失
	机车运输掉道	机械伤害、人员伤亡、经济损失
TBM 掘进施工	TBM 组装交叉作业	倒塌、机械伤害
	大件吊装组织混乱	吊装事故、人员伤亡、经济损失
	破碎带更换刀具	人员伤亡、经济损失、机械伤害、物体打击
	刀具运输机具缺陷	机械伤害、伤亡、经济损失
	TBM 过复杂地层	TBM 卡机事故、经济损失
	轨道移位	机械伤害、经济损失、伤亡事故
	违规操作电气设备	机械伤害、经济损失、伤亡事故
	轨道维护不及时	机械伤害、经济损失、伤亡事故
	机械隐患未及时排除	机械伤害、经济损失、伤亡事故
	机车运输材料超限	机械伤害、经济损失、伤亡事故
	机车出轨事故	机械伤害、经济损失、伤亡事故
	隧洞内危害气体超标	职业病、气体中毒、机械故障
	管片运输、安装事故	机械伤害、经济损失、伤亡事故
施工用电	布线不符合规范	触电事故、机械伤害、经济损失
	未按规范操作	触电事故、机械伤害、经济损失
消防管理	动火作业违章	火灾、伤亡、经济损失
	氧气、乙炔存放不符合要求	火灾、伤亡、经济损失

3.3.5.5 复合式 TBM 地铁施工典型风险管理措施

青岛作为典型的多山岩石城市,地铁施工危险因素多,难度大。为保证安全、高效、环保地建设青岛地铁,青岛市地铁施工经过多方对比,在地铁 2 号线选用了 DSUC 复合式 TBM 进行地铁施工试验,以期对以后地铁施工大规模采用机械化开挖提供参考。

1. 施工过程中典型风险应对措施

在复合式 TBM 始发及掘进作业中危险源存在于各项施工作业环节中,为更好地保证施工顺利,规避安全风险事故,对各种危险源辨识后及时采取合理的防控措施十分重要,以下就 TBM 在始发掘进施工中有可能存在的危险源制定相应控制措施。

(1) 复合式 TBM 管片安装中的风险源:机械伤害、物体打击、高处坠落。

控制措施:①加强作业人员的安全培训学习,提高安全防范意识;及时进行安全技术交底,作业人员正确安全防护用品,进入施工现场遵守安全管理规定;②吊运管片时,注意检查钢丝绳是否完好,有断丝时及时更换;③管片吊装区域周围严禁站人,防止管片晃动伤人;④严禁非工作人员进入管片安装区域,一经发现及时制止;⑤严格遵守操作规程,熟悉操作各项要求,避免误操作;⑥定期进行安全检查,确保施工作业环境安全。

(2) 复合式 TBM 豆砾石及注浆作业中的重大危险源,主要造成人员伤害。

控制措施:①施工前,首先保证安全技术已经交底;各相关人员严格按照吹填豆砾石及注浆作业安全操作规程操作,严禁非操作人员操作设备;②定期和不定期地对各种管路进行检查,有破损和严重磨损的管路要及时更换以免爆管伤人;③所有作业人员上岗前不得饮酒,着装规范、正确佩戴安全帽;④人员不得站在管口正前方,以免带压力的豆砾石和浆液喷出伤人;⑤保证操作设备和吹填豆砾石、注浆人员通信畅通,没有作业人员的命令,不得擅自开启泵;⑥拆卸豆砾石喷头及注浆管时要泄压后操作,不得带压拆卸管路;⑦作业人员不得疲劳上岗,要精力集中、相互之间互相关照。

(3) 洞内车辆运输过程中危险源,易发生人员伤害。

控制措施:①司机在设备上行驶速度控制在 5 km/h,鸣笛警示;②洞内操作人员要注意运输机车,防止碰伤;③在人员作业区域设立警示牌;④保证轨道上无杂物。

(4) 刀具检查、更换中的危险源,易造成人员伤害。

控制措施:①刀具检查或更换时,刀具人员保存主操作室钥匙,最后一个人员出来后将钥匙归还主司机,防止造成人员伤害;②随时检查吊具状况,吊装设备确保完好,不得带病作业;③点动刀盘时,所有人员必须后退至安全区域;④严格按照安全操作规程操作,不得违规操作;⑤选择合适的灯具,保证有足够的照明;⑥当清理刀孔内板结的渣土时,必须注意开挖面的变化,如有不正常现象,马上停止作业,退至安全区域。

(5) 液压维修中存在危险源,容易造成人员伤害。

控制措施:①液压维修过程中,由于液压油为高压液体,在维修拆卸时,要注意高压油喷出伤人;②拆卸液压接头时,要按操作规程作业,拧松接头泄压后放开拆下;③人员必须背离油液喷出方向;④注意及时清理周围地面废油,防止人员滑倒受伤。

(6) 施工用电存在危险源,容易造成人员伤害。

控制措施:①洞内施工用电严格按照安全用电规定布设;②严格控制三相五线,开关管线布置合理,电线完好,采取接零保护措施。严格用电管理。

(7) 通过浅埋段时容易造成设备卡盾和抬头现象。

控制措施:①挖除地表沉积土,减少卡盾的可能性;②地表注浆稳固强风化岩层,减少坍塌的发生;③控制掘进速度,尽量降低对围岩的扰动;④调整掘进方向,使TBM在轴线规定的偏差范围内,克服抬头现象的发生;⑤及时回填管片背后空隙,稳固岩层。

(8) 半土半石、半软半硬地段容易造成TBM方向偏移现象。

控制措施:①降低掘进速度,尽量降低对围岩的扰动,并有意将TBM向易偏移的反方向纠偏;②及时回填管片背后空隙,稳固岩层;③加强超前预报,有针对性地采取相应的应对措施。

2. 复合式TBM应对风险的设计措施

(1) 作为典型应用条件下敞开式TBM的替代品,保留了传统双护盾TBM大部分优点的同时配置更简易的操作系统。

(2) DCUC通用紧凑型TBM不只是一种新型的TBM,也是首次对后配套系统和隧道运输设备的完美整合。

(3) 设计时充分考虑模块化组装,台车模块化,减少设备运输和安装时间;改善施工环境和人员安全,优化小直径隧道通风除尘标准两倍的通风系统,完全改善施工现场的空气质量。

(4) 更强的围岩适应能力,改善在更大围岩状况里的表现;挑战TBM掘进的惯用标准,减少整机尺寸,整机配置优化,减少总体长度超过60 m,更少的后配套台车,典型配置 4～6 节,护盾总长 6.5 m。

(5) 优化了操作和行走平台,以保证人员安全。

(6) 整套系统严格按照 CE 安全标准和技术规范进行设备设计和制造。

(7) 整机设计寿命更长,适应 10000 小时掘进作业,只需正常维护保养,不用大修。

3. 青岛地铁安全隐患整改平台 TBM 模块简介

青岛地铁为适应当前安全生产管理形势,组织相关单位设计研发了青岛地铁施工安全隐患整改排查系统,该系统有电脑版和手机版,能同时在电脑和手机登录并录入排查信息。该排查系统针对各工法施工建立风险源库,对各层级人员分别授予权限。排查人员登录界面即显示负责区间范围,通过功能导航可以对隐患进行排查,查询工程资料及隐患治理情况等,并具有隐患地图,方便进行隐患跟踪、复查和确认。详见图 3.19 隐患排查系统界面,图 3.20 隐患排查系统 TBM 法施工。

图 3.19　隐患排查系统界面

续图 3.19

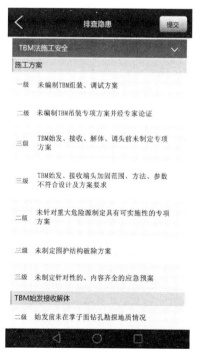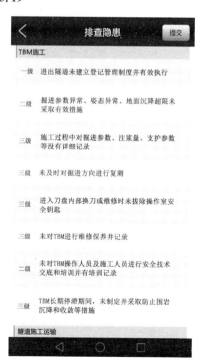

图 3.20　隐患排查系统 TBM 法施工

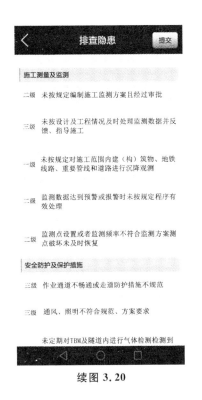

续图 3.20

3.4 高架地铁区间施工

3.4.1 地铁高架区间的内涵与结构

地铁工程在狭义上主要指在地下隧道区间中运行的城市地下轨道交通运输系统。然而在广义上,地铁会根据对所修建的区间环境和预算成本的考虑,将某一区间的地铁在地面上以高架的形式修建。因此,地铁工程是一个包含地下隧道区间和地上地面区间、高架区间的一个综合性城市轨道交通的运输系统。

地铁高架区间往往不被大多数人熟知,大概有两个原因:其一,大部分人均认为地铁是一个纯粹的地下工程,只有以隧道的形式建设在地下才能称为地铁;其二,有的城市地铁虽然存在高架区间,但却由于其修建在地上而被错误地认为是轻轨,而不是地铁。但对于地铁和轻轨的区别并不是简单地以修建在地上和地下来区分。两者主要区别在于其人员乘坐高峰期内的单向最大每小时客流量,地铁为大运量系统,高峰期输送乘客的能力为 3 万~6 万人次/小时;轻轨为中运量系统,高峰输送乘客的能力为1万~3万人次/小时;同时由地铁和轻轨运量决定的车辆轴重与线路技术均存在差异。此外,由于技术标准不同,二者在造价上也会有所差异。

高架区间上部结构多采用简支梁或连续梁结构体系,在特殊地段也可采用悬臂结构体系等其他特殊结构体系。由于简支梁结构简单,受力明确,容易做到标准化、工厂化制造,安装架设方便,施工速度快,适用于中小跨度。当跨度较大时,连续梁结构能降低材料用量,减少伸缩缝数量,改善行车条件,提高桥梁的可靠性和耐久性。

高架桥的结构选型包括上部梁结构和下部墩结构。上部梁的结构类型有箱梁、槽形梁、空心板梁、下承式脊梁和T梁等,其中箱梁在地铁高架桥结构中采用较多。下部桥墩的结构类型有单柱式墩、双柱式墩和钢架墩等。在控制地段桥梁跨越道路或建筑物时,可根据实际情况结合城市景观要求采用钢架墩。

3.4.2　地铁高架施工的特点

地铁的高架区间施工与地下施工相比较,它的施工难度和技术要求相对要低一些,但其受到周边环境和气候影响的因素更多。其具体特点如下。

(1) 高架施工面临的环境更为复杂,施工中要考虑到线路周边地上存在的大量邻近建(构)筑物、地下存在的各种管线,所经历的工程地质与水文情况也更为复杂,具有大量的不确定性因素。

(2) 高架线路的规划多毗邻居民区、交通繁忙地段,甚至存在有些地方还是多种交通方式的交会地段,施工期间对周边交通影响大,给居民的出行带来较大的不便。

(3) 施工过程中分部分项工程较多,各种施工作业穿插其中,施工的方法交叉变换,高支模工程、高空作业频繁,施工难度大,易造成高空坠落。

(4) 施工过程中,使用的机械设备繁多,易造成噪声和扬尘等污染,给临近居民的生活带来较大的不便,引来居民投诉。

3.4.3　地铁高架区间施工的流程

地铁高架区间施工主要在高架桥梁上。其主要施工流程为桩基础施工→承台施工→桥墩施工→梁体施工→桥面系及附属工程施工。

1. 桩基础施工

地铁高架桥桥墩的施工对沉降的要求十分严格,故采用的多是独立承台下桩基础,其桩基主要有预应力钢筋混凝土PHC管桩、预制钢筋混凝土方桩、钻孔灌注桩和挖孔桩。高架施工中多采用钻孔灌注桩,其主要的施工工序为场地平台准备→埋设杠护筒→钻机就位→钻进→中间检查→终孔→清孔→检孔→安放钢筋笼→安放导管→二次清孔→灌注混凝土→凿桩头→桩基检测。

2. 承台施工

承台施工主要包括钢筋的绑扎、模板的安装以及混凝土的浇筑。其详细的流程为测量放样洒灰线→桩施工→凿桩头钢筋→浇筑混凝土垫层→测设承台中心线和边线→检测桩身质量→绑扎钢筋→立侧模及内外支撑→插立柱钢筋→浇筑混凝土→拆模→养护及基坑回填。

3. 桥墩施工

桥墩的施工主要包括搭设脚手架、绑扎钢筋、吊装安装模板、浇筑混凝土等,桥墩施工工序流程如图3.21所示。

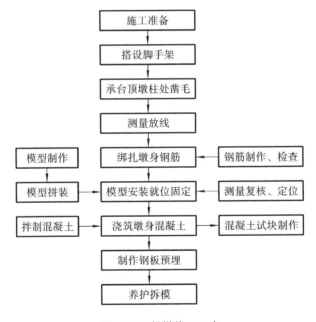

图3.21 桥墩施工工序

4. 梁体施工

地铁高架的梁体施工按照梁的不同形式主要分为板梁、箱梁、槽形梁和T形梁。其具体施工步骤如下。

(1)板梁的施工。

板梁分为先张法预应力空心板梁和后张法预应力空心板梁。板梁的长度和重量相对较大,当吊装高度大时,一般采用双机台吊法安装。实施双机台吊的关键是合理选择吊车的最佳位置和吊装过程中两吊车间动作协调。

(2)箱梁、槽形梁和 T 形梁的施工混凝土箱梁一般采用满堂式支架原位现浇施工,遇软弱地基时,可选用梁柱式模板支架方案;混凝土箱梁也可根据工程技术和经济条件,设置箱梁预制场内预制,采用吊车、架桥机架设安装;槽形梁和 T 形梁一般采用预制场内预制,吊车、架桥机或移动支架架设安装。

5. 桥面系及附属工程施工

桥面系及附属工程施工主要是对桥面进行布置,主要包括电缆槽、栏杆、声屏障、泄水管及防水层、伸缩装置等。

3.4.4　高架区间施工安全风险分析

3.4.4.1　高架区间施工安全策划重点

针对高架工程的特点,在进行高架区间施工时,应重点从以下几个方面进行安全策划。

1. 高架工程对工程周边环境的影响

高架工程基坑、基础、墩部、梁部、桥面及轨道的施工,均存在着较多危害周边建(构)筑物、地下管线等工程周边环境的危险因素。为此,施工单位应制定和实施周边建(构)筑物、地下管线保护方案和监控与监测方案,对施工影响范围内的建(构)筑物和地下管线进行跟踪监测,及时处理数据,反馈信息,指导施工。

2. 高架工程施工对自然环境的影响

高架工程在施工建设中需要进行开挖、填筑、钻孔、设置预制场、使用大型动力机械、采集和使用大量水泥、砂、碎石等建筑材料,必然对周围环境造成"三废"(废物、废水、废气)污染和噪声污染。为此,施工单位应制定和实施切实可行的"三废"处理和噪声控制方案。

3. 高架工程施工对周边交通的影响

处理地铁高架工程施工的首要问题是确定合理的交通组织方案。确定交通组织方案首先要对施工所影响的道路交通流量、交通工具分布、交通密集时段等情况进行周密的调查和分析,分别为确定基本交通畅通所需的道路宽度、最小净空高度和交通管理部门对车辆通行时段的合理安排与调整提供依据。地面交通组织方案要得到交通管理部门的认可和批准,并且在交通管理部门的支持和配合下实施。

4. 高架工程本身重大风险源控制

与地下区间隧道相比,高架区间施工本身的重大安全风险主要出现在桥墩、混凝土箱梁、混凝土浇筑的高支模工程,预制桩、预制梁(板梁、箱梁、T形梁、槽形梁)的吊装和预制箱梁、槽型梁使用架桥机安装就位。这些作业在高于地面上进行,一旦出现事故,除威胁现场施工人员外,还将威胁社会车辆、人员和建(构)筑物,因此需认真编制、专家论证和审批这些危险性较大的分部分项工程安全专项施工方案,并严格落实。

3.4.4.2 高架区间施工安全风险源

地铁高架工程施工特点分析,风险来源可归纳为以下几个方面:高处作业、地基条件、环境因素、设备条件、成品材料和其他物资的质量等。

从人为操作和安全管理方面分析,风险来源包括以下内容:作业人员未按规定进行操作、施工安全防护措施欠缺以及施工方法不当导致的危险。

作业人员未按规定操作引发的危险源:不按规定佩戴劳动保护用品;酒后或疲劳作业;施工中违章用电;特种作业人员无证上岗;施工设备的违规操作,起重吊装违规操作等。

施工安全防护措施欠缺引发的主要危险源:施工前对地下管线、地下构筑物等未做完全调查,盲目施工;支架、模板支撑、脚手架或工作平台施工前未进行验算与设计或未经检验合格,强度、刚度、稳定性和地基基础承载力不足,搭设不牢固以及拆除顺序、措施不当;支座、梁等预制构件安装作业过程中无防风措施,雨季施工无防雷击措施,冬季施工无防滑措施;跨越市政道路、公路及其他交通设施时无防护措施;在通航河流上施工时未设立标志和防撞装置,水上施工无防护和救生措施;高处作业未设置防护栏杆,未按规定设置防坠物设施,未划定禁行区而导致区域下方有行人车辆通过;相关设备未按规定进行安装、合格验收和定期检查,非标设备未按规定进行验算、设计、制造等。

3.4.5 高架区间施工安全风险控制措施

地铁高架桥施工过程中,影响和制约安全生产的风险较多,根据高架工程施工特点和风险源分析的结果,着重针对模板作业、起重吊装、高处作业、明挖基础作业、桩基础作业、桥梁墩台作业、混凝土梁浇筑与架设作业、铺架作业、桥面声障作业和施工设备的安装及使用等分部分项工程中的施工风险提出相应的控制措施。

3.4.5.1 风险控制的总体要求

(1) 高架工程施工前,应详细核对技术设计、图纸和相关文件,同时对施工现场进行调查研究,编制相应的安全技术措施;高桥、大跨、深水、结构复杂的大型桥梁施工,应对施工安全技术措施作专题调查研究,采取切实可靠的先进技术、设备和防护措施;单项工程(包括辅助结构、临时工程)开工前,应制定安全操作细则,向施工人员进行安全技术交底。

(2) 高架工程施工的辅助结构、临时工程及大型设施等,均应按有关规定做好安全防护措施,安全设施完成后,需经检验合格。

(3) 特殊结构的桥涵,采用新技术、新工艺、新材料、新设备时,应制定相应的有针对性的安全技术措施,通过试验和检验,证明可行后方可实施。

(4) 高架工程施工,应尽量避免双层或多层同时作业。当无法避免多层同时作业或桥下通航、通车及行人等立体施工时,应设防护棚、防护网、防撞装置和醒目的警示标志、信号等,切实做好安全防护措施。

(5) 在通航河道上施工,应事先与航运部门协商,清除河道内障碍物,办理航标设置和发布公告等事宜;施工完毕,应对施工影响河道进行清理;水上作业时,应配备救生船只和其他救生设备。

(6) 高架桥上进行铺架作业时,桥下禁止车辆、行人、船只和其他交通工具通过。

(7) 当高架工程施工遇到影响作业安全的大风、暴雨等恶劣天气时,应停止施工。

3.4.5.2 模板作业风险控制措施

模板施工伴随着现浇施工贯穿整个高架工程过程。下面主要介绍模板的运输、安装和拆除的安全控制要点。

1. 模板运输

工地运输模板时应进行临时捆绑,不应超载,避免运输途中滑落。模板运送至指定施工地点后,应安放在合适地点,防止阻塞交通和损坏。

2. 模板安装

桥梁的高桥墩或上部结构采取原位现浇法施工时,其模板的安装属于重点施工安全管理环节,应做好以下几方面的工作。

(1) 安装模板之前应预先搭设好支架和作业平台,并保证其强度与稳定性。工作平台建在高处时,其外侧应设栏杆及上下扶梯,10 m 以上时还应加设安全网。

(2) 整体模板吊装前,模板要连接牢固,内撑拉杆、箍筋应上紧,并应对吊机、钢丝绳等相关机具进行检查,应符合正常使用的要求。吊点要正确牢固。起吊时,应拴好溜绳,并听从信号指挥,不能超载。在吊装过程中,模板行走路线下禁止员工停留或通过。

(3) 模板就位后,应立即固定位置,防止倾倒砸人。

(4) 树立高空模板时,作业人员应配备安全带,并拴于牢固处。

(5) 模板安装完毕后应进行验收。

(6) 在浇筑高架工程混凝土前,应进行预压,测试支架、地面和桥墩能否承受设计重量。卸载时,要注意均匀卸载,防止受力不均匀引发坍塌。

3. 模板拆除

拆除模板时,应按设计和施工规定的拆除程序进行,并划定禁行区,严禁行人通过。拆除水面上模板,应配有工作船、救护船。

3.4.5.3 起重吊装作业风险控制措施

地铁高架工程施工过程中,大量的建筑材料、预制构件需要进行吊装倒运,起重吊装过程容易发生坠物伤人,造成人身财产损失。施工单位应根据高架工程的施工特点以及具体的作业环境,对危险性大、环境复杂的吊装作业编制安全专项施工方案。同时,要注意高架工程起重吊装因以下原因造成起重机械倾覆的特殊风险:

(1) 大量使用臂式起重机械(如汽车吊),容易因超载、臂架变幅或旋转过快等错误操作引起起重机倾覆;

(2) 起重机械作业场地不断变化,一旦地基不平坦、不坚实,或者支腿没有全部伸出,容易导致起重机倾覆;

(3) 因地面空间受限,需要起重机械定位在已建好的高架桥上作业时,更容易因操作失误造成起重机倾覆;

（4）在河道上架设高架区间时，当需要使用起重船时，起重船的稳定性直接影响起重作业的安全性。

3.4.5.4 高处作业风险控制措施

地铁高架工程中桥墩、桥梁上部结构、桥面及附属工程和铺架作业等都与高处作业密切相关，高处作业是整个地铁高架工程施工安全管理工作的重点之一，可从以下几个方面加强安全管理，避免事故发生。

1. 施工作业人员

施工前，作业人员经过安全教育及安全技术交底，架子工等特殊作业人员应具有特种作业操作资格证。作业时，应正确佩戴安全带、安全帽等安全防护用品。

2. 特殊施工气候

高架工程应按规定设置避雷设施；雨雪天气进行高处作业时，需采取可靠的防滑、防寒、防冻措施，及时清除水、雪、冰、霜；六级及以上强风、暴雨、浓雾等恶劣天气严禁进行室外攀登与悬空作业；暴风雪及台风暴雨前后，应对高处作业安全设施逐一检查，发现异常立即采取加固措施。

3. 临时构造物

（1）支架（脚手架）。

支架（脚手架）的选材、配件、搭建和构造应符合相关规定的要求；支架（脚手架）的地基应满足承载力和沉降要求，并采取防、排水和防冻融措施，当位于城市道路附近时，应有防止车辆冲击的措施。要经常对支架（脚手架）的强度、稳定性、刚度、构造要求等容易引发安全事故的指标和因素进行检查，发现问题应立即整改。施工过程中，从业人员应从专用的通道或爬梯上下，严禁攀登脚手架。

（2）操作平台。

移动式操作平台应具有足够的强度、刚度和稳定性，并应标明容许荷载值，使用过程中严禁超过容许荷载；操作平台四周应设置防护栏杆，并设置登高扶梯。

悬挑及悬挂式钢平台的支撑点与拉结点应设置在稳定的支点上；钢平台安装时，挂钢丝绳的挂钩应挂牢。操作平台刚度、强度、稳定性、安装要求等指标和因素应经常检查，发现问题应立即整改。

4．临边作业

临边作业是高处作业中经常遇见的作业形式，是事故的易发源，因此应特别注意临边作业的防护措施，包括以下内容：孔洞、基坑周边、墩台顶、桥面周边、脚手爬梯与建筑物通道的两侧边等，应设置符合标准的盖板或栏杆和警告牌。

3.4.5.5 桩基础作业风险控制措施

当地基的上覆软土层很厚，即使采用一般地基处理仍不能满足设计要求或耗费巨大时，往往采用桩基础将高架区间的荷载传递到深度合适的坚硬土层上，以保证高架区间对地基稳定性和沉降量的要求。按施工方法的不同，桩基可分为预制桩和灌注桩两大类。

1．预制桩施工

预制桩可以经锤击、振动、静压或旋入等方式设置就位，其主要安全风险是物体打击、触电和机械伤害。

沉桩机及桩架等拼装完毕后，应对机具、设备和安全防护设施进行全面检查验收，确认合格，方可施工。打桩机架移动时，机体应平稳，禁止将桩锤悬起，桩锤应放在机架的最低位置，严禁边移边起锤，机架移到桩位上稳固后方准起锤。打桩机启动后，作业人员应暂离基桩；振打中出现振桩回跳，机械发生异响，应停振检修；振动下沉过程中，严禁进行机械维修和保养；振动打桩机在停止作业后，应立即切断电源。

2．灌注桩施工

灌注桩施工包括成孔（机械挖孔、人工挖孔）、下钢筋笼（钢筒）和浇筑混凝土等基本工艺。

（1）机械挖孔。机械挖孔常用一般钻机、冲击钻机、旋挖钻机或套管钻机挖孔。安全风险主要有机械伤害、物体打击、触电和淹溺等，控制要点：钻机稳定；钻头、卷扬机、钢丝绳、泥浆泵、水泵、高压胶管及相互之间的连接装置以及电气设备完好正常；停钻后孔口遮盖防护。

（2）人工挖孔。人工挖孔桩基础是一种限制使用的工法，对于特殊场合需要采用时，建设单位应按有关规定会同勘察设计单位报当地建设行政主管部门审批。

施工过程中主要存在孔内中毒、缺氧、坠物伤人、土体坍塌、触电、高空坠落等风险。当地面挖孔时，夜间作业应悬挂示警红灯；挖孔作业暂停时，孔口应设置罩盖及标志。相邻两孔中,当一孔爆破或浇筑混凝土时,另一孔的挖孔人员应停止工作,并撤出井孔。

3.4.5.6 承台作业风险控制措施

当高架桥跨越河流,在河流中施作基础时,需架设围堰以保证施工安全。基坑围堰施工可能出现洪水暴涨、漏水渗入、流沙、涌泥(砂)或支撑变形等风险。

常用的围堰形式有土(草)围堰、钢板桩围堰、钢套箱围堰和双壁钢围堰。围堰结构应坚固牢靠,能承受水、土和外来的压力,保证防水严密。围堰的构造应简单,符合强度、稳定、防冲和防渗要求,并应便于施工、维修和拆除。

3.4.5.7 桥梁墩台作业风险控制措施

1. 就地浇筑墩台模板安装

就地浇筑墩台混凝土,施工前,必须搭设好脚手架和作业平台,墩身高度在 2～10 m 时,平台外侧应设栏杆及上下扶梯;10 m 以上时,还应加设安全网。

模板就位后,应立即用撑木等固定其位置,以防倾倒砸人。用吊机吊模板合缝,模板底端应用撬棍等工具拔移,不得徒手操作。每节模板支立完毕,就在安好边结紧固器,支好内撑后,方可继续作业。

在竖立高桥墩的墩身模板过程中,安装模板的作业人员必须系好安全带,并拴于牢固地点,穿模板拉杆,应内外呼应。整体模板吊装前,模板要连接牢固,内撑拉杆、箍筋应上紧。吊点要正确牢固。起吊时,应拴好溜绳,并听从信号指挥,不得超载。

拆除模板时,应划定禁行区,严禁行人通过;拆除水面上模板,应配有工作船、救护船。

2. 滑模(滑升模板)施工

当高墩采用滑模施工时,应按照高处作业的安全规定,加设安全防护设施,穿戴好个人防护用品,并须根据工程特点,编制单项施工方案及其安全技术措施,并向参加滑模施工的作业人员进行安全技术交底。

根据桥墩具体尺寸,对滑模进行特殊设计;在工厂加工制作的爬升架体系、操作平台、脚手架等,要保证具有足够的刚度和安全度;架体提升时,要另设保险装置。液压系统组装完毕后,应进行全面检查;施工过程中,液压设备应由专人操作,并经常检查维护,发现问题及时处理。

模板每次提升前,应进行检查,排除故障,观察偏斜数值;提升时,千斤顶应同步作业;模板提升到 2 m 以后,应安装好内外吊架、脚手架,铺好脚手板,挂设安全网,模板内设置升降设施及安全梯。操作平台上的施工荷载,应均匀对称,不能超负荷;平台周围应安设防护栏杆,并备有消防及通信设备。顶杆和平台应稳固,如顶杆有失稳或混凝土有被顶出的趋势时,应及时加固;用手动或电动千斤顶做提升工具,千斤顶丝扣的旋转方向应左右方向对称安装,使其力矩相互抵消,防止平台扭动失稳。

拆除滑模设备时,应做好安全防护措施,拆除时根据吊装设备能力,选择分组拆除或吊至地面上解体,以减少高处作业量和杆件变形。拆除现场应划定警戒区,警戒线到平台滑模设备边缘的安全距离不能小于 10 m。

3. 混凝土浇筑

在浇筑桥墩混凝土时,应严格控制浇筑速度,防止浇筑过快引起模板坍塌。浇筑过程中,应随时检查支架和模板,发现异常状况,及时采取措施。

当用吊斗浇筑混凝土,吊斗提降,应设专人指挥,升降斗时,下部的作业人员必须躲开,上部人员不得身倚栏杆推吊斗,严禁吊斗碰撞模板及脚手架。

凿除混凝土浮浆时,作业人员必须按规定佩带防护用品。人工凿除,应经常检查锤头是否牢固。采用吊斗出渣,应拴好挂钩,关好斗门,吊机扒杆转动范围内,不得站人。

3.4.5.8 混凝土梁浇筑与架设作业风险控制措施

1. 制梁台座和模板装拆

制梁台座的地基应坚实平整、不沉陷;台座抗倾覆安全系数不应小于 1.5。使用机具升吊模板时,应正确选择吊点位置,调整吊点位置时,不能徒手操作;大型拼装式模板安装就位后应及时加支撑固定,保持模板整体稳定。制梁模板不宜与工作平台的支撑相连接,确需连接时,应额外架设支撑加固。模板拆除时,不能强拉强卸。

2. 先张法预应力混凝土简支梁施工

张拉中使用的工具和锚具(锚环及锚塞)在使用前应检验外观,已有裂伤者严禁使用。高压油泵与千斤顶之间应紧密连接,油泵操作人员应戴防护眼镜。

油泵开启后,进回油速度与压力升降应平稳,安全阀应灵敏可靠,张拉中出现异常应立即停机检查。张拉或放松预应力时,需采取安全防护措施;操作人员应站在千斤顶的两侧;当采用楔块放松预应力筋时,应保证楔块同步滑出。灌注混凝土时,捣固棒(振捣器)不能撞击预应力钢丝(钢束)。

3. 后张法预应力混凝土简支梁施工

振动器应安装牢固,电源线路需绝缘耐压,防水性能良好。预应力钢绞线整束、编束时,在切口端应用铁线扎紧;搬运梁体时,两支点距离不能大于3 m,作业人员间应相互配合。采用金属波纹管制孔时,应防止划伤手脚。

抽拔胶管时,应防止胶管断裂。钢绞线穿束后,梁端应设围栏和挡板,严禁撞击锚具、钢束和钢筋。管道压浆时,应严格按规定压力进行;施压前,应调整好安全阀,关闭阀门时,作业人员应站在侧面,并戴防护眼镜。

4. 就地浇筑上部结构

就地浇筑上部结构时,应重点关注支架和模板的安全,防止安装、施工和拆卸过程中发生变形、坍塌、人员坠落等事故,保证施工质量和施工安全。

作业前,应对所用机具设备和防护设施等进行检查;针对施工工艺及技术复杂的工程,应编制具有针对性的安全技术措施及安全操作细则等,并对施工作业人员进行技术交底和培训。

浇筑混凝土前应对模板进行预压,检查脚手架的稳定性。浇筑过程中,应避免使用大罐漏斗直接灌入,防止冲击模板,振捣时不能振动顶杆、钢筋及模板。同时,应安排专门人员随时检查支架和模板,发现异常状况,应及时采取处理措施。

就地浇筑预应力混凝土梁时,应根据工程实际进行支架设计和检算,同时作业平台应设置护栏及安全网等安全防护设施。浇筑混凝土时,应根据简支梁、连续梁、悬臂梁的浇筑顺序,严格按设计和有关规定依序施工。

5. 梁的存放、横移、起吊、装卸、运输

梁的存放和搬运中应注意防止梁片滑移、偏斜或倾覆,以免造成梁体破坏和人员伤亡。梁的存储场应有坚固的存梁台座和地面排水系统;梁片存放时,应支垫牢固,不能偏斜,并有防止梁体倾覆的措施。梁片移动、装运、存放时,需按要求设置支撑点,在梁端两侧应支撑牢固。

用于就地横移梁片的专用轨道应平顺,轨距正确,轨道接头不能有错台、错牙,道床无沉陷。采用滑道横移梁片时,滑道位置应与卸梁轴线垂直,两股滑道之间的距离需一致,滑道应有足够的强度和稳定性。梁片滑移时,梁底面与滑道之间应加设滑板,两侧应设有能随梁体移动的保护支撑。当梁体运送中出现支

撑松动时应停止牵引。

梁片的起顶、支垫、卸顶应对称平衡,支垫牢固。梁体移位交换主点时,千斤顶起落高度不能超过有效顶升行程;移动梁体时,两端行程应同步。梁片起吊、装车、运输时,两端的高差不能大于30 cm。梁片用千斤顶装车运送时,千斤顶的起重吨位不能小于梁重的1.2倍;横移时,应保持梁体的平衡和稳定,两端不能同时起落。

6. 架桥机架梁

选用架桥机架梁时,宜根据架桥机的性能,按现行国家标准及相关规程制订安全操作细则,并经批准后执行。拼装式架桥机结构应按设计制造,并符合国家标准《起重机设计规范》(GB/T 3811—2008)的有关规定;临时支架搭设应牢固可靠,并与架桥机的行走轨道相对应,轨道安装应平顺,道床无沉陷,轨距与轨缝应符合安全要求。

架梁前应对桥头路基进行压道,严禁使用已组装的架桥机压道;当压道过程中出现路基下沉严重时,应对路基进行加固。架桥机通过地段的道路净空应满足架桥机的要求。架梁时应由专人检查、加固,非作业人员应撤离架桥作业范围。

拼装式架桥机架梁前应进行静载、动载试验和试运转。静载试验的荷载为额定起重量的1.25倍,动载试验的荷载为额定起重量的1.1倍;架梁时应安装起载限制器、提升(下降)限位器、缓冲器、制动器、止轮器等装置;架桥机就位后,应使前后支点稳固;用液压爬升(下落)梁体时,前后爬升杆应同步,其高差不能大于90 mm;梁体在架桥机上纵、横向移动时,速度应平缓。

在大坡道上架梁时,应设专人安放止轮器和操作紧急制动阀,防止架梁机向下坡方向溜动;吊梁小车或者行车的制动装置必须可靠,并设制动失灵的保险设施。在下坡道架梁时,应在架梁机后方安装脱轨器并采取防止车辆脱钩的措施。应有专人防止运梁小车向下坡方向溜动,并备有止溜木楔和止轮器。当风力导致架桥机梁臂不稳定时,应停止架梁对位;对位后应用枕木支垫架桥机背风面,并用钢丝穿过滑车拉住大臂前端,配合摆臂速度收放。

拼装式架桥机到下一桥孔提梁时,台车及前后龙门天车的位置应符合设计规定;当桥梁的一端在运梁台车上,而另一端在龙门天车上吊起准备前移时,龙门天车与运梁台车应同步。拼装式架桥机应定期对重要部件(如轮、轨、吊钩、钢丝绳等)进行探伤检查。

7. 龙门吊机架梁

采用龙门吊机架梁时,吊机行走轨道基础和地基应专门设计和验算,对软弱地基进行加固处理,确保坚实、稳固、无沉陷,轨距、水平、接头、坡度等应符合要求。跨墩龙门架安装构件时,应根据龙门架的高度、跨度,采取相应的安全措施,确保构件起吊和横移稳定,构件吊至墩顶后,应慢速、平稳地降落。吊机架梁跨墩起吊时,应采取相应措施确保梁体平稳起吊和横移。

吊机(拼装式吊机)拆除时,应切断电源,将龙门架底部垫实,并在龙门架顶部拉好缆风绳和安装临时连接梁;拆下的杆件、螺栓、材料等应吊下,严禁抛掷。

8. 悬臂拼装造桥机拼装预应力混凝土节段梁

移梁小车、起重小车、电动或液压卷扬机、造桥机走行系统的限位和制动装置,应安全可靠。造桥机拼装完成后,应进行检查,并先试运转和试吊。试吊时,应做好应力测试,合格后方可使用。吊装作业过程中,不能碰撞悬拼吊架和梁体。在合龙时,两端的连接装置应牢固可靠,并在吊架上全封闭保护。

9. 移动模(支)架法建造预应力混凝土梁

选用移动模(支)架造梁时,宜根据移动模(支)架造桥机的性能,按现行国家标准制订安全操作细则,并经批准后执行。当在地面用移动模(支)架架设预应力混凝土梁时,地基基础应有足够的承载能力;当选用架空移动模(支)架架设预应力混凝土梁时,导梁安装应平稳、坚固,其抗倾覆稳定安全系数应大于 1.5;若模架支撑于钢箱梁上,其前后端桁架梁需用优质高强螺栓连接并拧紧。

钢箱梁及桁架梁下弦底面装设不锈钢带,在滑橇上顶推滑行之前,应检查有无障碍物及不安全因素;所用机具设备及滑行板等,均须进行检查和试验。直架平移搭设的临时直墩需牢固;在直架平台及主行道上,应满铺脚手板,四周应安装栏杆,贝雷梁下应挂安全网。支墩顶贝雷纵梁安装的导链应由专人指挥;主架横移时,各主墩应同步作业,速度不应大于 0.1 m/min;横移时如有异常,应停止作业并进行加固。牵引后横梁和装卸滑模时,要有起重工协同配合作业;牵引时,应注意牵引力作用点,使后横梁在运行时,与桥轴线保持垂直;滑移模架行走时,应听从指挥信号,对重要部位,应设专人负责值班观察,并注意人员及设备的安全。

10. 混凝土梁支座安装

顶落梁共同作用的多台千斤顶应选用同一类型。顶落梁时,应有保险设施,每个桁架不能两端主点同时起落;施顶或纵横移时,应缓慢平稳,各道工序应派专人检查。悬臂拼装连续梁进行体系转换前,应对支座检查验收。

3.4.5.9 桥面声障作业风险控制措施

列车通过高架桥时产生的噪声会给沿线附近居民造成影响,干扰居民的生活和工作环境。为了减少地铁对周围环境的噪声污染,高架桥上设置吸声和隔声的声屏障是非常有必要的。以下是声屏障安装过程中需要重点关注的施工安全要点。

1. 立柱安装

立柱吊装前,应对设计安全性进行核查,施工时应对吊机的钢丝绳、吊钩等机具进行检查,合格后方可吊装,作业时应缓慢进行。立柱吊装时,工件与钢丝绳之间应用羊毛毡衬垫,以防止滑动。立柱底脚螺栓紧固后还需人为撞击,如底脚螺栓松动,待重新校整后,再次紧固。

2. 声屏安装

吊装声屏时应使之垂直,并应轻吊慢放,麻绳与屏体之间要用羊毛毡衬垫,防止滑动。声屏安装时应注意正反方向不能错位,紧固件需紧固牢靠。在已安装完毕的屏障处设置标识性的围栏,防止发生意外。

第 4 章 地铁车辆基地土建工程

4.1 车辆基地及配套工程

4.1.1 车辆基地

车辆基地应根据城市轨道交通线网规划统筹安排,结合轨道交通车辆的特点,确定车辆基地在线路和线网中的位置和功能。有条件的车辆基地可结合地形和规划条件,对上述综合开发进行专题研究。

车辆基地一般包括车辆段、综合维修中心、材料总库、培训中心四个独立部分。后两个部分宜统筹合建,也可单建。

在每条运营线路中应设一个车辆基地,有条件的地方也可两条线合建一个车辆基地。车辆基地一般可承担多条线的车辆厂、架修、机电设备综合维修任务,宜结合轨道交通线网和车型情况进行综合规划,合理选址。当车辆段的位置距某一端终点车站超过 20 km 时,可根据运营情况,宜在适当位置增设一个停车场。

车辆基地选址应符合下列要求:
(1) 用地性质应符合城市总体规划要求;
(2) 用地位置应靠近正线,减少车辆出入线长度;
(3) 用地面积应满足功能布局,并具有远期发展余地;
(4) 选址要尽量避开工程地质及水文地质不良地段;
(5) 有利于与地面铁路连接,选址要有利于城市电力、通信及各种管道的引入,有利于城市道路的连接。

车辆基地的总体布局应根据列车运用整备和各专业检修工艺作业要求,并结合地形条件可采用尽端式或贯通式布置。在满足功能要求的同时,力求用地紧凑、布局经济合理。总体布局规模应按远期功能要求确定。占地面积可按 $1000 \text{ m}^2/$车进行控制。为节省占地和投资,车辆基地的车辆段和停车场库前宜采用移车台作为转线设备。

4.1.2 车辆段

车辆段应根据城市轨道交通线网规划统一布局。

车辆的各级定检周期参照表 4.1 规定范围确定,根据车辆运行技术性能的情况,可适当调整定检周期。

表 4.1 车辆定检周期

序　号	检 修 种 类	定检周期/万千米
1	厂修	90～120
2	架修	30～60
3	定修	10～15
4	月修	1～2
5	列检	0.06～0.07

车辆段的规模应根据运营线路长度、车辆技术条件、配属的列车编组和数量、车辆检修周期、检修作业时间等主要参数进行计算,并结合检修工艺要求等确定。

车辆段内根据列车运用整备和检修工艺要求应设停车、列检库,调机及工程车库,月修库,定修库,架修库,以及控制、电机电磁铁、电器、制动、机械等部分的各种检修车间,并考虑列车清洗设施。

车辆段的运用整备和检修设施以近期规模设计,远期规模预留。对远期改扩建困难的检修车库可一次建成。

车辆段各检修车库、车间内的检修试验设备宜采用国内标准设备或成熟的专用非标准设备。

承担定修及以上修程的车辆段应设试车线,其长度应满足列车运行性能试验要求。

4.1.3 场段出入线与正线接轨

场段出入线在正线接轨点应选在车站;在站外接轨时,应具备一度停车再起动条件,并留有必要的信号转换段长度。

在同一车站接轨的出入线应设置双线;当出入线采用"八"字形与正线接轨,

每条单线均应具备双向运行条件。

4.1.4 联络线

根据磁浮线网规划的车辆基地分布位置和承担的任务,对于同属一个磁浮车辆基地承担车辆厂、架修的线路之间应设置联络线。

凡设置在相邻线路间的联络线,承担磁浮车辆临时调度,运送厂、架修车辆,工程特种车等运行的线路可设置单线。

联络线与正线的接轨点宜靠近车站,也可在区间正线接轨;在两线同站台平行换乘站,应设置渡线替代联络线。

4.1.5 综合维修中心

综合维修中心是供电、通信、信号、机电、工务和建筑等维修及管理单位。地下铁道内综合维修工作任务量较大时,可分别设供电、通信、信号、机电、工务、建筑等段(所);任务量不大时,可设综合维修段(所)以及各专业维修队(工区)等。

综合维修中心根据各专业任务量可分别或集中设置生产调度室、技术室、电气试验间、通信信号间、机电车间、工务和建筑车间等,同时还应设置与检修配套的配电所、空气压缩机间、锻工间、内燃机车库、平板车线、仓库等生产设施和办公、生活设施。

各车间的规模应根据各项设备种类、规格、数量、修理周期、设备复杂系数等进行计算,并结合检修工艺要求及总体要求确定。

综合维修中心应设置计量站,计量等级应达国家三级计量水平,同时设置理化中心,检测生产的污水、污物、噪声等,保护环境。

4.1.6 物资总库

总库是各专业所需机电设备、机具、材料、劳保用品的存放和发放的管理单位。材料总库的规模应根据运营线路中的设备和材料种类、数量确定。从全线网考虑,物资总库可集中设置,建立物流中心。

材料总库应设有机电设备库、金属材料库、配件库、辅助材料库、危险品库、油库等,材料装卸线、起重运输设备等,露天堆放场地。危险品等库可在线网中集中设置,或由社会供应。

4.1.7 培训中心

培训中心应以城市轨道交通线网规划为依据,进行合理规划,根据功能和任务确定建设规模。

培训中心是各专业职工培训的基地,在培训中心应设有教室、设备室、教职员工的办公和生活用房以及必要的配套设施。

4.1.8 生产配套设施

总平面布置及建筑设施应符合列车运用整备和各专业检修要求。个体建筑、道路和管线的总图布置,应符合安全、防火及环保要求,并应充分利用自然采光和自然通风。

站场线路布置应满足列车运用整备和检修工艺要求,同时使场内道路合理布局,并保证自然排水要求。

场内应设有牵引和降压变电所,其位置应靠近负荷中心。

电压制应与正线一致。

采暖系统应根据当地条件,采用城市集中供暖系统或采用独立设锅炉房的供热系统以保证生产、生活的要求。

给排水系统应与城市给排水系统相适应。

通信系统应设有列车调度电话、局部专用电话、公务电话、无线电话和广播、电钟等通信设施。

信号系统应保证列车在车辆段内调车作业和列车出入车辆段的安全运行,并与正线行车密度相适应。

压缩空气系统应根据各检修车间每小时用气量的要求,设空气压缩机间及管道系统,其压力应满足作业要求。当用气量较小时,可采用移动式空气压缩机。

场内应设有防灾报警系统,并设置值班室及救援设施,该系统应与正线防灾报警系统联网。

4.1.9 行政技术管理和生活设施

在车辆基地内,根据行政技术管理的要求可设置综合办公楼,宜设置维护管理系统和档案资料库,并能达到分别管理的要求。

车辆基地内应根据当地社会化服务条件设置相应的后勤设施。

4.2 车辆段施工技术

4.2.1 地铁车辆段施工概述

4.2.1.1 工程内容

地铁车辆段是总体项目中的重要组成部分,主要包含综合楼与公共区域,且涉及技术较为广泛,包括土建施工、机电施工、排水施工、机械施工等方面,表现出来的特性较为复杂。因此,需要很多系统工程相互协调,共同施工完成,建设质量会直接影响整体地铁工程投入使用后的效果。同时,在工程建设中,存在大量的交叉作业,需要对地基与主体结构等方面进行组合建设,因此对施工组织整体协调工作的水平要求较高。

4.2.1.2 工程特点

地铁车辆段包括联合检修库、调机车库、综合维修楼等综合性建筑,且包括了公寓、食堂等生活建筑,整体为组合建设形式,基础和主体需要共同完成。地铁车辆段涉及多种专业技术,日常施工中交叉作业十分常见,且由于工程占地面积大、工程量大,如不有效处理,可能埋下安全风险隐患。

在实际建设中,建设单位数量较多,施工组织协调难度相对较大。如不进行把控则可能出现子项目"独立"的情况,无法与整体融合,在建设中需要加大关注。

4.2.1.3 工程优势

为了实现市政轨道交通的安全运营,给人们带来舒适的出行环境,当前的地铁施工已逐渐实现信息化。在建设中,通信技术、信息集成技术、物联网技术等相结合,保证施工风险问题能够在第一时间发现,从而减少施工过程中的事故,进一步满足时代发展要求。

同时,地铁车辆段在技术应用中,还需要使其进度符合相关标准,保证全部环节的紧密性和一致性,结合实际积极进行施工管理。

4.2.2 地铁车辆段施工技术的规划与思考

4.2.2.1 现实情况分析

中国大城市人口密集、交通需求巨大,而地铁车辆段施工则是城市高密度发展的重要保障。截至 2020 年末,我国共有 83 个城市的施工规划获批,正在建设车辆段的城市共计 74 个,开通运营的城市共计 52 个,共完成建设投资 3983.9 亿元。中国大城市的城市轨道交通已经进入网络化运营时代,过去的重工程、轻服务的模式亟待改变,所以必须要合理应用各类新工艺、新技术开展建设,以此确保投资效益最大化,避免发生建设风险问题。

4.2.2.2 交通效益分析

地铁车辆段项目涉及面广、技术复杂、审批事项多,从长远角度和外部效益角度进行综合评价,交通经济效益和社会效益巨大。为了能够进一步提高经济效益和社会效益,地铁车辆段项目需要进行深度优化。以某市轨道交通的实际数据为例进行效益评价,通勤客流全部依靠公共汽车通勤出行,每天节省通勤时间约 90 万小时,每年时间价值约 133 亿元,考虑平均工资增长的因素,每年时间价值可以达到 466 亿~532 亿元,可见施工后的交通效益巨大。

4.2.2.3 施工风险分析

地铁建设风险有着一定的必然性,问题较为复杂,为此需要注重分析过程中的层次性以及综合性,掌握当前建设区域的地质和水文条件,如资料收集过程中存在局限性,将降低后续建设的精确度。同时,车辆段施工建设可能出现较多的风险因素,为此需要对协调管理加大关注,从安全、地质、环境、组织等方面进行考虑,避免因意外事故造成重大经济损失和人员伤亡。

4.2.3 地铁车辆段施工技术的运用要点分析

城市地铁施工可能由于人为因素而出现偶然风险事件,而预警则是对施工的一种风险动态监控,最终将外部影响降到最低,要点有以下几个方面。

4.2.3.1 规范施工行为

在实际施工过程中,相关设计人员必须深入施工现场进行确认,准确勘测当前地铁车辆段施工的参数,明确施工中设备和材料的规格、型号及材质,保证施工图纸与实际施工的一致性。同时,必须要规范相关施工人员的行为,结合设计图纸的相关参数和实际工程情况,进行完善和调整,然后再根据具体要求对图纸做好分析和优化,防范施工人员不按规范施工。

4.2.3.2　控制盾构纠偏

若想做好施工前期的风险预想工作,应现场监督每位施工人员做好安全措施,不断加强对基础施工人员的技术培训及安全教育,提升施工人员的风险意识,能够及时发现问题。在作业期间,应严格按照方案进行施工,对盾构纠偏量风险进行预测,折角变化和隧道轴线的范围要控制在 0.4% 以内,确保施工时刻处于匀速状态,防止在此过程中发生过大偏移。

4.2.3.3　完成风险识别

风险识别应考虑整体,明确各类风险的形成原因,结合工程施工的实际情况制订风险管理的措施。建设前,详细分析施工现场的情况,完成风险管理的评估工作,随后结合资料确定施工方案,避免出现主观风险问题。施工管理需要将识别风险纳入体系,明确当前区域的地质条件特点后,选定新工艺与新技术,确保后续工作的有效开展,避免发生技术与要求不对称的情况。

4.2.3.4　优化施工方案

地铁车辆段施工建设是我国重要的基础设施,需要通过策略的有效指导,合理利用生态资源和人文资源,保证社会发展的协调统一。在此基础上,需要制定相应的发展策略,在规划中预先确定工程建设的相关内容,并吸收社会资金作为补充,结合需求将地铁车辆段施工技术不断进行优化,建立都市圈轨道交通一体化发展机制,避免出现不合理的情况。

4.2.3.5　增强技术创新

在实际建设过程中,新工艺与新技术的选择必须以绿色可持续发展为核心,结合现代化手段改善当前现状,提高施工技术的科技含量,增加产能。政府和相关部门需要从施工材料、施工工艺等角度入手,加大对于此类先进技术的支持力度,增加研发投入和人才培养力度,将理论与实践结合,提升地铁车辆段施工的整体水平,从而推动行业实现创新发展,避免与时代出现脱节的情况。

4.2.4 地铁车辆段施工技术应用策略

4.2.4.1 施工测量放样

地铁车辆段必须要明确将测量数据作为基本条件,建设方要始终遵循规范的水准点、基准点以及基准线,以中心线与边桩为依据,使曲线段、分块线与路面中心线保持垂直。同时,需要对地铁车辆段工程施工所涉及的坐标数据进行准确计算,加密处理施工过程中的各个控制点,将各类情况准确反映在施工图纸上,明确各项坐标以及高程数据。在此过程中,要根据不同 GIS 平台的需求完成施工放样。结合现场地形的实际情况实时测量,高效完成施工放样工作。在采集地形图中选择相关模型,对存在偏差的数据查明原因并及时调整。

4.2.4.2 施工风险识别

在施工中,严格按检修规程进行巡检,通过 GPS 技术定位施工人员的位置。邀请业内相关专家在现场指导工作,保证施工人员能够将理论与实践相结合,不断提升自身的风险识别能力与建设管理意识,严格按照相关指引、标准、规范进行施工操作。

4.2.4.3 车辆段施工规划

现阶段,许多地铁施工项目被设计得更加复杂。如仅依靠传统的作业方式与技术手段难以契合实际需求,不仅会延误建设工期,且会在一定程度上增加人力资源与施工材料的成本支出,因此,工程建设需要合理借助新工艺与新技术优化施工规划,如借助 BIM 技术将建设中的所有子项、分项统一管理,对计划方案进行整体把控,从而避免风险问题的发生。在施工建设中,利用建立好的 BIM 模型,并结合实际对重要施工方案进行模拟,革新现有的工程进度管理模式,清楚表达施工步骤、过程,对项目施工进度进行精细化的管理。

4.2.4.4 地基预制管桩

地基静压预制管桩技术现正逐步完善,在当前的地铁车辆段软土地基处理中较为常见。在应用中,参照测量数据进行桩基位置的精准定位。沉桩施工期间,要求施工人员严格按标准要求开展作业,将接桩高度控制在距离地面 1 m 左右。焊渣清除后,等待 1~5 min 后方可开展后续焊接作业。同时,该技术在应用中需做到对施工过程的全面观察,确保桩体施工质量达到标准要求。按照稳压、复压以及终压的顺序开展压实作业,需要将稳压时间控制在 5～10 s。还要做好复压和稳压操作,观察桩机的入土深度,以桩机入土深度 8 m 为界限:如入土深度小于 8 m,则复压控制在 3～5 次;如入土深度大于 8 m,则复压 2～3 次。且要求稳压压桩力必须大于或等于终压力,最终的压力则要以现场试桩结果为基准来确定,提高技术应用的效果。

4.2.4.5　工程装配整体吊装

地铁车辆段施工项目工期紧张,为了能够缩短工程建设期限,部分子项目会选择装配式施工技术,大量的建筑部品由车间生产加工完成,包括外墙板、内墙板、叠合板、楼梯、预制梁等,装配工作可随主体施工同步进行。这样不仅能够加快工程建设速度,且可以在一定程度上节省人力资源消耗,提高项目的整体建设效益。设计的标准化和管理的信息化可以提高整个装配式建筑的性价比。在技术应用中,需要根据地铁车辆段工程的特点,对框架柱进行装配式设计或施工。整体吊装很难将上部钢筋与下部钢筋完全对齐,为此在施工前需要将模具预先放在下部钢筋上,以此实现精准对位。

4.2.4.6　桩头破除技术应用

现在大多数的地铁车辆段都涉及物业开发,建设中桩基数量多、体量大,桩头破除占用较多的时间。为此在施工中,应预先在桩顶位置设置 10～15 cm 的切割线,带状区域宽度控制在 10～15 cm,避免风镐作业中破坏钢筋保护层,对于上部钢筋需要让其向外侧微弯,破桩中钻头水平或稍向上,位置在桩顶线以上 10～15 cm,同时在执行中可以使桩头上下分离,采用起重机械起吊并分离桩头,主筋顶部增加软套管,以便后期混凝土破除。

4.2.4.7　高支模施工技术

现阶段,高支模施工技术的应用较为常见,技术应用中需要规范土方回填、压实以及硬化处理作业,对构筑物的参数进行精准测量。在此基础上,依据现场情况进行优化设计,以相关分类标准为参照进行梁模板的归类,厚度设计可以控制在 150 mm 以内,切不可在支撑体系设计结束后直接应用于车辆段施工。需要设置横向方木,使梁与梁截面保持平行,尺寸为 50 mm×100 mm,间距控制在 20 cm。在板高支模施工中,横、纵间距均控制在 0.9 m。根据具体的施工情况,进行特别的加强支护,确保支架结构安全稳固。

4.2.4.8 结构混凝土施工技术

在地铁车辆段施工中,结构混凝土施工在设计和施工精度方面要求很高,需要选用适合地铁车辆段工程施工的水泥,保证结构混凝土施工的耐久性。在此基础上,应控制和优化混凝土的配合比,并做好施工现场各项原材料的检查工作。

例如,预先设置 350 mm×350 mm(柱中心距 900 mm 左右)的轨道支撑柱,偏差需要控制在±2 mm。单柱模板完成后,采用两道方木进行加固,做好变形监测控制。

4.3 地铁车辆基地施工方案——以宁波东钱湖车辆段施工工程为例

4.3.1 项目概况

宁波轨道交通 4 号线是线网中西北至东南的一条重要径向线,起点站为慈城站,终点站为东钱湖站。线路全长 35.95 km,其中地下线 24.45 km,高架线 11.2 km,过渡段 0.3 km。全线共设 25 座车站(含 6 个换乘站),其中地下车站 18 座,高架车站 7 座,平均站间距 1.49 km。

根据车辆检修的需要,设车辆段、停车场各一处。东钱湖车辆段设置于线路南段,位于东钱湖大道、玉泉南路、长山江及规划紫金中路围合区域,接轨于小洋江站。东钱湖车辆段定位为定修段,承担 4 号线全部配属列车的定、临修,镟轮任务以及部分配属列车的周、月检和停放任务。

4.3.2 设计概况

1. 运用库

运用库位于盖下,库长 270.7 m,宽 99.1 m,净高 7.5 m,库内设 14 条停车列检线,两线一跨,每线 2 列位。根据运营要求,库内股道设置 2 个停车列位,其余 26 个列位均设置柱式检查坑,检查坑长 125 m,宽 1.1 m,深 1.5,检查坑两侧设深 1.1 m 的低位作业面。检查坑内设照明及排水。

停车列检库库内股道均设接触网,两列位设分段绝缘器,两列位上方触网带电状态互不影响。

2. 检修库

检修库位于盖下,由定、临修库,静调库,双周/三月检库,吹扫库及辅跨组成,检修库长 165.8 m,总宽 68.4 m,净高 7.5 m,设定修 1 列位、临修 1 列位、静调 1 列位、双周/三月检 2 列位、吹扫 1 列位。除临修线外,每股道均设柱式检查坑,检查坑长 125 m,宽 1.1 m,深 1.4 m,同时股道两侧设置深 1.1 m 的低位作业面。检查坑内设照明灯带、安全电压照明插座及动力插座。

为方便工人上车厢及车顶作业,定修线、静调线一侧设置双层作业平台,一侧设置单层作业平台,双周/三月检线外侧设置双层作业平台,内侧设置单层作业平台,吹扫线内设置双层作业平台。其中,双层作业平台,一层标高为 1.10 m,二层标高为 3.6 m;单层作业平台标高为 1.1 m。

3. 不落轮镟库

不落轮镟库位于盖下,库长 48.9 m,宽 15 m,净高 7.5 m。不落轮镟车床附于车库中部,库内设 2 t 电动单梁起重机一台。

4. 调机及工程车库

调机及工程车库位于盖下,按 1 线 2 台位尽端式车库设计,库长 77.1 m,库宽 21 m,净高 7.3 m,库内设 2 t 电动单梁起重机一台。库内设 3 股调机及工程车辆存放线,每股道设壁式检查坑,检查坑长 58 m,宽 1.1 m,深 1.4 m。车库尾部设置生产辅跨,内设值班、整备、检修、备品等用房。调机及工程车库承担东钱湖车辆段内燃调机和工程车的停放、运用、日常维修保养任务。

5. 洗车库

洗车库位于盖下,库长 63 m,宽 9 m,净高 7.5 m,库内设洗车线 1 股。主库西侧边跨量内设控制室、休息室及备用间。洗车线库前、库后均设接触网,以保证车辆按低于 3 km/h 速度自行通过并完成洗车作业。

6. 试车线及动调试间

试车线及动调试间承担列车检修后的动态调试工作、新车的调试及验收工作。试车线长 1030 m,并在线路北部设 65 m 长、1.5 m 深、1.1 m 宽的检查坑。试车线旁设有动调试间。

7. 综合维修中心

根据集中管理、集中维修、方便使用的原则,综合维修中心所辖各车间的管理办公用房与工区用房、材料间等均集中设置在综合楼内。在综合楼一层及二层设置检修中心用房、工务中心用房和 AFC 用房;三层设置通号中心用房、供电中心用房和自动化中心用房;四层设置机电中心用房、设备中心用房、乘务中心用房及办公管理用房;五层为司机公寓。

8. 物资总库

物资总库位于盖下,负责 4 号线全线范围内所需的各种物资的采购、储存、发放及管理等工作,靠近车辆段次出入口,方便运输和装卸。物资仓库长 85.3 m,宽 75.4 m,净高 7.5 m,库内分为立体仓储区、大件物品仓储区和恒温恒湿物件仓储区等物资仓储区域。物资总库设自动化立体仓库,共设置 6 个巷道,2280 个货位(12 封闭层 38 列)。

物资总库配置 5 t 起重机和 10 t 起重机各 1 台,自动化立体仓储设备 1 套,计算机管理系统 1 套,以及各种运输、搬运车辆。材料堆场布置在材料线东侧,用以存放电缆、钢材、水泥等大型材料,设置 10 t 起重机一台。

杂品库设置在车辆基地北部区域,位于盖外,库长 30 m,宽 7.2 m,高 6 m。库内以实体墙分隔成 6 间,设置不同种类的易燃易爆化学物品存放间。杂品库外设院墙与段内其他设施相隔离。

9. 办公、生活设施

检修库和物资总库的辅跨二层为办公区域事,设有相关办公室、会议室、资料室及浴室。为方便管理,综合楼每层都设有公用会议室及统一更衣间。车辆段食堂设置在综合楼一层,有就餐座位 252 个。司机公寓设置在综合楼五层,有 21 间双人房,42 张床位。

4.3.3 工程施工方案

4.3.3.1 建筑装饰工程主要施工方案

1. 测量方法

平面控制网分首级控制(网)点、二级控制网。二级控制网的建立以业主提供的首级控制(网)点为基准,采用全站仪导线法测量。二级控制网为对建筑物各轴线控制点进行加密,进场施工基础时,直接利用首级控制点(网)在基础外围,施工首层以上主体结构时,将二级控制网投测在柱、梁、墙、门、洞口的轴线控制点、标高控制点。±0.000 m 及以下施工平面测量采用外控法,直接用全站仪投测各控制轴线;高程采用水准仪控制标高。首层以上楼层施工平面测量均采用内控法,用激光垂准仪将控制点整体同步传递,高程用全站仪天顶测距法进行传递。

2. 钻孔灌注桩施工方案

(1) 工艺流程。

钻孔灌注桩施工工艺流程见图4.1。

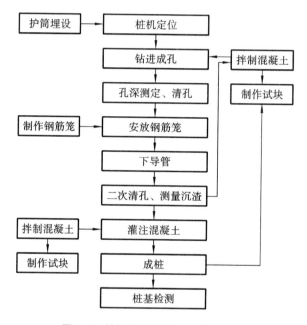

图4.1 钻孔灌注桩施工工艺流程图

(2) 钻孔灌注桩施工工艺及主要要求。

钢护筒采用1 mm厚的钢板制作,其直径大于桩径0.2~0.4 m,每节高2 m,循环使用。

钻孔灌注桩拟采用旋挖钻(280型及以上)及冲击钻配合施工,在每次开钻前,参照地质柱状图、地质平面图、地勘其他资料,明确该钻孔桩所处位置的地质情况,制定钻孔桩机型选择条件,明确一般情况下选用旋挖钻快速成孔,存在下述情况下选择冲击钻进行地质处理。

在透水性较强的砂砾层、卵石层(常见于表层,$H<10$ m),采用旋挖钻或冲击钻+超长护筒安装穿过透水层施工;在透水性较强的砂砾层、卵石层($H>10$ m),采用冲击钻+黏土加级配碎石层回填夯实并钻进成孔。

3. 钉型水泥土搅拌桩施工方案

（1）工艺流程。

钉型水泥土搅拌桩施工工艺流程：桩机定位→切土下沉→缩径下沉→提升搅拌→扩径提升→扩位下沉→提升搅拌。

（2）钉型水泥土搅拌桩施工流程及主要要求。

钉型水泥土搅拌桩施工流程见图 4.2。

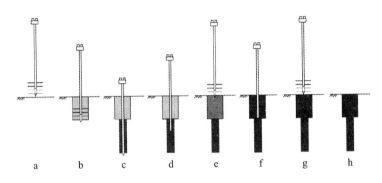

图 4.2 钉型水泥土搅拌桩施工流程图

流程说明如下。

（a）搅拌机就位：搅拌机到指定桩位并对中。

（b）喷浆下沉：启动搅拌机，使搅拌机沿导向架向下切土，同时开启送浆泵向土体喷水泥浆，两组叶片同时正、反向旋转（外钻杆逆时针旋转，内钻杆顺时针旋转）切割、搅拌土体，搅拌机持续下沉，直到扩大头设计深度。

（c）施工下部桩体：改变内、外钻杆的旋转方向，将搅拌叶片收缩到下部桩体直径；喷浆切土下沉：两组叶片同时正、反向旋转切割、搅拌土体，搅拌机持续下沉直到设计深度，在桩端应就地持续喷浆搅拌 10 s 以上。

（d）提升搅拌：搅拌机提升、关闭送浆泵，两组叶片同时正、反向旋转搅拌水泥土，直至扩大头底面标高。

（e）伸展叶片：改变内、外钻杆的旋转方向，将搅拌叶片伸展至扩大头径；提升搅拌：提升钻杆，两组叶片同时正、反向旋转搅拌水泥土，直到地表或设计桩顶标高以上 50 cm。

（f）切土下沉：搅拌机沿导向架向下切土，同时开启送浆泵，向土体喷水泥浆，两组叶片同时正、反向旋转切割、搅拌土体，搅拌机持续下沉直到扩大桩头设计深度。

（g）提升搅拌：关闭送浆泵，两组叶片同时正、反向旋转搅拌水泥土，直到地表或设计桩顶标高以上 50 cm,完成单桩施工。

施工前必须保证机架垂直,偏差不大于 1%,保证机架底盘水平。桩位偏差不大于 50 mm,桩径和扩大头高度不小于设计值。桩长由设计和施工工艺参数控制,施工至设计桩底附近应注意最后 30 s 电流和进尺参数,其值由工艺性试桩确定。成桩过程中应控制水泥浆的比重,并使之符合有关技术要求。

4. 预应力混凝土竹节桩施工方案

(1) 工艺流程图。

预应力混凝土竹节桩施工工艺流程见图 4.3。

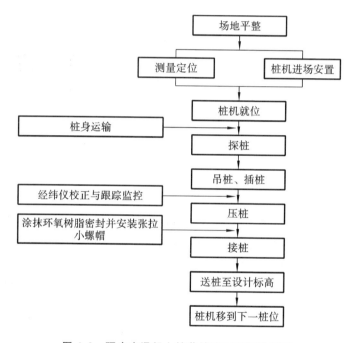

图 4.3 预应力混凝土竹节桩施工工艺流程图

(2) 预应力混凝土竹节桩施工工艺及主要要求。

①场地平整:清除地表杂物,并填平场地中的坑洼处,必要时用压路机压实表土,并沿场地四周挖沟排水至集水坑进行集中排水。

②测量定位:开工前由业主提供区域内的控制点资料及明确现场控制点具体位置,并及时办理双方交接手续。根据甲方提供的控制点施放轴线和桩位,每个桩点插短钢筋,并做成桩等径模具,白灰沿模具撒放。到桩机就位后再进行复测。测量定位、放线、复核工作由专人负责,对测量仪器定期检查,做好测量定位放线的原始资料。形成的定位、放线测量成果资料用书面形式报监理和甲方复

核检查,轴线偏差不小于1 cm,桩位偏差小于2 cm,确认后方可开始施工。

③预应力竹节桩的成品检查:检查预制桩出厂合格证和主要质量指标(混凝土强度),再进行外观检查,同时做好检查记录。经监理验收,并签字认可。对预制桩两端应清理干净,连接面上有油漆杂物污染时,应清刷干净。不合格的桩及时清退出场。

④探桩:根据测量定位点,利用同直径的钢管用静力压桩机压穿第一层土层,探明表层土的障碍物。防止桩尖堵塞块石,以便顺利穿过第二层土层。如果场地土层状况良好,为了提高工效,可以不用探桩,直接压桩即可。

⑤吊桩、插桩:根据每孔设计桩长选择每节桩长和压桩顺序并编号。利用桩机自身起重机按编号顺序吊桩就位,再用夹具持桩对准测量定位点将桩插入孔内。桩压入过程中修正桩的角度非常困难,因此就位时应正确安放。第一节桩插入地下时,必须保持位置及方向正确。开始要轻压,认真检查,若有偏差应及时纠正,必要时要拔出重压。桩的垂直度安排专人采用两台经纬仪进行监控,经纬仪应设置在不受打桩影响处,且大约互成90°,并经常加以整平,监测导架保持垂直,通过桩机导架的旋转、滑动及停留进行调整。

⑥压桩:利用桩机的重量由液压系统持桩将预制桩垂直压入土中,随时用两台经纬仪双向控制管桩的垂直度,并观察压桩的压力与深度。初压时如果下沉量较大,宜采取轻压,随着沉桩加深,沉速减慢,压力逐渐增加。在整个压桩过程中,要使压杆、桩帽、桩身尽量保持在同一轴线上。必要时应将桩架导杆方向按桩身方向调整。要注意尽量不使桩受到偏心压力,以免桩受弯。压桩较难下沉时,要检查桩架导杆有无倾斜偏心,桩身是否垂直,每根桩宜连续完成,以免难以继续下压。按设计桩位平面图绘制桩位编号图,自备压桩记录外,交甲方和监理各一份,以供监理检查。选择桩位上浮观察点,做好详细记录。

⑦接桩:桩下段沉离地面0.5~1.0 m时开始接桩,首先将上节桩吊起,安装小螺帽连接插件,对准下节桩大螺母,然后用钢丝刷清除端板坡口内的浮锈、污物及杂物。用经纬仪调整上节桩的垂直度,符合要求后,对连接处涂抹环氧树脂,连接插件对准下节桩的孔洞,完成后上方可继续压桩。

⑧送桩:为将桩压到设计标高,需要送桩,操作时先吊起送桩,送桩的下端面紧挨上管桩上端面,中心线对齐,保证垂直度满足后再加压,直到送桩至设计标高。送桩时考虑桩身回弹,可在原设计桩顶标高基础上,超送2~3 cm,这样既节省了因破桩产生的二次费用,又保证了桩头质量。

调校桩的垂直度是保证沉桩质量的关键,必须高度重视。插桩在一般情况下入土 50~80 cm 停止压桩,然后进行垂直度调校。桩的垂直度安排专人采用两台经纬仪进行监控(也可以使用线锤吊线观察),经纬仪应设置在不受打桩影响处(约距桩点 20 m),且大约互成 90°,并经常加以整平,监测导架保持垂直,通过桩机导架的旋转、滑动及停留进行调整。桩的垂直度必须不大于 0.5%,满足要求方可继续沉桩。在沉桩过程中施工员随时观察桩的进尺变化,如遇地质层有障碍物、桩身偏移时,应分一两个行程逐渐调校,不可一次性强行扳正。

5. 混凝土工程施工方案

(1)混凝土浇筑和养护。

①工艺流程。

混凝土施工工艺流程:钢筋模板、预埋件验收→作业准备→混凝土搅拌、运输→混凝土浇筑、振捣→混凝土面找平压实→混凝土养护。

②混凝土浇筑

表 4.2 介绍了结构各部位混凝土的施工要点。

表 4.2　结构各部位混凝土的施工要点

序号	施工部位	施 工 要 点
1	基础	基础混凝土施工前须完成相关隐蔽验收工作; 基础混凝土浇筑应分层浇筑,每层厚度不大于 30 cm; 混凝土浇筑时,及时对砖模进行检查,同时振捣时振捣棒不宜碰触砖模
2	柱	浇筑前底部应先垫一层 5~10 cm 厚与混凝土配合比相同的减石子混凝土,混凝土应分层浇筑振捣,使用插入式振捣器时每层厚度不大于 50 cm,振捣棒不得触动钢筋和预埋件; 柱子混凝土的分层厚度应当经过计算确定,并且应当计算每层混凝土的浇筑量,用专制料斗容器称量,保证混凝土的分层准确,并用混凝土标尺杆计量每层混凝土的浇筑高度,混凝土振捣人员必须配备充足的照明设备,保证振捣人员能够看清混凝土的振捣情况; 柱子与梁板使用钢板网绑扎分隔,先浇筑柱子混凝土,梁板混凝土在柱子初凝之前浇筑,保证各部位混凝土强度符合要求; 浇筑完后,应及时将伸出的搭接钢筋整理到位

续表

序号	施工部位	施工要点
3	梁板	梁、板应同时浇筑,浇筑方法应由一端开始用"赶浆法",即先浇筑梁,根据梁高分层浇筑成阶梯形,当达到板底位置时再与板的混凝土一起浇筑,随着阶梯形不断延伸,梁板混凝土浇筑连续向前进行; 浇捣时,浇筑与振捣必须紧密配合,第一层下料慢些,梁底充分振实后再下第二层料,用"赶浆法"保持水泥浆沿梁底包裹石子向前推进,每层均应振实后再下料,梁底及梁侧部位要注意振实,振捣时不得触动钢筋及预埋件; 梁柱节点钢筋较密时,此处宜用小粒径石子同强度等级的混凝土浇筑,其最大颗粒粒径不得超过构件截面最小尺寸的1/4,且不得超过钢筋最小净间距的3/4,并用小直径振捣棒振捣; 浇筑板混凝土的虚铺厚度应略大于板厚,用平板振捣器垂直浇筑方向来回振捣,厚板可用插入式振捣器顺浇筑方向斜插振捣,并用铁插尺检查混凝土厚度,振捣完毕后先用刮杠初次找平、压实。 在混凝土达到终凝前,进行二次压实,用磨光机磨光; 顶板混凝土浇筑高度(标高),应拉对角水平线控制,边找平边测量,尤其注意墙、柱根部混凝土表面找平,为模板支设创造有利条件
4	楼梯	楼梯段混凝土自下而上浇筑,先振实底板混凝土,达到踏步位置时再与踏步混凝土一起浇捣,不断连续向上推进,并随时用抹子将踏步上表面抹平。 所有浇筑的混凝土楼板面应当扫毛,扫毛时应当顺一个方向扫,严禁随意扫毛,影响混凝土表面的观感
5	整体道床	浇筑道床混凝土前对钢轨及扣件进行覆盖,做好施工现场对成品半成品的保护; 浇筑混凝土道床前检查预留孔洞标志和预埋件; 浇筑道床混凝土过程中严格按混凝土施工规范要求进行; 加强混凝土道床的养护,防止道床出现裂纹

③浇筑与振捣注意事项。

混凝土浇筑与振捣注意事项如下。

混凝土入场后应及时检测其坍落度,不符合要求时应退回或由搅拌站进行二次搅拌。

现场对每车混凝土的出站时间、入场时间、开始浇筑及持续时间等各时间段进行登记，超出要求的混凝土不得使用。

混凝土自泵管口下落的自由倾落高度不得超过 2 m，若超过 2 m，则采取加长软管和串筒方法。

浇筑混凝土时应分段分层连续进行，浇筑层高度应根据混凝土供应能力、一次浇筑方量、混凝土初凝时间、结构特点、钢筋疏密程度综合考虑决定，一般为振捣器作用部分长度的 1.25 倍。

使用插入式振捣器应快插慢拔，插点要均匀排列，逐点移动，顺序进行，不得遗漏，做到均匀振实。

移动间距不大于振捣作用半径的 1.25 倍（一般 300～400 mm）。振捣上一层时应插入下层 5～10 cm，以使两层混凝土结合牢固。

振捣时，振捣棒不得触及钢筋和模板。

表面振动器（平板振动器）的移动间距，应保证振动器的平板覆盖已振实部分的边缘。浇筑混凝土应连续进行。如必须间歇，其间歇时间应尽量缩短，并应在前层混凝土初凝之前，将次层混凝土浇筑完毕。间歇的最长时间应按凝结时间确定，超过初凝时间应按施工缝处理。

浇筑混凝土时派专人观察模板、钢筋、预留孔洞、预埋件和插筋等有无移动、变形或堵塞情况，发现问题应立即处理，并应在已浇筑的混凝土初凝前修整完好。

混凝土浇筑应避开雨天施工，若突遇降雨，应用塑料薄膜及时覆盖进行保护。

④混凝土养护。

混凝土浇筑完毕后，应在 12 h 以内覆盖，浇水次数应能保持混凝土有足够的润湿状态，养护时间不少于 7 d，其中有抗渗要求的混凝土养护不少于 14 d。底板混凝土养护采用表面蓄水或覆盖塑料薄膜后再覆盖阻燃草帘的保湿保温养护方法，养护时间不少于 14 d。

（2）商品混凝土的供应。

为满足本工程混凝土施工质量的要求，将根据现场施工的要求选择有实力并且在地理位置上对工程有利的混凝土搅拌站，并对普通混凝土的供应要求进行分析。

6. 砌体工程施工方案

（1）砌体工程。

①工艺流程。

砌体工程施工工艺流程：测量放线→立皮数杆→基层表面清洁、湿润→排砖

→拉线→砂浆拌制→砌筑→预留洞→质量验收。

②砌筑工程施工工艺要点

砌筑工程施工工艺介绍见表4.3。

表4.3 砌筑工程施工工艺

序号	工作及工序名称			具体施工方法
1	砂浆拌制			根据本工程图纸,由监测站出具相关配比单,现场安置砂浆配合比使用牌,根据砂浆配合比使用牌进行机械搅拌;现场搅拌的砂浆随拌随用,应在3 h内使用完毕,当气温超过30 ℃时应在2 h内使用完毕
2	墙体砌筑	放线		砌筑前,在楼面上定出墙体轴线位置,放出墙体边线和门窗洞口位置,在柱上标出标高线(建筑50线)
		立皮数杆		在各转角处设立皮数杆,皮数杆间距不得超过15 m。皮数杆上注明门窗洞口、木砖、拉结筋、圈梁、过梁的尺寸标高。皮数杆应垂直、牢固、标高一致
		排砖		第一皮砌筑时应试摆,按墙段实量尺寸和砖块规格尺寸进行排列摆块,通过调整灰缝宽度,满足砌筑要求
		拉线		在皮数杆上相对空心砖上边线之间拉准线,以准线砌筑
		砌筑步骤	1	砖块在砌筑前一天浇水润湿润
			2	砖块上下皮的竖向灰缝相互错开,相互错开长度不小于60 mm
			3	拉结筋设置详见构造控制要点
			4	拉结筋按高度方向每500 mm设置一道2φ8钢筋
			5	墙上不得留设脚手眼
			6	砖块砌到接近上层梁板底部时预留180 mm空隙,一周后斜砖砌筑密实
		勾缝		在砌筑过程中,外墙外侧灰缝采用"原浆随砌随收缝法",先勾水平缝,后勾竖向缝
		构造柱		当墙长度大于5.0 m时,应于墙中部设置构造柱,大门雨棚两侧设置构造柱,构造柱宽度混凝土墙厚高300 mm,中置6φ12竖筋及φ8@200箍筋,墙与构造柱的拉接按砖墙与柱拉结做法要求。设置构造柱后,柱间墙的长度不应超过5.0 m

7. 装饰工程施工方案

(1) 内墙抹灰工艺。

①工艺流程。

内墙抹灰施工工艺流程见图 4.4。

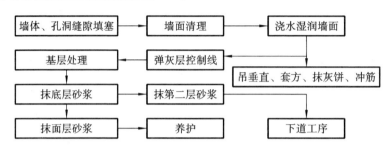

图 4.4 内墙抹灰施工工艺流程图

②操作要点。

抹灰工程施工主要步骤及工艺要点如下。

a. 基层清理。若混凝土表面很光滑,应对其表面进行毛化处理,用扫帚甩上一层 1∶1 稀粥状的水泥细砂浆(内掺 20% 的 108 胶水拌制),使其凝固在光滑的基层表面,以用手掰不动为标准。对于设计有要求的,应刷一道素水泥浆,内掺建筑胶(混凝土墙面)或 3 mm 厚外加剂专用砂浆打底。

b. 吊垂直、套方找规矩。分别在门窗口角、垛、墙面等处吊垂直,套方抹灰饼,墙面的灰饼上下对应,先抹上面的灰饼,然后根据垂直度确定下面的灰饼,灰饼制作用 1∶3 水泥砂浆,大小为 5 cm,厚度根据墙面平整度垂直决定,水平间距为 1.2~1.5 m,并按灰饼冲筋(在上、下灰饼之间冲筋,冲筋的宽度为 10 cm)。

c. 抹底灰层砂浆。根据设计的要求抹底层的砂浆,砂浆的厚度按设计要求,一般为 5~7 mm,面上应扫毛,加强与面层砂浆的黏结。

d. 抹第二层砂浆。底层砂浆抹好后,第二天即可抹面层砂浆,首先将墙面润湿,开始抹面层砂浆,厚度一般为 5~8 mm,先薄薄地刮一层素水泥膏,使其与底灰黏牢,紧跟着抹第二层砂浆。若为粗装修墙面,则进行拉毛即可;若为水泥砂浆墙面,则原浆抹平,并进行养护;若为其他的墙面类型,则抹平后进入下一道施工工序。

e. 养护。水泥砂浆抹灰层应喷水养护。

(2) 内墙乳胶漆施工工艺。

①施工工艺流程。

处理基层→刮腻子两遍→磨光→扫去浮尘→第一遍乳胶漆→局部复补腻子

→磨光→第二遍乳胶漆。

②操作工艺及施工要点。

清除墙体表面的灰尘、黏附的砂浆、松散颗粒等,磕碰处用水泥乳胶腻子填补。石膏板基层在对接缝处填专用石膏腻子,并沿接缝带抹压平整,钉孔先涂防锈漆,固化后用砂纸磨平整。

对处理好的基层表面,用腻子批嵌两遍,使整个墙面平整光洁。第一遍用稠腻子嵌缝洞,第二遍用801胶水加滑石粉调成稀腻子找平大面,然后用0～2号砂纸打磨,清除表面浮灰。

乳胶漆涂刷前,将不需要涂刷的部位遮挡好,以免破坏或污染,然后检查乳胶漆色彩,如乳胶漆有色差,将乳胶漆倒入大桶中搅拌均匀,涂刷时先涂刷门、窗口侧边,再涂刷大面。

(3) 内墙瓷砖施工工艺。

①施工工艺流程。

基层处理→抹底子灰→选砖、浸砖→排砖弹线→贴标准砖→垫底尺→镶贴瓷砖→擦缝。

②操作工艺及施工要点。

应清理干净墙面上残存的砂浆块、灰尘、油污等,并提前一天浇水湿润。

打底时要分层进行,每层厚度为5～7 mm。

底层灰六七成干时,按图纸要求,结合实际和瓷砖规格进行排砖、弹线。

正式镶贴前应贴饼,用废瓷砖或用混合砂浆灰饼贴在墙上,用以控制整个镶贴瓷砖表面平整度。

垫底尺:计算好最下一皮砖下口标高,底尺上皮一般比地面低1 mm左右,以此为依据方可垫底尺,要求水平、安稳。

镶贴瓷砖前,瓷砖应先浸泡2 h以上,然后取出晾干待用。

面砖自下向上粘贴,要求灰浆饱满。随时用靠尺检查平整度,随贴随检查,同时要保证缝隙宽窄一致。

镶贴完,自检平整度、垂直度合格后,用棉丝擦净,待2～3天无空鼓后,用白水泥浆擦缝,用布将缝隙的素浆擦匀,砖面擦净。

(4) 轻钢龙骨吊顶施工工艺。

①施工工艺流程。

施工准备→弹线定位→安装吊筋→安装龙骨→铺钉石膏板。

②操作工艺及施工要点。

a. 根据吊顶的设计标高在顶棚四周墙(柱)面弹线,弹线应清楚,位置准确,其水平允许偏差±5 mm。龙骨吊点间距根据轻钢龙骨产品按设计要求确定,主龙骨起拱按房间短向跨度的1/300～1/200。

b. 吊杆距主龙骨端部距离不超过300 mm。当吊杆与设备相遇时,调整吊点构造或增设吊杆。主龙骨安装后及时校正其位置和标高。

c. 覆面龙骨依设计要求的间距紧贴承载主龙骨安装。保证覆面石膏板能够铺钉在次龙骨上。固定时从中间向四周进行,应无松动且不得有悬臂现象。按设计要求弹线,固定于四周的墙、柱面。矿棉板吊顶应将T型龙骨紧贴主龙骨安装,T型龙骨接头应接插牢固,表面无划痕。矿棉板安装时应戴手套,以免板面污染。

d. L型龙骨(边龙骨)或配套的天花角线,按设计要求弹线,固定于四周的墙、柱面。

e. 吊顶内的灯槽,根据工程情况适当设置,局部变化的复杂吊顶骨架,采取各种加固措施,以确保龙骨骨架的稳妥可靠。

f. 石膏板面螺钉应点刷防锈漆,板缝处用配套石膏腻子嵌抹并砂平,为下一道工序做好准备。

(5) 外墙饰面砖施工工艺。

①工艺流程。

选砖→处理基层→设置冲筋→抹底子灰→弹线定位→浸砖→镶贴→(做滴水线)→勾缝→成品保护。

②操作工艺及施工要点。

根据设计要求,按砖的颜色、尺寸进行选砖,同一类尺寸用在同一面墙上,经挑选的面砖要轻拿轻放,防止碰撞。检查处理基层表面的平整度和垂直度,再挂线套方找规矩。

根据设计要求的砂浆、施工方法抹底灰,如果局部超厚,应分层找平,用刮尺和木抹子按冲筋抹平,并随时划毛。底灰抹完后应自检,检查表面平整度、立面垂直度、阴阳角方正与垂直,且必须符合要求。平整度、垂直度与阴阳角方正均小于等于2 mm。

在大部分底灰(60%～70%)干燥后,可进行分段分格的弹线,弹线按设计图案及所挑选的面砖实际尺寸进行,计算纵、横两个方向的皮数,划出皮数杆和接缝,定出水平标准。预贴时,要求在同一面墙上横竖排列,均不得有一行以上的非整砖。非整砖应排在次要部位或者阴角处。

镶贴时由上而下分段进行,每段内由下而上逐排进行,先柱面后墙面再窗间墙。粘贴时在砖的背面涂抹设计选用胶黏材料,上墙按紧,使之附线,调整竖缝,调整面砖的平整度和垂直度,用方尺找方,贴完一皮后将面砖上口中灰刮平。

勾缝前先检查面砖黏结质量,逐块试敲,发现空鼓、接缝不平直等缺陷必须返工。用1∶1砂浆勾缝。及时清除残余灰浆,将门窗框擦净并注意成品保护。

(6) 石材干挂施工工艺。

①操作工艺。

工艺流程:清理结构表面→结构上弹出垂直线→大角挂两竖直钢丝→石料打孔→背面刷胶→贴柔性加强材料→支底层板托架→放置底层板定位→调节与临时固定→灌水泥→设排水管→结构钻孔并插固定螺栓→镶不锈钢固定件→用胶黏剂灌下层墙板上孔→插入连接钢针→将胶黏剂灌入上层墙板的下孔内→临时固定上层墙板→钻孔插入膨胀螺栓→镶不锈钢固定件→镶顶层墙板。

②操作工艺及施工要点。

挂线:根据设计图纸要求,石材安装前要事先用经纬仪打出大角两个面的竖向控制线,最好弹在离大角20 cm的位置上,以便随时检查垂直挂线的准确线,保证顺利安装,并在控制线的上下作出标记。

支底层饰面板托架,把预先安排好的支托按上平线支在将要安装的底层石板上面。支托要支承牢固,相互之间要连接好,也可和架子接在一起,支架安好后,顺支托方向钉铺通长的50 mm厚木板,木板上口要在同一个水平面上,以保证石材上下面处在同一水平面上。

上连接铁件:用设计规定的不锈钢螺栓固定角钢和平钢板。调整平钢板的位置,使平钢板的小孔正好与石板的插入孔对上,固定平钢板,用扳子拧紧。

底层石板安装:把侧面的连接铁件安好,底层面板靠角上的一块就位。

调整固定:面板暂固定后,调整水平度,如板面上口不平,可在板底一端下口的连接平钢板上垫一个相应的双股铜丝垫。调整垂直度,并调整面板上口的不锈钢连接件的距墙空隙,直至面板垂直。

顶部面板安装:顶部最后一层面板除了应按一般石板安装要求安装调整好,还应在结构与石板的缝隙里吊一通长的20 mm厚木条,木条上平在石板上口下方250 mm处,吊点可设在连接铁件上。用彩铝丝吊木条,木条吊好后,即在石板与墙面之间的空隙里放填充物,且填塞严实,防止灌浆时漏浆。

清理大理石、花岗石表面:把大理石、花岗石表面的防污条掀掉,用棉丝把石板擦净。

8. 楼地面工程施工方案

(1) 水泥砂浆面层。

①施工操作工艺。

工艺流程:清理基层→贴饼→铺抹砂浆→养护。

②操作工艺及施工要点。

清理基层:将基层表面的积灰、浮浆、油污及杂物清扫并洗干净,明显凹陷处应用水泥砂浆或细石混凝土垫平,表面光滑处应凿毛并清刷干净。抹砂浆前 1 d 浇水湿润,表面积水排除。

贴灰饼:根据墙面弹线标高,用 1∶2 干硬性水泥砂浆在基层上做灰饼,大小约 50 mm,纵横间距 1.5 m 左右。有坡度的地面,应坡向地漏一边。如局部厚度薄于 10 mm,应调整其厚度或将高出的局部基层凿去。

铺抹砂浆:灰饼做好待收水不致塌陷时,即在基层上均匀扫素水泥浆(水灰比 0.4~0.5)一遍,随扫随铺砂浆。若待灰饼硬化后再铺抹砂浆,则应随铺砂浆随找平,同时把利用过的灰饼敲掉,并用砂浆填平。

找平、头遍压光:铺抹砂浆后,随即用刮尺或木杠按灰饼高度,将砂浆找平,用木抹子搓揉压实,将砂眼、脚印等消除后,用靠尺检查平整度。抹时应用力均匀,并后退操作。待砂浆收水后,随即用铁抹子进行头遍抹平压实至起浆为止。如局部砂浆过干,可用扫帚稍洒水;如局部砂浆过稀,可均匀撒一层 1∶1 干水泥砂(砂需过 3 mm 筛孔)来吸水,顺手用木抹子用力搓平,使互相混合。待砂浆收水后,再用铁抹子抹压至出浆为止。

二遍压光:在砂浆初凝后进行二遍压光,用铁抹子边抹边压,把死坑、砂眼填实压平,使表面平整。要求不漏压,表面出光。有分格的地面压光后,应用留缝抹子溜压,做到缝边光直,缝隙明细。

三遍压光:在砂浆终凝前进行,即人踩上去稍有脚印,用抹子压光无抹痕时,用铁抹子把前两遍留下的抹纹全部压平、压实、压光,达到交工的程度为止。

养护:视气温高低在面层压光交工 24 h 以内,铺锯末或草袋护盖,并洒水保持湿润,养护时间不少于 14 d。

(2) 防滑地砖楼面施工工艺。

①地砖施工流程。

基层处理→找标高、放线→排砖→铺设水泥砂浆结合层→铺地砖→养护→勾缝处理。

②操作要点。

表 4.4 介绍了砖地面施工工艺要点。

表 4.4 砖地面施工工艺要点

序号	施工主要步骤	砖地面施工工艺要点
1	基层处理	把沾在基层上的浮浆、落地灰等用錾子或钢丝刷清理掉,再用扫帚将浮土清扫干净
2	找标高、放线	根据水平标准线和设计厚度,在四周墙、柱上弹出面层的上平标高控制线;抄平放线是保证地面方正、分格均匀、表面标高一致的先决条件;在地面的基层上暂用碎砖作为标筋;根据图纸放出房间的中心线
3	排砖	将房间依照砖的尺寸留缝大小,排出砖的位置,并在基层地面弹出十字控制线和分格线;排砖应符合设计要求
4	铺设水泥砂浆结合层	对结构面进行修补,刷一道水泥浆,内掺建筑胶,根据设计要求施工 C20 混凝土垫层、找坡等铺设前应将基底湿润,并在基底上刷一道素水泥浆,再随刷随铺设搅拌均匀的干硬性水泥砂浆
5	铺地砖	将砖放置在干拌料上,用橡皮锤找平,之后将砖拿起,在干拌料上浇适量素水泥浆(洒适量清水),同时在砖背面涂厚度约 1 mm 的素水泥膏,再将砖放置在找过平的干拌料上,用橡皮锤按标高控制线和方正控制线坐平坐正;铺砖时应先在房间中间按照十字线铺设十字控制砖,之后按照十字控制砖向四周铺设,并随时用 2 m 靠尺和水平尺检查平整度;大面积铺贴时应分段、项目位铺贴;如设计有图案要求时,应按照设计图案弹出准确分格线,并做好标记,防止差错
6	养护	在砖面层铺贴完 24 h 内应开始浇水养护,养护时间不得少于 7 d
7	勾缝	当砖面层的强度达到可上人的程度时,进行勾缝,用同种、同强度等级、同色的水泥膏或 1∶1 水泥砂浆,要求缝清晰、顺直、平整、光滑、深浅一致,缝应低于砖面 0.5~1 mm

(3) 地砖施工工艺。

① 工艺流程。

基层处理→弹线定位→试拼试排→铺贴地板→板缝修饰→踢脚镶贴→清理→成品保护。

②操作工艺及施工要点。

a. 清理基层表面浮灰,残余砂浆、地砖、地面需提前浇水湿润。

b. 弹线定位,根据设计要求和房间的具体情况,在基层表面弹线,分格定位。弹线以房间中心点为中心,弹出相互垂直的两条定位线,预排出饰面板块数。

c. 根据标准线确定的铺贴顺序和标准块所选定的位置,对所有板块进行试拼、试铺,按两个方向编号排列,然后按编号程序将板块排放整齐。

d. 地砖铺贴时,先按标高做出灰饼,在施工面拉出板块对缝的平直线,铺贴时,陶瓷板背面应饱满地刮抹黏结砂浆,陶瓷板就位后用橡胶锤敲实。每铺贴 8 块,则使用水平尺检查表面平整度,有泛水要求的地面,注意检查铺贴面的坡度。

e. 整幅地面地砖铺贴完毕,养护 2 d,再进行擦缝施工。将白水泥调成干性团,在缝隙处涂抹,使纵横缝隙处填塞饱满,将地砖表面擦拭干净。

(4) 石材地面施工工艺。

①石材地面装饰基本工艺流程。

清扫整理基层地面→水泥砂浆找平→定标高、弹线→选料→板材浸水湿润→安装标准块→摊铺水泥砂浆→铺贴石材→灌缝→清洁→养护交工。

②操作工艺及施工要点。

基层处理要干净,要先凿平和修补高低不平处,基层应清洁,不能有砂浆,尤其是白灰砂浆灰、油渍等,并用水湿润地面。

铺装石材、瓷质砖时必须安放标准块,标准块安放在十字线交点,对角安装。

铺装操作时要每行依次挂线,石材必须浸水湿润,阴干后擦净背面。

石材、瓷质砖地面铺装后的养护十分重要,安装 2 h 后必须洒水养护,后覆盖锯末养护。

(5) 硬木地面施工工艺。

①实铺法施工工艺。

基层清理→弹线→钻孔安装预埋件→地面防潮、防水处理→安装木龙骨→垫保温层→弹线、钉装毛地板→找平、刨平→钉木地板、找平、刨平→装踢脚板→刨光、打磨→油漆→上蜡。

②操作工艺及施工要点。

实铺地板要先安装龙骨,然后再进行木地板的铺装。

龙骨的安装方法:先在地面做预埋件,以固定木龙骨,预埋件为螺栓及铅丝,预埋件间距为 800 mm,从地面钻孔下入。

所有木地板运到施工安装现场后,拆包在室内存放一个星期以上,使木地板与居室温度、湿度相适应后才能使用。

木地板安装前应进行挑选,剔除有明显质量缺陷的不合格品。将颜色花纹一致的铺在同一房间,同一房间的板厚必须一致。购买时应按实际铺装面积增加10%的损耗一次购买齐备。

铺装木地板的龙骨应使用松木、杉木等不易变形的树种,木龙骨、踢脚板背面均应进行防腐处理。

铺装实木地板应避免在大雨、阴雨等气候条件下施工。施工中最好能够保持室内温度、湿度的稳定。

同一房间的木地板应一次铺装完,因此要备有充足的辅料,并要及时做好成品保护,严防油渍、果汁等污染表面。安装时挤出的胶液要及时擦掉。

9. 门窗工程施工方案

(1) 铝合金门窗工程施工。

①施工工艺流程。

铝合金门窗检查→弹线找规矩→检查安装位置、留洞→安装铝合金披水→防腐处理→安装就位→安装五金配件→与墙体固定→处理墙与窗框缝→门窗安装→清理保护成品。

②操作工艺及施工要点。

检查铝合金安装位置,要方正和牢靠,不得有翘曲、窜角及松动现象,洞口尺寸大小应保证门窗框与洞口饰面层垂直相交,且与门窗框边恰当吻合,不得让饰面层盖住门窗框。

放线时根据设计图纸和土建施工所提供的洞口中心线及水平标高,在门窗洞口结构面弹出门窗框位置线,同一立面的窗在水平与垂直方向必须做到整齐一致。门的安装注意地面标高,安装地弹门时,地弹簧的表面应与楼地面装饰层的表面标高相一致。

按弹线位置将门窗框立于洞内,调整下、侧面的垂直度和水平度及对角线,合格后用对拔木楔临时固定。木楔垫在边框与横框的受力部位,以防止铝合金门窗框料由于被紧压而产生变形。对于需要拼合的较大面积铝合金门窗,事先按设计要求进行预拼装。先安装通长的拼樘料,然后安装分段拼樘料,最后安装基本单元门窗框,门窗框横向及竖向组合采取套插,拼接缝用密封材料密封。

门窗框固定:将预先加工的连接件(锚固板)直接用电焊与洞口内预埋铁件焊接。焊接操作时,严禁在铝合金框上直接打火,并用石棉布保护好铝合金框。

当洞口未留预埋件时,门窗框的连接应用锚固板和金属膨胀螺栓固定,其紧固点的位置离墙(柱、梁)边缘不得小于 50 mm,且错开墙体缝隙,以防紧固失效。采光天窗必须采用预埋铁件,绝对不允许用膨胀螺栓固定。

根据规范要求,铝合金门窗框必须与洞口墙体采用弹性连接,框周缝隙宜在 20 mm 以上,分层填入矿棉。框边留 5~8 mm 深槽口,待洞口饰面完成并干燥后,清除槽口内的浮灰、渣土,嵌填防水密封胶,天窗还需根据设计做好防水处理。

(2)塑钢门窗工程施工。

①施工工艺流程。

施工工艺顺序:弹线找规矩→窗洞口处理→防腐处理及埋设→连接铁件→窗拆包、检查→窗框就位和临时固定→检查框位→固定窗框→窗扇安装→窗口周边堵缝(嵌填密封膏)→清理→安装五金配件→安装窗纱扇密封条。

②操作工艺及施工要点。

弹线找规矩:在最顶层找出窗洞口两侧边线,用吊线坠通线引下,在每层窗口侧边画出通线标记。根据 50 cm 水平线找准每层窗洞口上、下边线,用水平仪统一找出该层上、下口边,拉通线画出并标明。

窗安装前,检查窗的数量、品种、规格、开启方向、外形等,不合格的应更换,并在合格的窗框上下边画出中线。

防腐处理:框周边与结构接缝按设计要求涂刷防腐材料并粘贴塑料薄膜进行保护,以免填缝水泥直接与面接触。

就位和临时固定:根据弹好的两竖两横位置线将窗框吊直找正,用木楔临时固定。

窗框与墙体固定:用射钉枪将连接钢板与周边墙体固定牢固,确保钢板连接件与洞边的距离小于等于 180 mm,其他连接件间距小于等于 60 mm。

窗框与墙体缝隙处理:窗固定后,即刻采用矿棉或玻璃毡分层填塞缝隙,外表面留 5~8 mm 深的缝,嵌膏填槽。

窗套收口:室内一侧洞口与窗框之间采用水泥砂浆填实抹平,外侧抹灰时,窗框与抹灰层间用米厚条隔开宽度 5 mm,抹灰面应超出窗框,待外层抹灰层硬化后,取出米厚条,将嵌缝膏挤入抹灰层与窗框缝隙内。

安装五金件、纱窗铰链、锁扣后,整理纱网,压实压条。

(3)木门工程施工方法。

①木门框进场后检查其有无翘扭、弯曲、劈裂等,对检查合格的门框在靠墙

靠地一侧刷防腐涂料,其他各面涂刷清油一道。

②安装门框,按要求采用木楔黏发泡胶与洞口连接。

③木门扇安装前先确定门的开启方向及小五金型和安装位置,然后检查洞口尺寸是否正确,边角是否方正,有无窜角,检查门高度应量门的两侧,检查门宽度应量上、中、下三点,并在扇的相应部位定位画线。根据框口净尺寸修刨木门扇边木,扇入框试配合格后,其铰链位置由相同门铰链位置模具尺统一画线,剔槽后再安装门扇。

④安装对开扇:应将门扇的宽度用尺丈量好,再确定中间对口缝的裁口深度,然后对四周修刨到准确尺寸。

⑤五金安装:门锁、拉手距地 95~100 cm,插销应在拉手下面。

⑥成品保护:所有门必须在室内湿作业完成 10 d 后方能开始安装,装好后用保护胶带、塑料薄膜贴封遮盖严,以防止污染。

(4) 防火门工程施工。

画线定位:根据 50 cm 水平线和坐标基准线,弹线确定门框的安装位置。

立框校正:门按位置就位后,铁脚插入预留孔洞内摆正,用木楔在框四角和框端部临时固定。安装时,门上框距过梁要留有 20 mm 的缝隙,框的左右缝隙宽度一致,安距外墙尺寸应符合设计要求。用水平尺、对角线尺和拉线法将门窗框校正、找直成方。

连接固定:门框立好、校正后,可以将上框铁脚与过梁铁件焊牢。插铁脚的预留洞,先用水将洞内阴湿,用 1∶3 半干硬砂浆或豆石混凝土堵孔并浇水养护。待堵孔的砂浆或豆石混凝土凝固后,再用 1∶3 水泥砂浆塞严门框四周的缝隙,待其凝固后,取出木楔填补水泥砂浆。

门框灌浆:用小木条与两侧墙体的间隙堵严,在门洞上口剔凿一缺口,将 1∶4 水泥砂浆灌入门框空腔,直到灌实。

人工安装门扇和五金配件。

(5) 钢门安装工程施工。

①施工工艺。

门窗安装位置及标高画线→运门窗扇至安装地点→立钢门窗→木楔临时固定→按水平线重新复核临时固定→焊接固定→堵洞养护→装五金配件。

②操作工艺及施工要点。

划线找规矩:按设计图纸门窗安装位置、尺寸标高,以窗或门中心线为准往两侧量出门的边线。

将门窗就位,用木楔临时固定,使铁脚插入预留洞找正吊直,且保证位置准确,框左右缝隙均匀,宽度一致,距外墙尺寸符合图纸要求。

钢门窗立好后,要进行严格的位置及标高检查,符合要求后,上框铁脚与过梁铁件焊牢,两侧铁脚插入预流洞内,并用水湿润,采用1∶3干硬性砂浆堵塞密实,洒水养护。

待堵孔砂浆凝固后,用1∶3水泥砂浆将门窗框边堵塞密实,保证门窗口位置固定。钢门窗五金配件安装应待油漆后安装。

10. 屋面工程施工方案

(1) 保温层施工方法。

①工艺流程。

保温层的施工工艺流程:基层清理→管根堵孔、固定→弹线找坡度→铺设找坡层→保温层铺撒(设)→拍(刮)平→填补板缝→检查验收→抹找平层。

②铺设松散保温层。

a. 松散保温材料应分层铺设,并进行适当压实,每层铺设的厚度应不大于150 mm,其压实的程度及厚度应根据设计要求确定,完工后保温层的允许偏差为-5%~10%。

b. 铺设水泥珍珠岩前,根据设计要求的厚度拉线找出2%的泛水坡,最薄处为20 mm;铺设顺序应从一端开始退着向另一端进行,要振捣密实,表面用木杠刮平,用木抹子粗抹一遍。

c. 干铺聚苯板块等保温材料,应先将接触面清扫干净,板块应铺平垫稳,分层铺设的板块上下两层的接缝应错开,各层板间的缝隙应用同类材料的碎屑嵌填密实,表面应与相邻两板的高度一致。

d. 已铺完的松散、板状保温层要平整,不得在其上面行走运输小车和堆放重物。

③应注意的质量问题。

保温隔热层功能不良:保温材料表观密度过大,颗粒和粉末含量不均匀,铺设前含水量大,未充分晾干。使用前的材料应严格按照有关标准选择,加强保管和处理,对不符合规范要求的材料,不得使用。

铺设厚度不均匀:松散材料铺设时移动堆积,找坡不匀;抹砂浆找平层的方法不当,压实过程中挤压了保温层,分层铺设时,应掌握各层的厚度,认真进行操作。

(2) 水泥砂浆找平层施工。

设置分格缝:分格缝宽20 mm,用塑料泡沫条嵌缝分格。

砂浆铺设由远至近、由高到低的程序进行,最好在每个分格缝内一次连续铺设,严格掌握坡度,排入水落管纵向坡度为 2.5%,施工时可用 2 m 靠尺找平。

屋面与立面相交处应做成半圆弧,圆弧半径为 20 mm。

(3) SBS 卷材施工。

卷材施工工艺流程:找平层表面清理、修补→刷沥青胶两遍→节点附加层铺设→定位、弹线、试铺→铺贴卷材→收头处理、节点密封→清理、检查、修整→蓄水试验→验收。

①对基层面的要求。

对需要施工的屋面首先检查基层面,找平层表面应压实平整光滑,排水坡度应符合设计要求,无裂缝、无松动、无起砂、无凹坑、无起皮现象。铺贴前应对照以上要求逐一全面检查,发现问题及时处理。基层面应干净、干燥,其含水率不得大于 9%,铺贴前基层应均匀涂刷两遍沥青胶,应对屋面节点、周边、转角等处先行涂刷。

②大面防水层做法。

平行于屋脊线铺贴,卷材与基层之间以及卷材与卷材之间采用满粘,相邻两幅卷材的搭接应错开,平行于屋脊的搭接缝应顺流水方向搭接,并用密封材料封严。先试铺,后由屋面最低标高处向上施工。卷材下的空气要排净,以便辊压黏牢。防水卷材之间的搭接缝要顺直,不要扭曲,否则就难以保证必要的搭接宽度。搭接缝结合面必须干净,要清扫灰尘、污垢。

③屋面特殊部位防水层的铺贴法。

a. 水落口处,安装水落口杯和施工找平层时,与基层接触处应留宽 20 mm、深 20 mm 凹槽,嵌填密封材料,水落口周围坡度应准确,以保证排水通畅,水落口周围直径 500 mm 范围内坡度不应小于 5%,用密封材料涂封作为附加层,厚度不小于 2 mm。铺至水落口的卷材,均应粘贴在杯口上,用雨水罩的底盘压住,周围用密封材料填封。

b. 屋面泛水与卷材收头:先粘贴附加层,附加层采用与防水层相同的卷材,上部收头在凹槽内并黏牢,下部干铺。防水层铺贴前先进行试铺,将立面卷材长度留足,先铺贴平面卷材至转角处,然后从下向上铺贴,卷材铺贴完成后,将端头裁齐,采用预留凹槽收头,将端头全部压钉在凹槽内,用压条压平服,再用密封材料填充严,最后用水泥砂浆抹封凹槽。

c. 伸出屋面管道部位的防水处理。

管道四周的找平层要做排水坡,以利排水,找平层与管道相交处涂密封材料,先黏附加层,然后贴防水层,把翻上去的防水层用金属箍固定在管壁上,上部用密封材料涂封。

(4) 细石混凝土刚性防水层施工。

分格缝设置:分格缝设置采用柱中分格,分格缝宽度 20 mm,厚度 40 mm。

钢筋网片施工:钢筋网片铺设按设计要求,钢筋直径为 4 mm,间距 150 mm。双向钢丝网片,网片采用绑扎搭接,端头要有弯钩连接。钢筋位置以居中偏上为宜,保护层不小于 10 mm。钢筋要调直,搭接长度不小于 250 mm。在一个网片的同一断面内接头不超过钢丝断面面积的 1/4。分格缝处钢丝要断开。

①细石混凝土防水层。

浇捣混凝土前,将表面浮渣、杂物清干净,用水泥砂浆嵌好分格条。

混凝土严格控制配合比及原材料质量,特别是砂中含泥量的控制,细石混凝土配合比由试验试配确定,并按规定制作试块。

混凝土浇捣按"先远后近,先高后低"原则,用平板振捣器振捣。

一个分格缝范围内,混凝土必须一次浇捣,不得留施工缝。

混凝土收水初凝后,及时取出分格缝隔板,用铁抹子第二次压实并及时修补分格缝残缺部分,做到平直整齐,混凝土终凝前进行第三次压实抹光,要求做到表面平光、不起砂、起层、无抹板压痕,抹压时不得撒干水泥或干水泥砂浆。

混凝土终凝后,须立即盖草袋养护,养护时间不小于 14 d,养护期间严禁上人。

②质量保证措施。

每批原材料进场、使用根据规范要求进行报验,并根据规范的频率进行抽检试验。试验合格后方可进行使用。

选择符合资质要求的专业防水队伍进行防水作业,防水施工人员必须持证上岗(此资质和人员上岗证要报验给监理)。

严格按技术交底和施工方案施工,对每道工序认真地进行自检,自检合格且报请监理验收合格后,方可进行下一道工序。

严格控制施工配合比,定期抽查,专人监督。根据天气气温情况,加强养护工作,从而保证砂浆或混凝土强度及外观质量。

(3) 聚乙烯橡胶卷材。

施工时,先做节点、附加层和屋面排水比较集中部位的加毡处理,然后由屋面最低标高处向高处施工。铺贴天沟、檐沟卷材时,采用顺天沟、檐沟方向。

用毛刷在阴角、排水口、通气孔根部等处,将聚氨酯涂刷均匀,作为细部附加层,厚度以 1.5 mm 为宜,待其固化 24 h 后,即可进行下一道工序。

铺贴卷材防水层:铺贴前在未涂胶的基层表面排好尺寸,弹出标准线,为铺好卷材创造条件。

基层涂布胶黏剂:已涂的基层底胶干燥后,在其表面刷 CX404 胶,涂刷要用力适当,不要在一处反复涂刷,防止黏起底胶,形成凝聚块,影响铺贴质量。复杂部位可用毛刷均匀涂刷,用力要均匀,涂胶后指触不黏时,开始铺贴卷材。

铺贴卷材时,先将卷材摊开在平整、干净的基层上清扫干净,用长把滚刷蘸 CX404 胶均匀涂刷在卷材表面,在卷材接头部位应空出 10 cm 不涂胶,刷胶厚度要均匀,不得有漏底或凝聚块存在。胶黏剂静置 10~20 min 干燥,指触不黏手时,用原来卷卷材的纸筒再卷起来,卷时要求端头平整,不得卷成竹笋状,并防止进入砂砾、尘土和杂物。

铺贴时从流水坡度的下坡开始,按先远后近的顺序进行,使卷材长向与流水坡度垂直,搭接顺流水方向。将已涂刷好 CX404 胶(黏结剂)预先卷好的卷材,穿入直径 30 mm、长 1.5 m 的锹把或铁管,由二人抬起,将卷材一端黏结固定,然后沿弹好的标准线向另一端铺贴;操作时卷材不要拉得太紧,每隔 1 m 左右向标准线靠贴一下,依次顺序对准线边铺贴,或将已涂好胶的卷材,按上述方法推着向后铺贴。无论采取哪种方法铺贴均不得拉伸卷材,要防止出现皱褶。

铺贴卷材时要减少阴阳角的接头。铺贴平面与立面相连接的卷材,应由下向上进行,使卷材紧贴阴阳角,不得有空鼓或粘贴不牢等现象。每铺完一张卷材,应立即用干净的长把滚刷从卷材的一端开始在卷材的横方向顺序用力滚压一遍,以便将空气彻底排出。滚压时,为使卷材粘贴牢固,在排除空气后,用 30 kg 重、30 cm 长的外包橡皮的铁辊滚压一遍,立面用手持压辊滚压黏牢。接缝处理时,在未刷 CX404 胶的长、短边 10 cm 处,每隔 1 m 左右用 CX404 胶涂一下,待其基本干燥后,将接缝翻开临时固定。卷材接缝用丁基黏结剂黏结,先将 A、B 两组份材料按 1∶1 的(重量比)配合比搅拌均匀,用毛刷均匀涂刷在翻开的接缝表面,待其干燥 30 min 后(常温 15 min 左右),即可进行黏合,从一端开始用手一边压合一边挤出空气;粘贴好的搭接处,不许有皱褶、气泡等缺陷,然后用铁辊滚压一遍;沿卷材边缘用聚氨酯密封膏封闭。卷材末端收头时,为使卷材末端收头粘贴牢固,防止翘边和渗水、漏水,用聚氨酯密封膏等密封材料封闭严密后,再涂刷一层聚氨酯涂膜防水材料。

4.3.3.2 路基及站场工程施工方案

1. 站场道路施工

站场道路在保证主体工程正常施工及相关专业管线预留、预埋完成的前提下分区段进行穿插施工(道路面层滞后铺装),凡前期可先行施工的区段站场土建均考虑一次施工到位,剩余部分在房屋主体工程完成及确保场内运输通道畅通的前提下分区段完善,并在限定的工期内按期或提前完成。

(1) 路基整修。

道路施工前需结合场坪、道路等横向排水设计进行路基面的整修工作,首先恢复各项标桩,按照设计图纸要求检查路基的中线位置、宽度、纵坡、边坡及相应的标高。根据检查结果,用平地机结合人工进行路基的刮土和填补。

修整路基表层厚 15 cm 以内,松散的或半埋大于 10 cm 的石块要铲除,并填平压实。路基整修完成后将废弃的土运至弃土点。

(2) 路面基层施工。

① 施工准备。

a. 路槽验收与处理。

土路基表面应平整密实,具有规定的路拱、路槽、表面高程、宽度、平整度、密实度、弯沉值等均应符合设计要求。在施工前进行测量,对土基的设计高程与实测高程差别较大的坑槽处,先用水泥稳定石屑补平、碾压,以保证土路床坑槽不反射到石屑层上。对于已摆放了一段时间的土基,根据底基层施工技术规范规定,先用压路机压 3~4 遍,在碾压过程中,如发现土过干、表面松散,要适当洒水碾压。

b. 施工机械设备。

基层采用厂拌法施工,推土机粗平,平地刮平,碾压设备为 18 t 钢胶轮振动压路机。施工前将所有机械维修、调试到良好的使用状态。

c. 水泥稳定碎石配合比。

在实验室对所用材料、水泥检验合格后,进行试配,根据试件养护 7 天的无侧限抗压强度,得出试配结果,考虑抗湿缩、抗干缩及经济性,最终确定配合比。要求 7 d 浸水抗压强度:基层为 3.0~4.0 MPa;底基层为大于等于 1.5 MPa。

d. 修筑试验段。

试验段是检验施工方案、水泥稳定碎石配合比、测定虚铺厚度及施工机械性能的重要手段,试验段结束后,编制试验段总结,用以指导全面施工。

②测量放线。

测量控制桩间距 10 m 一个,综合考虑松铺系数和本层应铺厚度,定出标高,把标高用油漆标于边桩上,铺筑时从两边桩拉线,测量一定距离即设计标高。

③厂拌法施工。

厂拌采用粒料拌和机拌和,水泥用量、加水量为计算机自动控制,按照试验段的配合比进行配制。运输采用大吨位自卸汽车,并用篷布覆盖,防止污染及水量散失。用推土机摊平,平地机刮平。

严格控制混合料含水量是减少收缩裂缝的关键。因此,在拌和场要综合考虑原材料含水量,施工运输过程中的水分损失,保证混合料处于最佳含水量。

④碾压。

摊铺 50 m 左右后,立即用压路机进行碾压,在直线段由外侧路肩向路中心进行碾压,即先边后中,碾压不少于 6 遍。错轮时,轮迹的重叠宽度不得少于轮宽的三分之一,稳定层的边角部宜多压两三遍。压路机不得在已完成的或正在碾压的路段上"调头"或急刹车,以避免破坏基层表面。

要尽可能减少混合料从拌和到碾压的延续时间,在必须延长时间时,不能超过水泥终凝时间,一般为 3 h。

雨季施工时要特别注意气候变化,在运输过程中,混合料要用防雨布覆盖,防止混合料遭雨淋。

⑤施工接缝处理。

施工中尽可能减少施工缝,并对施工缝进行处理。处理方法:施工结束时,在已完成的水泥稳定石屑层末端,人工将末端混合料整齐,紧靠混合料放两根方木,方木的另一侧用碎石或砂砾回填 3 m 长,其高度要高出方木几厘米。第二天施工时将碎石或砂砾铲除,拿掉木方,铺筑新的混合料。

底基层与基层施工段的接缝应错开 3 m 以上,不得将两层接缝设置在同一断面上,基层铺筑前,应将底基层用水湿润,以使摊铺时减少基层水分的损失。

⑥养护:碾压检验合格后,立即洒水养护,养护时间一般不得少于 7 d。

⑦质量标准:路面质量标准见表 4.5。

表 4.5 路面质量标准表

项次	检查项目	规定值或允许值		检查方法和频率
		基层	底基层	
1	压实度/(%)	≥95	≥93	每 200 m 测 4 处

续表

项次	检查项目	规定值或允许值		检查方法和频率
		基层	底基层	
2	平整度/mm	10	15	3 m 直尺:每 200 m 测 2 处×10 尺
3	纵断高程/mm	+5,-10	+5,-15	水准仪:每 200 m 测 4 点
4	宽度/mm	不小于设计值		尺量:每 200 m 测 4 处
5	厚度/mm	±10	±12	不大于 1000 m² 检查不少于 3 处
6	横坡/(%)	±0.3		水准仪:每 200 m 测 4 面
7	回弹模量	不小于设计要求		每 1000 m 测一点

外观鉴定:表面平整密实、无坑洼;施工接茬平整、稳定。

(3) 路面水泥混凝土面层施工。

路面施工必须在基层已经验收的情况下开始施工,但尽管已经验收,施工人员还要细微检查基层宽度、长度、横坡度、平整度和局部松散地带,不能满足要求时,采取措施修补。

工程采用现场商品混凝土,采用商品混凝土罐车运输,随时根据作业进度增减车辆和调度供应量。

模板采用钢模,其高度与路面等厚,每块长 3~4 m,具有一定的刚度。纵向模板连接有配件使其相互固定。模板中部应留有拉筋穿孔,间距符合设计。

模板两侧用铁钎打入基层固定。模板顶面与混凝土顶面齐平,并与设计标高一致,模板底面与基层顶面紧贴,局部低洼处(空隙)事先用水泥砂浆铺平。检查井处用圆形、雨水口处用方形模板留出开框。模板内侧铁钎在振捣一遍混凝土后拔除。浇筑混凝土 24 h 以后(一般浇筑混凝土后的第二天)即可拆模,拆模时不能损坏混凝土的棱角和使拉筋松动。

混凝土运输车直接将混合料卸入浇筑块内,通过前移车辆和转动卸料舌槽使混合料尽量摊铺均匀,每车卸料结束前常有离析现象,应人工局部翻拌,靠模板的边缘处用锨反扣填平。

工程板厚 20 cm,可一次性摊铺,初次虚铺高度按经验应增加 10%,经过一两块板浇筑后即可掌握虚铺规律。

铺好的混凝土混合料随即进行振捣,首先用插入式振捣器沿板块边缘及角隅处进行振捣,同一位置振动时间不宜少于 20 s,距边缘距离不大于作用半径 50%。再用三滚式振动整平机进一步振捣碾实整平,使表面泛浆,并赶出气泡。

振动机移动要缓慢不得停顿,以每分钟 1.2~1.5 m 为宜,不平处人工挖填铺平。最后用无缝钢管滚杠进一步滚揉表面,使表面进一步提浆并调匀。

用圆盘抹光机粗抹,起到匀浆、粗平和表面致密的作用,用铁皮抹是最后精细的平整板面,并做到良好的平整度。

工程采用水养护,制毛后混凝土开始硬化时,先喷淋养护,待人踩无印痕时,再满铺麻袋,湿水养护,直到达到设计强度。

(4) 沥青路面施工方案。

①施工方案。

采用外购拌和设备利用厂拌法拌和的沥青混凝土,沥青混凝土摊铺机摊铺,采用双钢轮振动压路机、轮胎压路机碾压施工。

②施工方法。

机械组合纵向按设计分层摊铺,碾压时,初压采用 10 t 以上压路机压实两遍,初压速度为 1.5~2.0 km/h,复压采用 20~25 t 压路机压实 4~6 遍,复压速度为 2.5~3.5 km/h,终压采用 8~10 t 双钢轮压路机压实 2~4 遍,消除轮迹,碾压终了温度不低于 120 ℃,终压速度为 2.5~3.5 km/h,碾压前及碾压过程中,应用油水混合液涂刷压路机轮,以免黏轮,且须避免油掉在路面上;横向接头采用垂直切割接头;摊铺时利用人工及时进行修整路面。

(5) 路缘石施工。

标段除特殊情况下不设置路缘石外,一般情况下道路路侧设路缘石分隔,混凝土路缘石采用委外定制,在道路面层完成后,按设计标高和缘石混凝土基础宽度在路面基层上挖槽、立模浇筑 C15 混凝土基础;混凝土基础达到一定强度后铺砌路缘石,卧底用 M10 干拌水泥砂浆(厚 3 cm),并使缘石紧贴路面板,线形顺直。砌块间隙用水泥砂浆填塞勾缝,与路面板间的缝隙涂沥青。

2. 站场排水沟施工

(1) 施工工艺流程。

施工准备→测量放线→沟槽开挖→垫层→混凝土槽施工→沟槽回填→盖板安装。

(2) 主要施工方法。

穿越轨道的横向排水槽安排在路基铺筑完成后施工,两侧纵向排水槽安排在接触轨基础施工完毕后进行施工;采用机械开挖,沟槽分段施工,槽体采用商品混凝土立模浇筑,钢筋混凝土盖板在场内集中预制、机动翻斗车运输、人工安装就位。

3. 电缆沟施工

(1) 土方开挖及边坡处理。

根据工程地质勘测报告及土质实际情况,采用放坡处理,土方开挖采用一台反铲挖掘机进行机械开挖,自卸汽车运土至指定堆放地点。

基坑边角部位,机械开挖不到之处,应用少量人工配合清坡,将松土清至机械作业半径范围内,再用机械掏取运走。

挖掘机开挖距离应与基槽上口保持一定距离,防止动载作用造成边坡失稳坍塌。

机械开挖应自深而浅,基底及边坡应预留一层 300~500 mm 厚土层用人工清底、修坡、找平,以保证基底标高和边坡坡度正确,避免超挖和土层遭受扰动。

坑内的混凝土渣、木材以及其他有机杂质,必须清理干净。

土方开挖后,应及时在基坑周围搭设安全防护栏杆,夜间照明,警示标志等,并应在基坑上部和基坑底周围设置排水沟,以免雨水侵蚀边坡造成安全事故。

(2) 垫层施工。

土方开挖完成后,沟底平整无杂土,具备垫层施工条件后,进行混凝土垫层施工。

为保证垫层厚度,测量控制桩间距 5 m 一个,两侧布置,考虑本层应铺厚度,定出标高,把标高用油漆标于边桩上,两侧边柱标高线用线分别连接,作为垫层的参考面。混凝土采用商品混凝土罐车运输到现场,溜槽入沟底,人工摊平,摊平高度以两侧拉线为准。

(3) 管沟结构施工。

电缆沟沟体采用现浇钢筋混凝土结构,分底板和沟壁两次支模现浇成型,采用常规施工工艺,重点做好电缆支架埋件留设控制工作。

(4) 盖板预制及安装。

盖板在场内预制场集中预制,预制场地面应平整坚实,顶面用 5 cm 厚砂浆找平。盖板模具用型钢做成装配式模具,每种盖板制作一套,浇筑前在地面上拼装好,其下用塑料薄膜与地面隔离。混凝土利用商品混凝土罐车运到预制场,人工铲装入模,平板式振捣器捣固,草袋洒水养护。

盖板达到规定强度后移到存放场分类堆放。

盖板安装时利用手推车运到施工现场,人工安放到台座内。安放前台座预先铺设 10~15 mm 厚干砂性水泥砂浆保证盖板承垫稳固。盖板横缝用干硬性砂浆填塞。

4. 围墙护栏、大门施工

(1) 围墙护栏施工。

人工开挖立柱基槽并夯实基底,砂夹碎石垫层采用人工摊铺并夯实。

立柱混凝土基础采用胶合板定型模支设,混凝土采用商品混凝土罐车运输至现场,人工入模,插入式振动器捣实,人工用铁抹抹平压光;重点做好立柱预埋件的定位安放,并在混凝土浇筑过程设专人看护及跟踪测量,确保预埋件标高、位置准确无误。

立柱及金属网片采用委外加工制作,立柱基础混凝土达到设计强度后安排进场安装;立柱采用人工安装,校正无误后电焊焊装固定;金属网片亦采用人工安装,先固定一侧夹具,拉展平整后固定另一侧夹具。

(2) 大门安装。

车辆基地设两处出入口,大门采用电动伸缩门,门柱及大门处路面施工按照常规工艺施工,重点做好电动伸缩门安装埋件施工,大门由生产厂家现场指导安装。

4.3.3.3 轨道工程施工方案

1. 车辆基地碎石道床道岔、交叉渡线铺设施工方案

车辆基地内道岔数量较多,成道岔群布置。道岔与道岔之间关系是非常密贴的,因此车辆基地内轨道施工应首先施工道岔,当相互之间道岔施工完毕后,再施工其夹直线或正线轨道。

(1) 碎石铺设施工工艺流程。

清理道岔路基面→埋设测量标桩→摊铺道床底碴→底碴碾压→摆放道岔用枕木→摆放并组装道岔钢轨及垫板、扣件→固定道岔直股钢轨→依据安装图固定其余钢轨扣件→依据基标调整道岔位置→补碴起道至设计位置→捣固、补碴达到要求。

(2) 各工序施工方法及控制要点。

道岔铺设前,同碎石道床施工一样,先清理路基表面杂物,测设铺轨基标,铺设道床底碴,并进行碾压,并用水准仪对底碴高度进行测量,然后进行道岔组装。

①清理道岔路基面。

在道岔施工前要按设计要求对路基顶面进行清理,清除各种杂草、建筑垃圾和杂物,保证路基面的干净、整洁。

控制要点：特别重视路基的横向坡，避免路基集水。

②埋设测量标桩。

道岔施工测量基标设置在线路中心线上，须设岔心、道岔始终点、转辙器始终点、辙叉始终点及导曲线始终点的基标和交叉渡线菱形岔心的控制基标，施工测量基标直接设置在路基顶面上，低于路基顶面50 mm，并用混凝土固定。在其位置线路外侧做标记，以便寻找。

③摊铺道碴并碾压。

道碴采用汽车运输至施工现场，然后用人工配合推土机将道碴整平。

道床碾压选用小吨位自行式振动压路机碾压时从一侧开始至另一侧结束，且前后碾压方向相反，并以人工配合进行局部整平，直到达到轨枕底面标高，道床顶面标高误差控制在$-3\sim0$ cm。

④铺道岔及交叉渡线。

根据道床上所洒轨枕端头色线，依据道岔轨枕布置图摆放道岔木枕或交叉渡线菱形岔心地段木枕（木枕需接长的依据图纸提前进行）。当各种枕木摆放完成后，把道岔直股作为基准轨，根据道岔安装图在木枕上画出道岔直股位置，按道岔组装图要求组装基准股钢轨扣件和非基准股钢轨扣件。依据枕木上所画基准股钢轨位置，固定基准股钢轨位置。当基准股钢轨固定后，按组装图要求，借助道尺、支距尺固定非基准股钢轨和道岔连接部位钢轨。对于交叉渡线，当4个单开道岔安装完成后，依据单开道岔位置控制基标和菱形岔心的十字线控制基标，拨正道岔位置和锐角辙岔、钝角辙岔位置，用鱼尾夹板按组装图要求连接各部钢轨、扣件，调整枕木位置，借助道尺、支距尺固定菱形岔心于枕木的位置以及辙岔与道岔间的连接部件的位置，完成道岔或交叉渡线的初步铺设。

⑤拨正道岔或交叉渡线位置。

当道岔或交叉渡线初步铺设完成后，依据道岔或交叉渡线的控制基标对道岔或交叉渡线的原实际位置进行联调、定位，保证其位置除高程方向外正确。

⑥补碴、起道、养道。

当道岔或交叉渡线位置确定后，对全地段线路范围内进行面碴铺设。当面碴第一次上足后，依据高程控制基标，按每次起升量不超过80 mm的要求进行起道。起道首先起道岔的辙岔部位或交叉渡线的菱形岔心部位，然后起转辙器部位，再起连接部位。起道过程中，边起道边进行捣固。当第一次起道、捣固作业完成后，进行第二次补面碴作业，补足面碴后，进行第二次起道作业。依次类推，当轨面标高距轨面设计标高相差30 mm时，以后的起道量控制在$5\sim10$

mm。越接近设计高程位置,每次起道量越小,直至最后微调,完成线路的起道养护工作。

⑦道床外观整形。

按道床设计要求,对道岔或交叉渡线的道床外形进行整形,清除多余的道砟,补齐缺少的道砟,使道床外形符合设计要求。

2. 车辆基地墙式检查坑整体道床施工方案

(1) 墙式检查坑整体道床施工工艺流程。

线路基标的测设→轨料的运输→轨排结构的组装及架设→线路状态的调整→绑扎道床钢筋→道床模板的支立→道床混凝土的浇筑→调轨支撑架的拆除→线路整改。

(2) 施工方案与控制要点。

①基标测设。

检查坑地段道床,由于线路中心是检查坑,线路控制基标和加密基标设置在线路的外侧,距离线路中心线 1500 mm。控制基标每 100 m 设置一个,加密基标每 6.25 m 设置一个。

基标设置精度满足测量规范要求。基标用混凝土牢固地固定在地基上。基标测设严格按测量程序进行,并坚持复测和上报制度。

如设置基标位置低于轨顶标高 600 mm,则在该位置临时台座,保证轨道线路能依据基标进行调整。

②轨料运输。

当基标测设完成后,把线路所用的钢轨和材料用人工运送到施工作业面,并沿线路散布在线路两侧。

③钢轨的架设与轨排结构的组装。

在检查坑纵向范围内按 2500 mm 间距安放特制的下承式调轨架,用门式吊轨架把钢轨吊挂在下承式调轨架上,用鱼尾夹板连接钢轨。按照线路施工图扣件安装位置在钢轨的轨腰上画线,安装铁垫板、橡胶等附件,吊挂支承块。用轨距拉杆连接两股钢轨,形成轨排。

④线路状态的调整。

当轨排形成后,利用轨距拉杆调整轨距,使其符合轨距要求,依据铺轨基标,借助三角道尺调整其中一股钢轨使其达到规定要求,再利用道尺调整另一股钢轨,使轨排满足设计要求。调整完成后的线路状态,用支撑进行固定,确保其位置不变。

⑤支立模板和灌注道床混凝土。

钢筋一般由检查坑结构施工单位负责实施。道床混凝土施工时,应向施工单位就道床施工的有关要求进行书面交底,在绑扎钢筋时,不要触动固定轨道状态的支撑。按设计要求和规范的规定支立模板,在灌注道床混凝土时,捣固机具不要碰撞轨排,不要污染轨道扣件。保证混凝土道床内实外美。

⑥调轨支撑架的拆除和线路整改。

当道床混凝土其强度达到 5 MPa 以上后,拆除钢轨调整支架,清理扣件上的混凝土污物,整正轨道扣件,局部微调线路状态,使线路达到验收标准。

3. 车辆基地柱式检查坑整体道床施工方案

柱式检查坑整体道床主要分布在停车列检库、月检线地段,柱式检查坑道床结构为无枕预埋套管式点支撑结构。

(1) 柱式检查坑整体道床施工工艺流程。

线路基标的测设→轨料的运输→钢轨的架设与轨排的组装→线路状态的调整→钢筋绑扎→道床模板的支立→道床混凝土的浇筑→钢轨支撑架的拆除及橡胶代用垫板的更换→线路整改。

(2) 施工方案与控制要点。

①线路基标的测设。

柱式检查坑地段道床,线路中心是检查坑,两侧路基和检查坑等高(轨顶标高至检查坑底板顶面高度为 1400 mm),因此线路控制基标和加密基标设置在线路中心的临时支座上,控制基标每 100 m 设置一个,加密基标每 6.25 m 设置一个。基标设置精度满足测量规范要求。基标用临时支座用膨胀螺栓牢固地固定在地基上。基标测设严格按测量程序进行,并坚持复测和上报制度。

②轨道材料的运输。

当基标测设工作完成后,根据材料计划把该地段的所用钢轨、扣件、橡胶件等材料运送到检查坑位置,并散布在柱式检查坑的外侧。

③钢轨的架设及轨排的组装。

在检查坑纵向方向,按 2500 mm 间距搭建低于轨顶标高 300 mm 的临时台座。在临时台座上摆放下承式调轨支撑架,并把钢轨用门式吊架吊装到上承式调轨支撑架上,用鱼尾夹板固定钢轨与钢轨之间的接头。

在连接好的钢轨轨腰上,依据铺轨综合图的要求画垫板安装位置,把铁垫板、轨下橡胶件和扣件按设计要求组装在钢轨上。由于该地段采用无轨枕预埋套管的道床结构,故铁垫板下橡胶垫板用同等厚度的木板代替,用道钉把替代垫板和预埋套管牢牢固定在铁垫板上。

④线路状态的调整。

借助道尺在下承式调轨支撑架上调整轨距。依据铺轨基标调整轨道状态,借助三角尺调整其中一股钢轨使其达到规定要求,再利用道尺调整另一股钢轨,使线路状态达到设计要求。调整好后的线路状态,用支撑进行固定。

⑤立模浇筑混凝土的施工。

检查坑支柱施工钢筋绑扎由结构施工单位负责实施。支柱钢筋施工时,应向施工单位就道床施工的有关轨道要求进行书面交底。

在支立支柱模板时,不要触动固定轨道状态的支撑。在灌注支柱混凝土时,捣固机具不要碰橦轨排,不要污染轨道扣件。保证混凝土支柱内实外美。

⑥钢轨支撑架的拆除及橡胶代用垫板的更换。

当支柱混凝土其强度达到75%后,拆除钢轨调整支撑架和钢轨支撑架的临时台座。

清除钢轨扣件上的混凝土污染物。当支柱混凝土其强度达到100%后,拆除钢轨铁垫板上的道钉螺栓,用起道机把钢轨抬起,拆除铁垫板下的代用垫板,更换标准橡胶垫板,重新固定钢轨结构。

⑦线路整改。

当铁垫板下的代用垫板更换完成后,对轨道线路状态进行局部微调、整改,使轨道状态达到验收规范标准。

4. 车辆基地内各道口施工方案

(1)整体道床横通道施工。

横通道主要设置在库前和库内。

①横通道施工工艺流程。

横通道施工工艺流程见图4.5。

②各工序施工方法。

a. 测量放线:根据铺轨综合图设计要求,测设轨道线路中心控制桩与高程控制基桩。精确测设横通道位置和高程控制基标,并布设标桩。在土路基上画开挖基坑边线。

b. 清理横通道部位路基的回填土:依据测设位置,用机械或人工清除过渡段部位的土方。开挖深度不得超过设计深度。基坑开挖完成后,夯实基坑底部。

c. 测设铺轨基标:混凝土面层强度达到75%后,测设铺轨基标。基标设置在线路外侧。

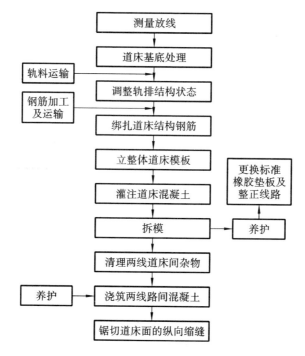

图 4.5 横通道施工工艺流程图

d. 基底处理：在整体道床施工前要按设计要求对道床基底接触面进行凿毛处理或清洗，凿毛点按梅花点布设，凿毛深度达到设计要求。凿除的杂物要清理干净，不得有浮渣、集水等现象，并用风枪或水枪将基底清理干净。

e. 轨排的组装与吊挂：把预先放置在线路两侧的钢轨和扣件，按照铺轨综合图的要求，依据组装图纸规定组装轨排。横通道地段道床结构为无枕预埋螺旋套管结构，所以套管的定位是利用铁垫板的位置来定位的。依据组装图，把铁垫板、扣件等材料连挂在钢轨上。由于横通道道床断面的特殊性，该段道床施工采用吊轨法来施工。

固定螺旋套管是用同样厚度的木板代替铁垫板下的橡胶垫板，用道钉螺栓把螺旋套管牢固固定在铁垫板上。在固定螺旋套管时同时把钢轨连同垫板一起吊挂到特制吊架上。吊架用膨胀螺栓固定在混凝土面层上。

f. 调整轨排线路状态：依据铺轨基标，借助三角道尺和万能道尺，调整线路状态。利用吊挂螺栓调整轨顶面的高程，当轨道线路状态达到规范要求后，用支撑固定轨排位置。

g. 绑扎过渡段混凝土钢筋：按横通道段整体道床设计要求绑扎整体道床钢

筋,用同级混凝土砂浆块支垫钢筋网,满足钢筋保护层厚度。在承轨槽的两侧点焊承轨槽边缘保护预埋角钢。

h. 支立道床混凝土模板:按平交道口道床外形结构支立模板。

道床外侧模板采用木模板,在木模板上按横向胀缝滑动传力杆安装要求开孔,并固定传力杆套筒或钢销(在硬聚氯乙烯套管筒内填塞油灰)。承轨槽模板采用木模板。根据道床结构块长度支立道床端模。

i. 浇筑过渡段混凝土并养护:当模板支立完成后,对各部尺寸和模板进行检查验收,合格后浇筑横通道段道床结构C30混凝土。

道床混凝土一次灌注成型。混凝土浇筑过程中要加强捣固,确保道床混凝土的密实。道床顶面压光、找平。

混凝土初凝后,及时进行覆盖喷水养护。当混凝土强度达到10 MPa后,拆除模板,继续养护。当道床混凝土强度达到其强度的75%后,拆除铁垫板下代用木板,更换标准橡胶垫板,按规定整正线路。

j. 两线之间的路面施工:当相邻两线线路整体道床施工完成,其混凝土强度达到设计强度的75%后,清理两线间横通道地段的各种污物,绑扎路面钢筋网片,用混凝土砂浆垫块支垫钢筋网片,并按道口施工图在纵向缩缝地段把纵缝拉杆绑扎在钢筋网片上,立端头模板,浇筑路面混凝土。横通道路面纵向缩缝施工:混凝土强度达到其强度的75%时,用水泥路面切缝锯,锯切路面纵向缩缝,同时抠除整体道床与路面间横向胀缝处的填缝板(扣除深度5 mm),用聚氯乙烯胶泥填塞缝隙。

③控制要点。

a. 横通道地段道床下基础必须施工完成后,并达到一定强度后,方可进行道床的施工。

b. 回填层必须压实。

c. 道床地段的混凝土表面应凿毛处理。

d. 横通道若有传力杆,横向胀缝的滑动传力杆安装高度及间距须符合设计要求,纵向缩缝拉杆位置应正确。

④混凝土浇筑时,捣固棒不得碰撞钢轨、铁垫板、传力杆和拉杆。

(2)碎石道床木枕地段嵌丝橡胶道口施工。

碎石道床木枕地段嵌丝橡胶道口布置在咽喉区位置。

施工方法:在需铺嵌丝橡胶道口地段,根据线路基标,把轨道标高抬高20~30 mm,捣实道口地段的道碴,依据木枕长度在木枕两端部挖除多余道床面碴

（深度为道床底碴顶面，约 250 mm 深，宽度大于等于 750 mm，到道床道碴底脚位置），压实底碴和相邻道路路基，立边模施工混凝土铺面。混凝土强度达到其强度的 75% 后拆模。清除线路木枕间的道床面碴，并压实底碴。用瓜子片石填平木枕之间的空隙，并压实。面层高度宜低于轨顶面 170 mm。在钢轨内侧和外侧的木枕上按嵌丝道口板上的定位销孔尺寸转孔，孔径为 25 mm，孔深为 50 mm。在木枕空内插孔径 26 mm、长 80～100 mm 的销钉，然后把嵌丝橡胶板对准销钉铺设在道床中部和钢轨外侧。

5. 无缝线路施工方案

试车线和出入段线为无缝线路，钢轨焊接施工采用移动式焊轨机进行焊接。

（1）型式试验。

在焊接前，进行型式试验及确定焊接参数，合格后再进行钢轨焊接。

（2）钢轨焊接（流程图见图 4.6）。

（3）线路锁定。

线路锁定施工工艺流程：确定放射长度→设立固定点→放松扣件→垫入滚筒→轨温测量→做好记录→锁定焊接→撤出滚筒→扣件安装→固定点纵向力均匀化→检查观测。

以一个无缝线路单元轨节（即出段线、入段线、试车线）为一个施工区段。

当该区段的无缝线路或全部无缝线路施工完毕后，根据施工时的记录资料把该区段的无缝钢轨施工时的不同温度，分固定区和伸缩区加以整理。

如果锁定轨温不符合设计锁定温度，应对无缝线路应力进行二次放散及锁定。

4.3.3.4 接触网施工方案

项目部根据专业施工特点，以施工节点、安全质量为控制重点，制定分包施工方案，由施工队长负责具体实施。工班按照流水与交叉作业相结合的施工顺序推进。

接触网工程人员进场前期，结合图纸，对现场站前接口工程进行接口检查，核对现场接触网支柱基础、硬横梁基础、拉线基础及过轨管线等是否满足后期安装需要，遇到问题及时沟通解决，处理出现的问题，保证接触网安装不受接口工程的影响。

采用精密仪器对接触网参数进行采集，结合全站仪、经纬仪等测量硬横梁基础参数、提高硬横梁的加工精度。

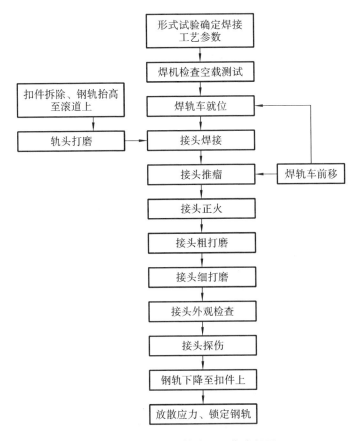

图 4.6 焊接长钢轨施工工艺流程图

采用"四个一次到位"计算软件对腕臂装配、定位装配和吊弦安装进行计算,根据微机计算结果进行工厂化预配,利用腕臂预配检测架进行检测。

支持结构安装后,采用便携式激光测量仪对接触网静态参数进行检测,确保一次安装到位。

承、导线架设采用恒张力放线,并进行超拉后调整,以保证工程质量。

针对接触网工程特点,项目部工程部根据设计资料及技术交底制定新的工艺施工流程,对接触网专业架子队进行详细交底,保证工程施工质量。

接触网施工作业流程图见图 4.7。

1. 施工测量

接触网测量分为纵向测量和横向测量,纵向测量确定支柱(悬挂点)在顺线路方向的位置,横向测量确定支柱(悬挂点)在横线路方向的位置。

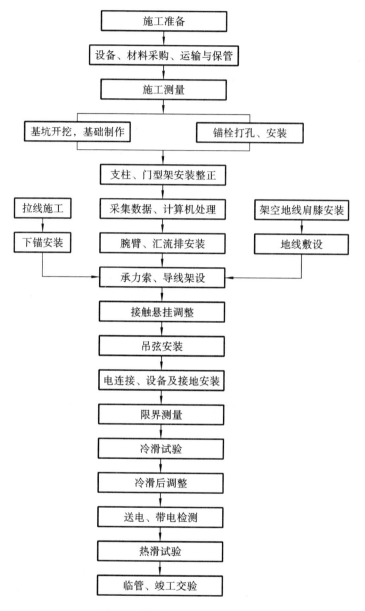

图 4.7 接触网施工作业流程图

(1)纵向测量。

纵向测量流程:测量前准备→确定起测点→布置支柱位置→里程核对→书写位置标记→测量结果记录。

（2）横向测量。

横向测量流程：测量前准备→放置测量工具→测量基础位置→测量结果记录。

2. 基坑开挖，基础制作

（1）施工方法：人工开挖基坑，原土坯浇筑基础。

（2）施工工艺流程：基坑定位测量→定位测量→基坑开挖→坑底铺垫石碴→浇筑底部混凝土→安放钢筋骨架→钢模型板的安装→浇筑混凝土及骨架的校正→抹面→基础养护→基础回填。

3. 锚栓打孔、安装

根据施工现场的实际情况，合理组织人力和机械，采用作业车和梯车相结合的作业方式，灵活采取不同的施工方法。钻孔作业前，由锚栓生产商对所有参加锚栓打孔、安装的作业人员进行技术培训，掌握锚栓打孔、安装的工艺流程和质量要求。

锚栓打孔、安装施工工艺流程：钻孔→拓孔（化学锚栓无此步骤）→清灰→安装锚栓→锚栓拉力测试。

4. 支柱、门型架安装整正

支柱、门型架安装整正施工工艺流程：测量→门型支架钢柱吊装→钢柱整正、校核→门型支架横梁吊装→检查。

接触网支柱安装，从施工安装的位置上可分为路基及桥梁段，从安装工具的选用上可分为汽车吊车立杆及轨道吊车立杆。

5. 拉线施工，下锚安装

拉线施工：本工程采用无补偿下锚拉线，将预制好的拉线及下锚零件运输到位。将拉线展开，将拉线一头与LX-3型楔形拉线线夹固定，作业人员上杆将LX-3型楔形拉线线夹与支柱相连接，在地面上拉线另一端比照下锚基础位置确定拉线长度，比照NUT-3耐张线夹制作拉线回头并绑扎，并与拉线环连接牢固。

6. 采集数据，计算机处理

（1）采集各种腕臂预配所需数据：支柱的埋深、侧面限界、支柱倾斜度、结构高度、接触线高度、接触线拉出值等；线路资料，如曲线表、线路曲线半径、外轨超高等；各零件装配尺寸。

（2）将采集的各技术参数输入计算机，通过计算机计算支柱腕臂、悬吊槽钢或绝缘横撑各部件安装尺寸,并制作、打印出悬挂装置预配表。

7. 腕臂、汇流排安装

(1) 根据腕臂预配表在预配工厂预配台上对腕臂进行预配,预配过程中腕臂上各零部件型号符合设计要求,处在同一垂直平面上,各螺栓穿向应一致,对所有螺栓采用力矩扳手按规定力矩紧固,用于配合紧固的扳手采用梅花扳手,严禁使用活口扳手。将预配好的腕臂统一进行编号。

腕臂安装根据线路空闲情况可灵活选用作业车安装或人工安装两种方法进行。安装时将预配好的腕臂吊装到支柱底座位置,将棒式绝缘子与腕臂底座相连接,注意在吊装腕臂过程中,一定要保护好棒式绝缘子,以防止它损伤。腕臂安装完成后将腕臂推向田野侧并用铁丝临时绑扎于支柱上。

(2) 汇流排安装施工流程见图4.8。

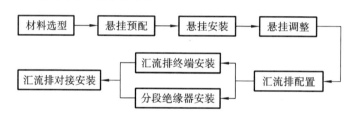

图4.8 汇流排安装施工流程图

8. 架空地线肩架安装,地线敷设

(1) 施工方法:人工架设。

(2) 施工工艺流程:架空地线肩架安装及地线敷设施工流程:架线前准备→吊装线盘→起锚→架设→下锚→倒线→检查。

9. 承力索、导线架设

承力索、导线架设采用恒张力架线。架线时的张力根据线索供货商提供的技术参数确定,张力偏差小于或等于3%。放线时线索从悬吊滑轮中通过并可靠固定于腕臂头,跨中用临时吊弦对接触导线悬挂,保证导线平直通过。

承力锁架设施工流程:架线准备→设定恒张力→起锚→恒张力架设→下锚→安装中锚→巡回检查→填写施工记录。

导线架设前应检查架线锚段的支柱装配及补偿装置是否安装正确,检查线路上方电力线等。加固腕臂,检查工具和材料质量及数量是否符合要求。起锚人员提前到达现场,把 b 值调整到位,导线补偿绳用钢线卡子交错卡紧,将所架线盘提前装在进口恒张力架线车组上,封闭线路。

10. 接触悬挂调整,吊弦安装

(1) 接触悬挂调整工艺流程。

定位安装→导高调整→拉出值调整→检查。

(2) 吊弦安装工艺流程。

数据测量→计算→材料检查→吊弦线索预拉出→下料→压接→打标→运输→安装→检测。

11. 电连接、设备及接地安装

(1) 分段绝缘器安装工艺流程。

作用准备→预配→设备安装→检查。

(2) 隔离开关安装工艺流程。

作用准备→预配→设备安装→调试→接地→引线安装→检查。

(3) 电连接安装工艺流程。

作用准备→测量→预制→安装→检查。

(4) 接地安装。

①接地跳线安装。

安装方式:零散安装底座间的接地安装(同一底座上的接线端子应安装在同一螺栓上);零散安装底座与架空地线连接的接地安装;架空地线下锚端与另一支架空地线的连接安装。

②接地极安装。

采用热浸镀锌的角钢和扁钢焊接制作接地极,焊接处应补涂沥青防腐。

施工完毕后实测接地极的接地电阻值不得大于 10 Ω。否则应采用增加垂直接地体(其间距为 5000 mm)数量降低接地电阻。

12. 冷滑试验

试验步骤如下。

(1) 第一阶段:检测车行驶速度为 15 km/h,检查每一处悬挂点、电连接、过渡关节、线岔、分段绝缘器、开关及引线连接、金具接地等所有部件,检查每处安装状态、绝缘距离、限界、过渡状态、导高、拉出值。

(2) 第二阶段:检测车行驶速度为 40 km/h,在第一次冷滑检查缺陷全部克服完成后运行,主要检查拉出值、硬点、关节过渡、线岔过渡、分段绝缘器过渡状态。

(3)第三阶段:检测车行驶速度为 60 km/h 或正常速度,在前两次检查问题全部克服后进行,检测高速冷滑弓网运行状态,受电弓冷滑应平稳顺畅,导线接触良好。

4.3.3.5 通风空调系统施工方案

本工程的施工范围广,库房众多,这给施工现场管理带来一定的困难,如何合理安排施工就成为一个比较重要的问题。要合理安排施工,就需要对设计图纸消化吸收,及时解决图纸问题,施工进度计划安排合理,对现场劳动力、施工机具设备的配置要合理等,提高综合组织协调能力。

风管施工时,由于工期紧,需要大量预制风管,就需要技术人员提前吃透图纸,提供准确的有关预制的各项数据。同时在室内安装与相关专业交叉作业(如电气、火灾报警、装饰吊顶、给排水),这就更加要求我方要合理安排布置,相关专业要组织协调好,以免在施工过程中发生冲突。

通风空调系统工程的施工流程:准备→设备及管体检查→测量定位→空调设备基础符合→配合土建预留孔洞→制定产品保护措施→风管制作、法兰加工→支吊架制作→空调风管安装→漏光检查→风管保温施工→设备安装→通风系统吹扫、调试→空调通风制冷运行→交工验收。

1. 测量定位

为保证现场测量尺寸精确,在现场测量过程中,应根据施工现场具体情况并参照施工图纸准确进行测量,现场如有模棱两可的尺寸,应及时与设计单位进行协商,并与项目组专业负责人进行沟通、落实,根据测量资料准确绘制出施工图纸。测量人员对施工图进行仔细复查,不得出现笔误和资料错误现象。确认无误后,再将施工图交由施工现场技术负责人进行审核,对局部尺寸要求较严格时,需到施工现场进行测量核实。

2. 接口调查

在施工前进一步调查现场和图纸会审,核对室外与室内接口设计,对各种空调设备基础及土建专业预留孔洞的情况进行详细了解,以便掌握情况,发现问题及时与监理工程师联系解决。

3. 风管制作,法兰加工

风管制作尺寸的允许偏差和检验方法见表4.6。

表 4.6　风管制作尺寸的允许偏差和检验方法

项次	项　目	允许偏差/mm	检　查
1	外形尺寸	2	尺量检查
2	圆形最大与最小直径之差	2	尺量互成90°的直径
3	矩形两对角线之差	3	尺量检查

工程通风管主要采用钢板制作,风管加工采用机械化加工。根据施工情况,施工单位拟在本工程中采用角钢法兰、共板法兰和插条式连接三种工艺,风管制作采用共板法兰。

4. 风管支吊架制作

所有水平和垂直的风管,必须设置支吊架,并根据施工图和现场情况选用。安装后各副支吊架的受力应均匀,无明显变形。

支吊架尺寸、精度及连接要求应符合施工规范的要求。支架表面不得有毛刺,以防损伤管子,支架制作好后应进行防锈处理。

支架型钢应调平调直,下料宜采用切割机或钢锯,若用氧-乙炔焰切割,必须将端口打磨整齐。型钢上开孔,应用机械钻、冲方法,不得用氧-乙炔焰割孔或电弧冲孔。孔径应不大于螺栓直径 1 mm。

圆弧形管卡,弧线应圆滑,与所卡管子外圆相吻合,U形圆钢管卡内圆弧直径应大于管外径 2 mm。扁钢双合管卡内圆弧直径与管外径同。

圆钢上加工外螺纹,圆钢外径应与螺纹外径相同。铰制的螺纹应规整,断丝和缺丝不超过 10%。

5. 风管部件安装

(1) 立风管由下向上逐层安装,并在每层的楼板上设置支架承重。

(2) 水平风管安装时要遵循先上层后下层、先里层后外层、先干管后支管的原则,各系统的安装起点要根据现场情况灵活确定。

(3) 体积较小、重量较轻的风管可接长后利用几个固定式移动平台来安装;体积较大、较重的风管可利用剪叉式高空作业平台来分节安装。

(4) 风管支、吊、托架采用膨胀螺栓固定。风管安装后,应对支、吊架进行调整,使之受力均匀,高度一致。

(5) 风管水平安装:直径或边长尺寸小于 400 mm,支吊架间距不应大于 4 m;直径或边长尺寸大于或等于 400 mm,支吊架间距不应大于 3 m。风管垂直安装、间距不应大于 4 m,但单根直管的固定件不应少于 2 个(设计有要求按设计要求执行)。

(6) 明装风管水平安装,水平度偏差每米不应大于 3 mm,总偏差不应大于 20 mm;明装风管垂直安装,垂直度偏差每米不应大于 2 mm,总偏差不应大于 20 mm。

(7) 风管与支、吊、托架接触面,采用矩形木条(并刷防火漆)隔开。同样吊杆不得与风管的侧面接触,而要离开与保温层厚度相同距离。

(8) 柔性短管安装注意松紧度,不得扭曲,连接处应严密可靠,设于结构变形缝处的柔性短管,其长度宜为变形缝的宽度加 100 mm 以上。柔性短管不宜作为找正找平的异径连接管。

(9) 风管穿出屋面处应设有防雨措施。

(10) 将一些系统的碰头处尺寸实测后进行制作安装,以形成完整的风系统。

(11) 风管等安装完毕后,风管与防护套管之间按规范规定用不燃且对人体无害的柔性材料封堵,以满足防火要求。

6. 漏光法检测

(1) 漏光法检测是利用光线对小孔的强穿透力,对系统风管的严密程度进行检测的方法。

(2) 检测时采用不低于 100 W 的带保护罩的低压照明灯或其他低压光源。

(3) 漏光检测时,光源置于风管内侧或外侧,其相对侧应为黑暗环境。检测光源沿着被检测接口部位与接缝作缓慢移动,在另一侧进行观察,若发现有光线射出,则说明查到明显漏风处,并应做好记录,及时密封修补。

(4) 对系统风管的检测,宜采用分段检测、系统分析的方法。在严格安装质量管理的基础上,系统风管的检测以总管和干管为主。当采用漏光法检测系统的严密性时,低压系统风管以每 10 m 接缝,漏光点不大于 2 处,且 100 m 接缝平均不大于 16 处为合格;中压系统风管以每 10 m 接缝,漏光点不大于 1 处,且 100 m 接缝平均不大于 8 处为合格。

(5) 漏光法检测中对发现的条缝形漏光,应作密封处理。

7. 风管保温施工

(1) 法兰、阀门绑扎保温施工时,先将法兰两旁空隙用散状保温材料填满,再用镀锌铁丝将管壳或棉毡等材料绑扎外玻璃丝布等保护层。

(2) 弯管绑扎保温施工时,弯管处是管道系统膨胀系数较集中的地方,膨胀量大,尤其是保温材料的膨胀系数与管道的膨胀系数不同时,更要注意避免在使用中破坏保温结构。

(3) 管道转弯处,在用保温瓦做管道保温层,在直线管段上,相隔 7 m 左右留一条间隙 5 mm 的膨胀缝,保温管道的支架处,应留膨胀缝。

接近弯曲管道的直管部分,也应留膨胀缝,缝宽均为 20～30 mm,并用弹性良好的保温材料。

(4) 保温层表面平整度允许偏差 5 mm,用 2 m 直尺和楔形尺检查。

8. 设备安装

(1) 风机安装。

安装在混凝土基础上的风机,风机下部需加 $\delta=10$ mm 橡胶减振垫。

风机悬挂安装时,应采用减振吊架,做法依据国家标准图集,吊架必须安装牢固。

① 轴流风机安装后,其叶轮与主体风筒的间隙应均匀分布,叶轮旋转后,每次都不应停留在原来的位置上。

② 风机在吊顶内安装时,其支吊托架应牢固、可靠、支架与风机间应设隔振带。

③ 墙上安装斜流风机及屋面风机安装,其减振垫应平整,各部位受力均匀,不得偏心。

④ 风机进出口与风管连接处,应采用柔性接头。

(2) 空调机组安装。

① 空调机组在安装前必须打开设备活动面板将箱内清理干净,保证无杂物。对机组必须用手盘动风机检查有无叶轮与机壳相碰的金属摩擦现象,风机减振部分是否符合要求。机组应放置在平整的基础上,基础应高于机房地面,并满足 4L 水封要求。

② 机组下部的冷凝水排水管设水封,水封的高度必须根据机组的余压进行确定。冷凝水管在安装时注意不得压扁、折弯,保证冷凝水排出,空调及送排风、防排烟系统通畅,接管要平直,不能渗漏。机房内应设排水地漏。

③ 机组减振器要严格按照设计的型号、数量和安装位置进行安装,设备四角采取防震措施(20 mm 厚的橡胶防震垫)。

安装后检查空调机组的水平度,如不符合要求,要对减振器进行调整。

机组必须保证机组整体平直,检查门开启灵活。安装必须水平,以防冷凝水

外溢。

风机盘管与风管、回风箱及风口的连接处必须严密,与机组连接的风管与水管的重量不得由机组承重。

(3) 吊式新风机安装。

①新风机吊装采用倒链吊装。

②用水平尺检测设备平整度,并调整吊架螺栓使设备顶部水平。

(4) 风机盘管安装。

①卧式风机盘管空调器安装时,吊点应调整,空调器水平度允许泄水方向稍低,防止凝结水倒流。

②风机盘管进出水管应安装阀门,便于调节和维修,供回水管与风机盘管机组连接为铜软接弹性连接。

③凝结水塑料管留有 U 形存水弯,不得出现压扁、死弯现象,保证使用时凝结水畅通。

④暗装风机盘管的附近吊顶应留有活动检查口,便于机组检修。

⑤风机盘管安装时必须注意外壳、热交换器肋片和风机等不得碰坏,安装完毕后,过滤器、热交换器、凝结水管等部位应清理干净,以保证使用。

4.3.3.6　给排水及消防施工方案

针对工程工期紧、质量要求高的特点,在实际施工过程中,管道专业的施工采取分系统、分层段铺开施工,根据"先大管、后小管,先干管、后支管"的原则,先完成各管道系统的干管、大管,如给水系统的干管,消防系统的环状管网,排水系统的立管等,后再进行水管支管的施工,最后才进行设备部分的安装,如消防箱的安装、排水泵的安装等。为了确保关键工期,尽可能把施工面铺开,遇到与其他施工单位在施工面上的重叠时,尽量安排先做其他施工地点的工作,使施工面相互错开,以免相互影响工程的进度和安装质量。

图 4.9 为给排水消防系统施工流程图。

1. 管道安装的通用施工工艺

(1) 管道安装顺序。

管道安装前必须按图纸设计要求的轴线位置、标高、坡度进行定位放线,安装顺序一般是主管→支干管→分支管→直管。

(2) 管道布置要求。

①办公层及通道等有天花的地方的管道敷设要满足设计要求的天花高度。

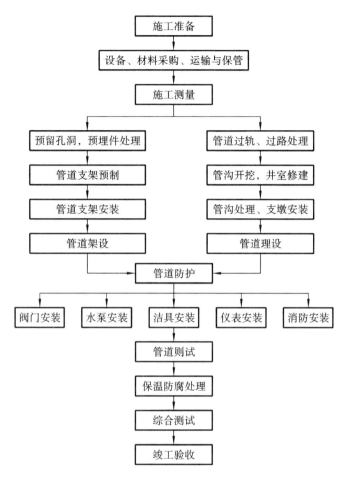

图 4.9 给排水消防系统施工流程图

首先尽量让大管贴紧楼板底或梁底,以下紧凑布置小管,尽量做到合理、美观。

②一般情况下,管道交叉时,小管让大管,不保温管让保温管。专业施工员要根据设计图纸要求经现场勘测,有条件的应安设联合支架,满足安装要求。

(3)管道与结构配合工作。

①管道穿越楼板、场面混凝土墙板时,应按设计要求配合土建预留孔洞、预埋套管或管件。预留孔径宜大于管外径 70 mm,预埋套管的内径不宜大于管外径 50 mm。

②管道穿越屋面楼板部位,应严格做好防渗漏措施。

③嵌墙敷设管道在确定部位应配合土建预留或开凿管槽,槽壁与管外壁间距不应小于 10 mm,槽深不得小于管道外壁与毛墙面间距 5 mm,槽口应整齐

平整。

(4) 支架制作安装。

管架形式、材料的选用应符合设计或现场管道布置、排列的实际需要。管架下料和组对时先点焊，检查合格后编号，然后正式焊接。管架制作完毕后及时进行防锈处理。管架的安装部位设置要合理，各种管道尽量布置在同一管架上。

施工原则：先大管后小管，先地下后地上，先易后难。

管架应牢固紧密地固定在墙上、柱子、顶板或其他结构物上。管架安装应水平，吊杆应垂直，受力部件焊接牢靠。成排管架安装要在同一水平或垂直面上，使管架布置整齐、统一。管架的标高位置要符合设计图纸要求。支架安装应正确、牢固，管道水平安装支架最大支承间距应执行相关的材质管道工艺标准。

(5) 排水管安装。

排水管的水平管段必须有符合设计要求的排水坡度，排水栓、地漏的安装应平正、牢固、无渗漏。排水栓应低于盆、槽层表面 2 mm，低于地表面 5 mm，地漏篦子顶面低于安装处排水表面 5 mm。连接应严密可靠，横管与横管、横管与立管的连接，应采用 45°顺(或斜)水式三通、四通；立管底部与排出管连接处，应采用两个 45°弯头或采用弯曲半径不小于 4 倍管径的 90°弯头。

2. 阀门的通用安装工艺

(1) 阀门安装前，应仔细检查核对型号与规格是否符合设计要求。检查阀杆和阀盘是否灵活、有无卡阻和歪斜现象，阀盘必须关闭严密。

(2) 阀门安装前，必须先对阀门进行强度和严密性试验，不合格的不得进行安装。

(3) 阀门试验规定如下：低压阀门应从每批(同制造厂、同规格、同型号、同时到货)中抽查 10%，至少 1 个，进行强度和严密性试验；若有不合格，再抽查 20%，如仍有不合格，则需逐个检查；阀门的强度和严密性试验应用洁净水，试验时间不得少于 5 min，壳体、填料无渗漏为合格。

(4) 试验合格的阀门，应及时排尽内部积水，密封面应涂防锈油(需脱脂的阀门除外)，关闭阀门，封闭出入口。

(5) 阀门搬运时，不允许抛掷，吊装时，绳索拴在阀体的法兰处，切勿拴在手轮或阀杆上。

(6) 阀门安装在操作、维修、检查方便的地方。

(7) 垂直管道上阀门阀杆，必须顺着操作巡回线方向安装。阀门安装时应保持关闭状态，并注意阀门的特性及介质流向。阀门与管道连接时，不得强行拧紧法兰上的连接螺栓。

(8) 一个区域内的阀门尽量安装在同一标高上,一般距地 1.5 m(设计已标明的除外)。

(9) 在水平管道上安装阀门时,阀杆应在水平方向或水平方向以上的角度内,不得向下安装。

(10) 阀门安装时注意安装位置符合设计要求,流向标志与管道介质流动方向一致。连接牢固、紧密、启闭灵活。

(11) 法兰或螺纹连接时,阀门应处于关闭位置。对螺纹连接的阀门,其螺纹应完整无缺,拧紧时宜用扳手卡住阀门一端的六角体。安装螺纹阀门时,在阀门的出口处加设一个相应规格活接头。

3. 泵类(设备)安装

(1) 基础放线:按施工图和有关建筑物的轴线和标高线,划定安装的基准线。

(2) 测出每台设备下弹性底座的安装位置,处理基础预埋钢板表面。

(3) 先把弹簧底座放在基础上,再将设备置于弹簧底座上,并初步调整固定。

(4) 把整体支起装入 8 个弹簧盒,按基准线调整弹簧位置,使弹簧的预压缩高度一致,然后将弹簧盒现场焊接在底座和基础上。

(5) 将设备安装好,如果设备带有电机,要检查电机与设备转动件是否同心等高。保证联轴器位置的间隙。螺栓及联轴器按规范施工。

(6) 一般情况下,设备安装水平偏差不应大于 0.1/1000。

(7) 将弹簧压缩到工作位置,再检查电机与设备转动件是否同心等高,保证联轴器位置的间隙,这时可使用弹簧盒下面的调节螺母,使之达到要求。

(8) 设备安装后要填写报检单,按规定办理报验手续。设备试运转前,应检查电机的转向是否正确、各固定连接部位有无松动;泵各润滑部位加注润滑剂的规格和数量应符合设备技术文件的规定;有预润滑要求的部位,应按规定进行润滑。

(9) 各指示仪表、安全保护装置及电控装置均应灵敏、准确、可靠。盘车应灵活,无异常现象。

(10) 设备空负荷试运转,检查泵的固定部位是否有松动,转子及运动部件,是否有异常声响和摩擦现象,润滑油不得有渗漏和雾状喷油现象。

(11) 设备在额定工况点连续试运转时间不应小于规定运转时间。准备好交工及验收资料,办理交工手续。

4. 卫生洁具安装

卫生洁具安装工艺流程:安装准备→卫生洁具及配件检验→卫生洁具安装→卫生洁具配件安装→卫生洁具与墙、地缝隙处理→卫生洁具外观检查→通水试验。

5. 喷头安装

(1)喷头必须采用符合设计要求和消防规范的产品。

(2)喷头的安装位置、标高以及喷头之间的距离必须符合图纸要求和国家规范。

(3)喷头安装应在一次管网冲洗合格、试压合格之后进行。

(4)喷头安装应使用专用工具,旋紧喷头时不得让球胆支架受力。

(5)宽度大于1.2 m的梁、通风管、排管、桥架等水平障碍的下方,应增设喷头。

(6)当喷头安装在不到顶的隔断时,喷头与隔断的水平距离和最小垂直距离应符合表4.7的要求。

表4.7 喷头与隔断的水平距离和最小垂直距离

水平距离/mm	最小垂直距离/mm
150	75
225	100
300	150
375	200
450	236
600	313
750	336
>900	450

(7)直立、下垂型喷头的溅水盘在没有天花装饰时与顶板的距离,不应小于75 mm,且不应大于150 mm(天花下安装的喷头除外)。

(8)顶板或吊顶为斜面时,喷头应垂直于斜面安装,并应按斜面距离确定喷头间距。

6. 报警阀组件安装

(1)报警阀安装位置应符合设计和规范要求。

(2) 报警阀组件应首先安装水源控制阀、报警阀,然后再安装报警阀辅助管道。

(3) 报警阀安装的位置在设计无要求时,报警阀应安装在便于操作的明显位置,距室内地面高度宜为 1.2 m;两侧与墙的距离不应小于 0.5 m,正面与墙的距离不应小于 1.2 m。地面应有排水设施,压力表应安装在便于观测的位置。排水试验阀应安装在便于操作的位置。

(4) 雨淋阀组的观测仪表和操作阀门的安装位置应符合设计要求,并应便于观测和操作,压力表应安装在雨淋阀的水源一侧。

(5) 水力警铃和报警阀的连接应采用镀锌钢管,当管公称直径为 15 mm 时,其长度不应大于 6 m;当管公称直径为 20 mm,其长度不应大于 20 m,水力警铃启动压力不应小于 0.05 MPa。

(6) 水流指示器的安装。

为确保该系统的介质(水或其他液体)在管道内向设计方向流动,以达到自动控制的目的,需要安装水流指示器。现将安装及调试水流指示器过程中应注意的问题介绍如下。

① 必须安装在水平管或水流向上的竖管上,水流方向应与指示器上的指示标记一致,严禁倒向或侧向。因为倒向或侧向其浆片都不能达到挡流作用,使杠杆不能与磁铁接触而产生信号,造成水流指示失效。

② 水流指示器的浆片在自由状态下应与管道垂直,并不得与管道内腔接触,浆片与管道内的任何部位接触都会被卡住而失去作用。

③ 在安装前要准确测量管道内径和水流指示器专用安装底座(螺纹或法兰底座)接口的高度,选择合适的浆片,浆片过长会卡在管的底部,过短则不能传递信号。

7. 消火栓箱安装施工工艺

施工单位会同监理、业主、供应商开箱检查型号、规格是否符合设计要求,产品合格证、说明书及随机配件是否齐全,并检查其外观质量是否合格。按每批抽查 10% 的数量进行强度和严密性试验。消火栓箱安装时,应先在墙体或柱体设固定螺栓。消火栓安装要求接口一律朝外,快速将接头绑扎紧密,水龙带挂放整齐,配置好消防卷盘。检查安装预留孔位置、标高尺寸是否满足安装要求。用水泥砂浆按箱体底标高找平预留孔下底面。箱体就位,用线锤找正箱体。复测箱底标高。用水泥砂浆稳固箱体,连通支管,安装栓口、卷盘、水带、水枪,栓口中心距地面高度为 1.1 m。系统试压、调试。消火栓箱生产图纸除符合有关标准外,还应由设计单位认可,可详见给排水标准化设计通用图。

4.3.3.7 动力、照明工程施工方案

车辆基地动力照明工程包括动力配电工程、室内外道路照明配电工程、电线电缆工程以及防雷接地工程等内容。动力照明系统中,电气工程动力设备多,配电容量大,系统控制复杂,管线规格大,敷设线路长,工艺技术要求高,送电工期紧,为确保本专业按期优质完成任务,在总施工方法方面要遵循"先配合后安装,先复杂后简单,先大后小,室内和室外平行并进"的施工原则,施工中要抓好关键工序。

1. 施工分段

由下向上逐层施工,按主要工序分为四个施工阶段。

第一阶段:配合土建结构施工,做好电气配管,固定支架的预埋与接地的地下部分工作及窗户接地均压带工作。

第二阶段:当土建结构完成,模板、脚手架拆除等会使线路产生损坏或严重污染的建筑装修工作结束后进行配线工作和大中型电气设备安装、电缆桥架的安装工作。

第三阶段:配线工作完成后,进行小型易损坏电气设备、控制器件的安装和照明灯具的安装。

第四阶段:安装工作收尾,设备系统调试交工。具体施工进度计划按工程施工进度计划安排表进行。图 4.10 为低压动力照明工程的施工流程图。

2. 电气配管

电气配管施工流程:熟悉图纸→选管→切断→煨弯→按使用场所刷防腐漆→进行部分管与盒的连接→配合土建施工逐层逐段预埋管→管与管和管与盒的连接→接地跨接线焊接。

3. 室内穿线和导线连接

室内穿线和导线施工流程:清扫管路→穿引线钢丝→选择导线→放线→引线与电线接扎→穿线→剪断电线。

4. 电缆桥架、线槽安装及电缆敷设

电缆桥架、线槽安装施工工艺:电缆桥架、线槽选择→外观检查→支、吊架安装→电缆桥架、线槽组装。

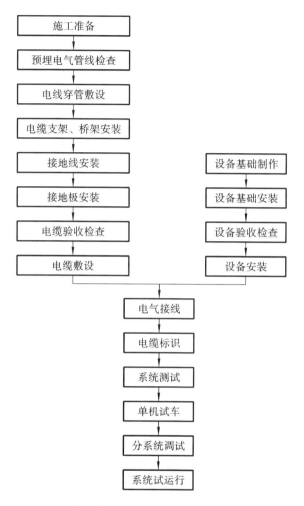

图 4.10 低压动力照明工程的施工流程图

5．配电箱安装

配电箱施工流程：配合土建预埋箱→管与箱体连接→安装盘面箱(盘)固定→安装贴脸和箱门→绝缘摇测。

6．照明器具安装

施工工序：检查灯具→组装灯具→安装灯具→通电试运行。

7．暗装开关、插座安装

施工工艺：清理→开关(插座)接线→安装开关(插座)芯→安装盖板。

8. 照明、动力试运行

各配电箱、照明器具等安装完毕,且各条支路的绝缘电阻摇测合格后,可通电进行安全检查,并作好记录。检查完成之后方可进行试运行工作。应按照供电系统进行全负荷试运行,试运行应从总开关开始供电。试运行期间应仔细检查和巡视,发现问题应及时修复更改,并做好记录。

9. 建筑防雷与接地系统安装

工程为二类防雷建筑物,车辆基地利用结构柱内主筋作为引下线,上端与避雷网(带)可靠焊接,下端与物业底板基础钢筋可靠焊接,利用桩和地梁结构钢筋作为自然接地体。基础内钢筋网和室外周围埋地敷设(埋深大于 1 m)镀锌扁钢作接地装置。防雷接地、工作接地、保护接地等共用接地体,其接地电阻值小于 0.5 Ω。如不能达到规定要求,应增加接地极。如增加接地极有困难,应对接地极周围土壤进行处理,以降低接地电阻达到要求。

4.3.4 施工安全保障措施

4.3.4.1 安全目标

(1) 杜绝因工责任死亡事故发生,遏制重伤事故。
(2) 杜绝机械和特种设备一般责任事故。
(3) 杜绝火灾一般责任事故。
(4) 杜绝汽车行车主要责任及一般道路交通责任事故。
(5) 争创建筑施工标准化文明示范工地。

4.3.4.2 安全生产保证体系

1. 安全管理机构

确保工程安全目标的实现,成立项目部安全管理领导小组,由项目经理任组长,项目安全负责人和副经理任副组长,组员由安全工程师和相关部门负责人组成。各作业队设专职安全管理员,各班组设兼职安全管理员,形成三级安全管理的模式。安全管理组织机构图见图 4.11。

2. 安全生产保证体系

建立以项目经理为首的安全保证体系,与建设单位签订安全生产协议书,坚持"安全第一、预防为主"和坚持"管生产必须管安全"的原则,明确承担安全施工

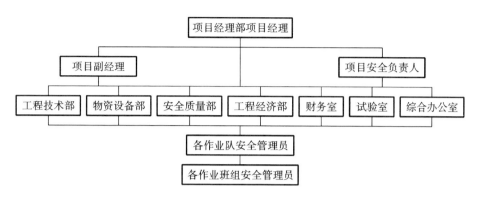

图 4.11　安全管理组织机构图

的责任和义务。重要的安全设施必须坚持与主体工程"三同时"原则,即同时设计、审批,同时施工,同时验收、投入使用。

项目经理部和各作业队分级负责,以加强施工作业现场控制和职工的安全生产教育为重点,开展创建安全标准工地活动,确保本项目工程的施工安全。安全保证体系见图 4.12。

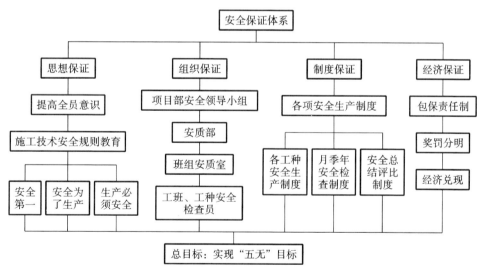

图 4.12　安全保证体系

4.3.4.3　主要保证措施

1. 安全生产管理制度

根据本工程现场施工特点,特制定相应安全生产管理制度,施工中严格执行,具体管理制度如下。

(1) 安全生产规章制度。

(2) 安全教育培训制度。

(3) 安全检查制度。

(4) 职工伤亡事故报告制度。

(5) 班组安全活动制度。

(6) 安全技术交底制度。

(7) 特种作业人员安全生产管理制度。

(8) 安全生产费用保障制度。

(9) 安全事故应急救援制度。

(10) 防护用品及设备管理制度。

(11) 施工现场消防管理制度。

(12) 施工质量验收制度。

(13) 安全生产奖惩制度。

(14) 安全生产会议制度。

2. 各分项工程安全技术措施

(1) 综合安全保证措施。

工程开工后,将把确保施工安全作为一项重点工作,实行安全生产岗位责任制,在内部逐级签订安全生产包保协议书,做到分工明确,责任到人,奖罚分明。

加强安全施工教育,提高全员安全意识,开工前进行安全教育和安全培训,上岗前进行安全技术交底。

施工人员经过安全技术培训,持证上岗。特别对于电工、焊工、架子工、混凝土工经正规部门培训合格,以确保施工操作安全。

每一工序开工前,编制详细的安全技术方案和实施措施,报经监理工程师审批后,及时做好施工技术及安全技术交底,并在施工过程中督促检查。

针对重点、难点工程项目及关键工序,编制专项安全措施和专项技术交底,并设专人进行安全监督和落实。

(2) 施工机械安全保证措施。

各种机械操作人员和车辆取得操作合格证,不准将机械设备交给无本机操作证的人员操作,对机械操作人员要建立档案,专人管理。

操作人员按照机械说明规定,严格执行工作前的检查制度和工作中注意观察、工作后检查保养制度。

保持机械操作室整洁,严禁存放易燃易爆物品。不酒后操作机械,机械不带病运转、超负荷运转。

定期组织机电设备、车辆安全大检查。对检查中查出的安全问题制定防范措施,防止机械事故发生。

(3) 高空作业的安全措施。

从事高空作业人员,定期进行体检,凡不适宜高空作业的人员,不得从事此项工作。作业人员拴安全带、戴安全帽、穿防滑鞋。

高空作业人员配备工具袋,小型工具及材料放入袋内,较大的工具,拴好保险绳。不得随手乱放,防止坠落伤人,严禁从高空向下抛掷。

(4) 施工现场安全用电措施。

现场移动式电器设备必须使用橡皮绝缘电缆,横过通道必须穿管埋地敷设。

配电箱设总熔丝、分开关,动力和照明分别设置。金属外壳电箱作接地或接零保护。开关箱与用电设备实行一机一闸保险制度。

各种机电设备检修、维护时断电、停运转;如要试运转,须有针对性保护措施。

安装、维修或拆除临时用电工程,必须由电工完成,电工必须持证上岗,实行定期检查制度,并做好检查记录。

(5) 防火措施。

设置足够的消防设施,并放在明显易取的位置。设立明显的标志,各类器材定期检查、补充、更换。

严格管理易燃易爆危险品。

对危险品库、木工房等设专人管理,制定严密防火制度,设立警示警告牌,增加消防器材,建立动用明火审批制度。

(6) 运输安全措施。

严格执行《中华人民共和国道路交通安全法》和有关交通管理法规、文件等要求,建立健全机动车辆管理制度。

认真检查车辆状况,加强车辆的维修保养,确保车辆安全运行。驾驶司机证照齐全,符合规定。

杜绝驾驶司机带病作业、酒后驾驶,应保证睡眠充足、不疲劳驾驶。

(7) 基坑防止坑内土坡坍塌与滑坡技术措施。

严格控制开挖段的土坡坡度。

开挖顺序按业主批准的施工组织设计或施工方案进行,不得随意开挖,并适时按设计架设钢管支撑。

做好基坑排水,保持开挖过程中土体和基底的干燥。

(8) 钢筋、混凝土工程的施工安全技术措施。

钢筋加工场地应整平,操作台要稳固,照明灯具需加网罩。

吊运钢筋必须绑扎牢固,并设稳绳。钢筋不得与其他物品混吊。吊运中严禁在施工人员上方回转和通过,以防止钢筋弯钩钩人、钩物或掉落而发生事故。

施工现场的交通要道,不得堆放钢筋。需在脚手架或平台上存放钢筋时,不得超载,并需经有关施工人员同意。

(9) 其他安全措施。

施工现场设安全标志。危险作业区悬挂"危险"或者"禁止通行""严禁烟火"等标志,夜间设红灯示警。工地布置符合防洪、防火、防雷击等有关安全规则及环卫要求。设置急救材料储备库,包括防火、防水、防毒器材、木料、各种适用工具等。加强对司机的教育,施工运输车辆必须严格遵守公路交通规则,文明行车,注意安全。

严格按起重作业安全操作规程施工。起重工必须熟悉施工方法、起重设备的性能、所起重物的特点和确切重量以及施工安全的要求。对所有起重机械进行指挥的信号员,应专人指挥,统一指挥信号,哨音清晰,手势和旗语准确,不得大声喊叫指挥。如遇有妨碍司机视线处,应安排传递信号人员,起重臂下严禁站人。

第 5 章　地铁土建工程安全管理

5.1　地铁土建工程施工安全管理概述

5.1.1　地铁施工及其安全管理

5.1.1.1　地铁施工

地铁是参照地面铁路系统形式逐步发展形成的一种利用电力作为牵引系统的快速、大运量城市轨道交通系统，其线路在中心城区通常敷设在地下隧道内，在城市中心以外以从地下转到地面或高架桥上的方式敷设。

地铁施工，顾名思义就是针对在地下运行为主的城市轨道交通系统（主要指地铁站、地铁沿线基础设施）进行建设、施工。而作为一项城市基础设施建设的重要内容，地铁施工项目在一定程度上有别于住房、桥梁和道路等设施的施工项目，其项目的施工方法较为特殊，除了采用明挖法、盖挖法等较为传统的施工工艺，还有运用盾构机、顶管机等，在挖掘施工的同时将预先准备好的组件即时安装在隧道壁上，相比传统地铁施工工艺不仅具有鲜明的特点，更具有显著的施工优势。

5.1.1.2　地铁施工安全管理

安全管理是一项系统性的科学，是对生产活动中人、事、物、环境状态的管理和控制，是一种动态管理模式。根据地铁施工安全管理内容可以分为施工安全组织管理、设施设备安全管理、行为控制与安全技术管理等方面。

在地铁建设过程中，由于岩土复杂性和不明物体的不可预见性，施工程序和施工设备的复杂性、隐蔽性、建设周期长久性等，在很大程度上增加了项目施工的难度和危险性。除此以外，人的不稳定性和设备的安全状态也尤为关键。上述不确定性直接影响到整个地铁施工过程能否顺利完成，以及是否会造成人员伤亡和财产损失。而为了保障地铁工程施工目标的顺利实现，地铁施工项目的施工单位、监理单位和第三方机构以及相关单位必须要采取一系列的安全管理措施和方法，一方面对人员和设备等进行有效的管理，以保证人员和设备等一直处于安全、完好的状态，进而从基础上有效保障地铁施工项目的顺利完成；另一方面就是对地铁施工的整个过程中所有已发生的安全事故、已发现的安全隐患以及潜在的极有可能发生的风险隐患进行科学合理的管理。

5.1.2　地铁土建工程施工安全管理意义

地铁工程的确能够给人们的出行带来便利，但由于地铁项目建设在城市中，城市建筑物密集，城市地下管线相互交织，每个区域的地质条件不同，施工技术复杂，施工质量要求高，在施工中易产生安全事故，造成人员伤亡和财产损失。地铁工程的建设是一个系统工程，一个项目从产生到最终投入运营，中间要经过许多复杂的环节。每一个环节都至关重要，任何一个环节出现问题，都会引起事故。因此，研究地铁工程施工过程中事故产生的原因和因素，对地铁施工全过程进行安全管理，不仅能够保护周边环境，还可以避免或者减少人员伤亡与财产损失。对于地铁运营公司来说，可以减少投入，增加经营效益。对施工方来说，安全事故的降低，可以减少企业损失，缩短工期，减少成本，给企业带来经济效益的同时还提升企业知名度与信誉度。对于周边居民来说，安全的施工方法可以保证他们的正常生活以及周边建筑物的安全。因此，地铁建设应在安全的环境下进行，不出现事故或者出现事故后产生的损失很小。

5.1.3　地铁施工安全管理的特点及难点

5.1.3.1　地铁施工安全管理的特点

地铁土建工程的建设，与施工所在地的周边环境、水文条件、周围建筑物、施工方法以及地下管道情况等有复杂的联系，这些因素的相互作用，会导致安全事故的发生。由于地铁施工的特点，再加上施工过程中部分工人及现场管理人员安全意识淡薄，不注重安全管理，忽视一些危险源，就容易产生事故，造成人员伤亡和财产损失，有些事故所产生的损失后果极其严重。

在地铁施工中，安全管理非常重要，加强安全管理可以减少事故出现。而地铁土建工程的建设和其他建设工程对比，存在特殊性，因此安全管理也有一些相应特征。

(1) 施工环境复杂。地铁土建工程施工一般都在市区,周边建筑物密集,城市地下管线错综复杂,人员流动量大,并且水文地质情况多变,工程量大,不可预见因素多,还得面对政治经济政策的变化,所以周边环境相对比较复杂,社会环境也显得复杂多变。

(2) 施工组织复杂。地铁土建工程量大,一般都是分标段施工,每一标段又有各专业工种协同作业,对于地铁公司来讲,整个线路施工组织相对比较复杂,既要协调不同标段施工,又要同一标段不同工种之间协同作业,共同完成整个线路的施工,组织起来异常复杂。

(3) 施工队伍复杂。地铁土建工程通常采用总包再分包的模式,但建设市场鱼龙混杂,存在不同资质等级的企业,并且从业人员大多受教育程度低、安全意识差,给施工带来一些不安全因素。

5.1.3.2 地铁施工安全管理的难点

从地铁施工现场及其安全管理过程来看,相比其他建筑施工项目情况而言,地铁施工安全管理的特点极为鲜明,而这些特点也充分体现了地铁施工安全管理的难度,主要体现在以下几个方面。

(1) 信息及时性不足,施工监测监控难。

首先,地铁设计、施工与监测难以做到有机结合。地铁设计单位、施工单位和监测部门应建立起相互协调配合的关系,以保障地铁施工项目按时、保质完成,但在实际施工过程中,作为监测部门的数据来源,设计单位和施工单位并未能向其及时提供全面、正确的现场实际数据,因而难以有效确认或及时更改施工技术参数,在很大程度上影响了地铁施工项目的顺利实施和完成。而监测部门不能将监测数据信息及时传递设计单位和施工单位,则无法正确、有效地指导规划设计和现场施工。其次,数据处理技术水平低。计算机技术人员结合各种建筑施工项目特性和技术要求,利用相对完善和成熟的计算机技术,成功开发了各种数据处理软件,一些规模较大的集团化建筑设计公司和施工单位,正积极尝试和推广这些先进的软件,但是大部分企业和机构人员素质低、能力有限,一些技术人员在实际的地铁施工安全管理过程中,未能全面掌握和熟练使用信息化设计与施工技术,更不会正确、高效利用数据分析与处理软件,依然沿用较为传统和简单的数据处理方式或者个人的工作经验,对监测数据进行模糊化的分析与处理。最后,缺乏有效监测方法和监管机制。一是针对基坑坍塌、坑道涌水等各种突发性特殊情况,现场监测人员在自身安全得不到有效保障和对周边环境无法做出全面、正确预测的前提下,也就无法做到实时监控监测。二是在地铁施工安全管理过程中,第三方检测机构由于缺乏长期有效的规范管理,导致其应有的优势难以发挥。

(2)施工人员技术复杂,安全管理难度较大。

地铁施工安全管理的主体较多,涉及各级政府职能部门、相关事业单位以及参建责任单位,部门和单位之间协调配合和服从管理难度比较大。同时,地铁施工的技术要求高且较为复杂,更涉及许多专业领域,而这些领域之间的相互支持与配合,则直接取决于全面有效的管理。总之,安全管理主体之间及各领域之间的衔接与配合,都是地铁施工安全管理的重要内容,其工作量之大也是难以言表的,而对其要求也是非常高的。

从地铁施工安全管理的内容来看,其主要针对地铁施工现场和过程中的人员、设备、环境及其他内容,实施一系列的安全管理措施。现阶段,随着地铁施工项目的建设规模、施工条件和施工要求的不断提升,地铁施工安全管理的难度也在不断扩大,主要表现在以下几个方面。

第一,人员多、不稳定性高。地铁施工项目与其他建筑物施工项目一样,需要大量的人员施工,但由于施工周期长、工程量大、施工环境复杂,施工人员的身心会发生变化,甚至会产生不同程度的负面情绪。另外,由于缺乏正确、全面的安全意识,现场施工人员常常因自己的习惯而未能正确佩戴安全装备和规范使用施工机具,为地铁施工过程埋下大量的不稳定性和危险因素。

第二,设备多、运行稳定性无法保障。鉴于地铁施工项目的周期长、环境复杂和工程量大等情况,地铁施工现场所使用的机械设备不仅多而且大、复杂,如挖掘机、起重机、打桩机等设备机械,而这些设备机械在运行或静止状态下,或因自身故障或因人为操作,其运行稳定性得不到充分有效地保障,极易造成人员的伤亡和财产的损失。

第三,作业环境因素较为复杂,主要体现在环境因素和气候因素两个方面。在地铁施工过程中,施工现场周边的建筑、道路以及地下管线等环境因素,不仅会影响和阻碍地铁施工,在施工不当的情况下甚至会引发严重的安全生产事故。而相对环境因素而言,不可抗力的自然气候因素对地铁施工影响也比较严重,不仅会延长施工周期、增加施工难度,甚至因此会引发严重的地质灾害,对施工人员的生命健康和周边居民的生命财产造成严重的威胁。

第四,施工技术要求较高。地铁施工首要应保障施工现场人员和设备的安全,其次应确保周边建筑物、道路以及地下管线的安全;最后应充分保障地铁施工项目顺利完成。而基于这三点,地铁施工过程所采用的施工技术极为严格,工艺要求也极高。

5.1.4 地铁施工安全管理的目标

地铁施工项目主要是由施工作业人员、技术人员和管理人员等组成,通过对原材料的使用、施工技术和工艺的应用以及全体人、机、物的合理规范管理来完成大型城市基础设施建设项目。而在地铁施工项目的开展过程中,人员和设备机械的不稳定性、不安全性以及施工材料的不规范性等问题,不仅严重影响地铁施工项目的施工进度、施工质量和施工成本,还威胁到地铁施工项目的安全性和可靠性。因而对地铁施工项目实施规范合理、全面有效的安全管理,主要就是对人员、设备机械、材料等进行管理,其目的就是确保这些可能威胁地铁施工安全的因素始终处于安全可控的状态中,尽可能地降低安全事故发生的概率,最大限度地降低因安全事故导致的人员伤亡和财产损失的程度。

5.2 地铁土建工程施工安全事故致因理论

"安全"是人们常用的词,"安"指没有危险;"全"指没有伤害、无损害。"安全"就是指人免受伤害或财产损失的一种状态。安全与危险是相对的。危险指人容易受到伤害或危害的状态。安全的本质就是,防止事故发生。减少事故发生后产生的影响。事故是指一种意外伤害,该意外伤害会导致人员伤亡、财产损失或职业病等。任何事故的发生,都有相应的致因因素,这些致因因素是导致事故发生的根本原因,因此,对事故的研究其实就是对产生事故的原因进行分析,找出引起事故的本质原因,阻止事故再次发生。在地铁建设过程中,容易发生各种安全事故,造成人员伤亡和财产损失,为了避免事故的发生,需要分析事故如何发生、怎么发生,即导致事故发生的致因因素。

5.2.1 地铁土建工程施工安全事故特点

(1)综合性。地铁土建工程施工过程作为庞大的系统,其中联系到的专业多,工程量大,施工技术烦琐。施工场地通常处于闹市区,受周边环境和自然环境影响大,所以施工管理困难。而地铁建设过程又是人、机相互作用的过程,通常会因为人的不安全状态和物的不安全因素综合造成事故的发生。

（2）后果的双重性。地铁土建工程一般工程量大,并且处于闹市区,施工安全事故的发生,不仅会造成工期延误,成本增加,而且对施工质量造成严重影响,还会周边建筑物以及地下管线产生破坏,更为严重的是造成人员伤亡,从而产生社会负面影响。

（3）一定的可防性。从哲学角度来讲,任何事情的发生都事出有因。事故的出现有预兆,并且事故的发生会有内在本质原因,所以,分析事故原因,总结事故的发生规律,施工前,识别主要风险源,找出主要的风险源,采取相应的措施对其进行控制监控,制定相应的对策措施与应急预案,从源头进行预防,这样就可以减少事故的发生,从而减少事故造成的损失。地铁土建工程施工安全事故是可以预防的,预防可以将事故率降到最低。

5.2.2 事故致因理论

为了研究地铁土建工程施工安全事故致因因素,首先必须深入了解和认识事故发生原因。这里重点介绍目前用来解释安全事故原因的几个原理。以前在科学发展水平低的时候,假设导致人伤亡的事件是偶然因素或者不能解释的因素引起的。但是,随着科技进步,人们对客观世界认识的提高,人们逐渐认识到,事故的发生不是偶然的,而是由一系列原因引起的,这些原因的综合导致事故的必然发生。因此,要想避免事故的发生,关键在于通过搜集大量事故案例,分析事故发生的规律,识别导致事故发生的危险因素。这就需要利用事故致因理论分析事故产生的原因,然后再结合地铁土建工程施工特点,分析造成地铁土建工程安全事故的致因因素。在前人研究基础上,我们分析总结了三种事故致因理论,并将其与地铁土建工程施工特点相结合,从而分析导致地铁施工安全事故致因因素。

5.2.2.1 多米诺骨牌理论

海因里希提出多米诺骨牌理论,又称事故因果连锁理论,即事故的出现是由许多原因相互结合导致,即 M(人本身)→P(依人的意识运行)→H(可能危险)→D(事故出现)→A(人受伤),见图5.1。该理论分析了造成事故的原因,将事故产生的原因理论化,不再停留在经验阶段,而是上升至理论高度,为事故致因理论奠定了基础,开创了事故致因理论先河。该理论认为,事故的发生,就像多米诺骨牌一样,前一个因素的发生会引起后一个因素的发生,然后相继引起一系列因素的发生,最终导致事故的发生。因此想要避免事故发生,就需要防止某个阶段的因素发生,掐断骨牌的中间链,这样就不会引起后边一系列因素的产生,从而阻止事故的发生。但该理论也有缺点,尤其是其对事故发生连续过程的关系表述得过于简单。因为前一个因素发生,后边紧接着的因素可能发生,也可能不发生。该理论认为前因素发生后,后因素一定会发生,过于绝对化。施工阶段导致事故的因素很多,但主要是人的不安全行为和物的不安全状态,两者相互作用,导致事故发生。比如事故是因为违章指挥、违章操作、设计文件有误造成的,而设计文件又是设计人员设计的,设计人员根据勘察设计报告,结合设计规范设计出施工图纸用于指导现场施工。当勘察设计人员因为勘察不详细,报告数据不准确时,会引起勘察报告质量问题,由此引发设计文件不符合实际。施工人员按照设计文件施工,加上管理混乱,安全意识淡薄,就会发生安全事故。整个过程都是环环相扣的,任何一个环节出现问题,都会引起下一个问题的产生,就像多米诺骨牌一样相继倒下,最后导致事故的发生。因此,想要杜绝安全事故,就应该阻止某个环节因素发生,去掉骨牌中某几个部分,这样前边原因发生时,在中间就会断开,不会引起后续原因的产生。

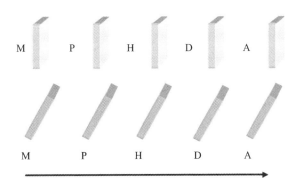

图 5.1　多米诺骨牌理论

5.2.2.2　轨迹交叉理论

图 5.2 为轨迹交叉理论。图中,M 为人的不安全行为,S 为物(机)的不安全状态,E 为环境的不安全条件。轨迹交叉论认为,造成事故的各种原因中最主要的原因是人的不安全行为和物的不安全状态,两者在某个时间与空间相互交叉,在交叉点处就是事故触发点,从而引发事故。地铁土建工程施工安全事故就是这三个因素相互作用引起的。在地铁土建工程进行时,勘察人员、设计人员、施

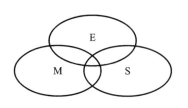

图 5.2　轨迹交叉理论

工人员和监理人员等人员参与;与地铁建设有关的机械设备有盾构机、龙门吊、脚手架、运输车辆等;地铁建设周围建筑物、管道、道路车流状况等条件复杂。在施工过程中,人、物、环境在一定时空中相互交叉,共同作用,就导致事故的发生。如今人们在对事故进行调查时,仅仅分析施工人员不安全行为,认为事故的发生是操作的失误。但对于勘察设计人员来说,设计文件的准确性非常重要,设计人员在设计图纸时,往往考虑设计本身是否安全、是否符合设计规范,而没有将现场具体环境考虑进去,所以导致设计的图纸与现场实际环境有出入,设计者的不安全行为与施工场地交叉,使施工场地处于不安全状态。这种不安全状态因为现场管理人员没有按图施工或者违章操作,产生不安全行为,从而引发事故的发生。即勘察人员的不安全行为导致勘察报告不准确,设计人员根据不准确的勘察报告设计出图纸,引发设计人员的不安全行为,这种不安全行为接连引起地铁土建工程项目建设的不安全状态,这种不安全状态在施工者不安全行为的激发下,产生了安全事故。因此在地铁土建工程进行时,要减少人的不安全行为、物的不安全状态与环境因素的轨迹交叉,防止出现事故。

5.2.2.3　安全事故致因层次理论

安全事故致因层次理论是拉夫堡大学的几位学者在研究了大量安全事故后提出来的。这项研究包括以下特点:①为了防止所调查事故的重复,只统计那些不够上报标准的事故;②在事故发生后,立即对现场操作人员、管理人员进行谈话,尤其是涉事项目经理跟相关施工人员;③总共调查 100 个案例,其样本分布基本符合一般事故分布情况。

研究得出了以下观点:任何一个事故的发生,都是有很多因素在不同时空相互作用造成的,而这些因素中的每一个因素又由多种因素构成,这些因素决定建设过程是否安全,影响建设过程的安全程度,见图 5.3。从图中可以看出,由于人、环境、材料、设备四种因素会直接造成事故的发生。这四种因素是由基本因素、形成因素和直接因素引起的。在建筑行业不景气情况下,甲方为了早日实现项目运行,刻意缩短工期,导致设计方和施工方在甲方压力之下赶图纸赶工期。这样会使设计人员压力很大,设计出的图纸准确性不高,施工单位拿到设计不合理的图纸按图施工,再加上施工单位现场管理人员安全意识淡薄,不重视安全教育培训,不认真进行技术交底,安全管理制度不健全,违章指挥,工人违章操作等,在施工过程中就容易发生施工安全事故。在所有事故中,人的因素占主导,由于人的安全意识差,操作过程不熟练,不按照规范施工,未经培训上岗,无证上岗等。这些因素相互作用,就会使人的行为处于不安全状态,这样在利用材料、设备进行操作过程中,将不安全行为转移到物资设备上,从而引起物的不安全状态,两者相互作用,导致事故的发生。在地铁施工中,应该重点关注对人员因素的管理,只有管理好参建各方人员,才会从主体上使施工过程有安全保障。

5.2.3 地铁土建工程施工事故致因模型

事故致因理论阐述了事故发生机理,帮助人们认识事故的发生、发展和形成过程,找出事故发生原因,从源头上控制事故的发生。在过去几十年发展中,人们从不同领域与不同角度研究了事故发生机理,形成了各种事故致因理论,丰富了事故致因理论内容。这些理论为帮助人们分析事故原因打下了坚实的理论基础,有助于人们运用这些理论在安全状态下指导生产实践活动,减少事故的发生,保障生产人员的人身安全。但这些理论并没有应用于地铁土建工程施工过程中,也不是人们在地铁施工过程中总结出的事故致因理论,难以直接应用于地铁土建工程施工过程中,分析地铁施工安全事故原因。因此需要借鉴已经形成的事故致因理论,结合地铁土建工程施工特点,将其与地铁施工相融合,提出适用于地铁土建工程施工安全的事故致因模型,用来分析地铁土建工程施工过程中产生事故的原因,见图5.4。

5.2.3.1 事故致因模型分析

地铁土建工程施工过程中存在许多致险因子,这些致险因子可以归纳为人员、环境、材料、设备和管理五类。致险因子的存在并不会引起事故的发生,还需要孕险环境的存在,孕险环境包括外在环境和内在环境。外在环境指的是外在自然条件,比如雨雪天气、地震的不可抗力、复杂的水文地质条件、地下管线密集、周围建(构)筑物密集等;内在环境指的是现场工作环境,包括施工现场工作面小、照明条件不足、操作规章制度、安全防护用品佩戴情况、安全检查制度、安全防护网等。致险因子不能够导致事故发生,必须在孕险环境下才能引起事故发生。比如地铁车站深基坑坍塌事故,在勘察设计阶段,勘察人员未能对周围地质条件进行全面布设勘探点,不良地质条件未勘察出来,或者勘察不全面,设计人员在根据勘察报告进行设计时,不能够全面考虑地质条件,导致设计缺陷,这

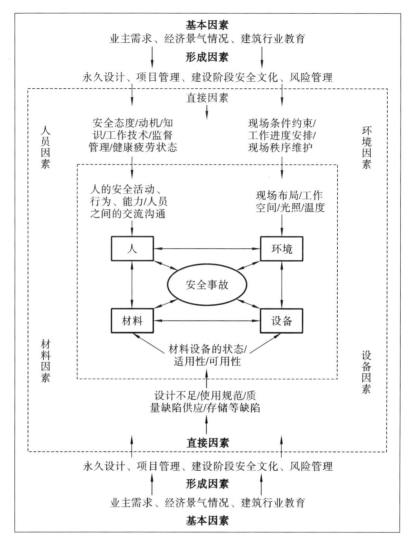

图 5.3 安全事故致因层次理论

样施工人员在按照设计图纸进行施工过程中,就会存在问题。施工现场环境混乱,施工组织设计不合理,钢筋锈蚀,钢筋标号不符合设计规定,混凝土强度等级不够,材料不合格,施工机械设备未能经常保养,设备精度不够,现场违章指挥违章操作,监理未能履行职责等这些致险因子,在不良气候条件,如雨雪天气,会影响钢支撑焊接质量,雨水渗漏对土体各项指标系数产生影响,主动土压力增大,周围建筑物密集,地下管线复杂等孕险环境下,就容易产生安全事故。其中地面部分包括地面上的建筑物、城市道路、人员等;地下部分包括城市地下管线、已有

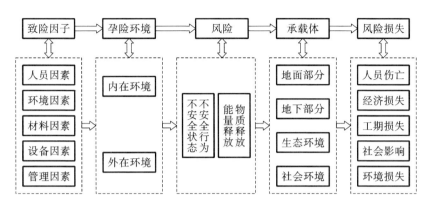

图 5.4 地铁土建工程施工安全事故致因模型

地铁隧道等。生态环境即自然环境,社会环境即社会影响。当事故发生后,会导致周围建筑物下沉、倾斜,严重的会导致建筑物坍塌,城市道路塌陷,并且还会对自然环境产生影响,更重要的是产生人员伤亡和大量财产损失,造成不良的社会影响。事故虽然不是随时发生,但是一旦发生,或多或少都会产生一定损失。这些损失包括人员伤亡、经济损失、工期延误、社会影响、环境破坏等。所以,地铁土建工程施工安全事故致因理论模型,可以有效地分析地铁土建工程施工安全事故产生的原因,具有一定的理论意义和实践意义。

5.2.3.2 事故致因模型应用

2008 年杭州地铁一号线发生一起特大安全事故,事故发生地点为湘湖站,该事故导致湘湖站路面发生大面积坍塌,人员车辆跌入坑中,造成 45 人伤亡。该车站为宽岛式车站,车站总长 820.5 m,宽度 32 m,总共由 6 个深基坑组成,深基坑全部采用地下连续墙支护。作为杭州地铁一号线起始站,发生这么大面积的坍塌事故,造成如此大的人员伤亡,是中华人民共和国成立以来建设地铁所发生的一次严重的安全事故。下面利用地铁土建工程施工安全事故致因模型对该事故的原因进行简要分析,用来印证所提出的事故致因模型有效性。

该车站之所以发生大面积坍塌事故,与地质条件有很大关系。杭州属于钱塘江冲击平原地带,地质条件复杂多变,以软弱土层为主,地下 20 m 深度内都是软弱土层,湿陷性大,土体强度低,复杂的地质条件为事故的发生创造了环境,所以,杭州地质条件是本次事故的主要孕险环境。本次事故的承载体主要是地下连续墙和内支撑,还有基坑底部土体。在施工过程中,软弱土层对地下连续墙强大的土压力,超过了地连墙的极限承载力,从而将地下连续墙压塌,导致坍塌事故的发生。整个过程就是致险因子在孕险环境里孕育,作用于承载体上,承载体难以抵挡致因因子产生的破坏,从而引发事故的发生。

5.2.3.3 事故致因因素分析

地铁土建工程施工安全事故致因模型中致险因子分为人员、环境、材料、设备、管理五类,以下分析主要从这五个方面着手分析。

(1) 人员因素。

施工没有按照标准的流程进行,存在边设计边施工边修改的现象;地下连续墙设计不充分,墙体埋入土体深度不符合设计要求;现场施工人员施工经验不足,未遇到过此类状况,不知道如何处理;有些人员未经过专业培训上岗;施工组织设计方案不完善;施工人员长时间工作,没有充分休息,导致疲惫不堪。

(2) 环境因素。

环境因素:地质条件差;地下水位较低;地下管线年久失修,逐渐老化,污水管漏水;风情大道是主干道,车流量大,来往车辆荷载大;气候条件不利,事故发生前连续性降雨导致土体在雨水下变得松散,土体强度降低。

(3) 材料因素。

材料因素:加在地连墙上的钢支撑设计不当;基坑底板没处理好,底板强度太低,不能抵挡基底土压力;钢支撑与地连墙连接件没有固定好;南、北两侧地下连续墙没有做好与地面连接。

(4) 设备因素。

本次事故中发生的坍塌事故,没有机械设备的影响因素,因此不作具体分析。

(5) 管理因素。

政府及监理单位监管不力;业主在施工过程中没有做到有效的监管,对重大安全隐患没有进行排查;没有建立重大安全隐患记录系统;勘察单位在地质勘察阶段未能准确勘察出该地区地质条件,勘察点布控太少;现场勘察人员不按照规范施工;勘察报告不准确;设计人员设计有误,设计过程计算不仔细,设计不结合现场施工具体条件;施工单位安全费投入不够,在劳动保护用品上缩减费用,没有按时组织安全培训;施工安全管理规章制度不健全;安全管理责任体系不健全;施工组织设计不合理;为了尽快完成工程,不按照施工进度计划进行,随意压缩工期;不能定期排查施工现场安全隐患,或者对有些安全隐患不重视;操作人员不按劳动规章制度操作;工人不听从管理人员技术交底,或对技术交底理解不透彻；工人思想上不重视安全，在施工现场不佩戴安全帽，高处作业不系安全带；临边洞口无防护装置或防护装置搭设不合理；施工现场不安全区域未设置警示标志；施工监测不及时或监测方案不合理；监理人员把关不严，在验收过程中安全责任心不足；劳务招投标过程不规范，存在层层转包现象；施工人员不经过培训上岗或无证上岗；事前没有制定相应的应急预案；规章制度不全面，没有按规定严格执行；未借鉴以往类似事故案例经验与教训等。

通过对该案例的分析，可以看出，地铁土建工程施工安全事故致因模型能够用来分析事故致因因素。

5.3 地铁土建工程施工安全事故原因及对策措施

5.3.1 地铁土建工程施工安全事故综合分析

地铁土建工程施工安全事故的原因复杂，通常是由多种因素相互作用引起的，事故致因因素的确定是一个难点。本节在"4M 法"及前人研究的基础上，将地铁土建工程施工安全事故致因因子定义为人员、环境、材料、设备、管理，通过这五个方面来分析地铁土建工程施工安全事故致因因素。

5.3.1.1 因果图分析法

因果图分析法是一种原因分析法，由于它的形状像鱼骨，又称为鱼骨头法。此方法利用逆向思维，从结果分析原因，找出一种原因，又分析造成这种原因的原因，然后不断分析，最终分析出造成事件的整个原因。它由结果、原因和枝干三部分组成。本节就是利用因果图分析法原理，通过结果找原因，层层分析，最终分析出导致地铁土建工程施工安全事故的原因。图 5.5 为运用该方法的示意图。

5.3.1.2 施工安全事故致因因素

通过分析国内地铁施工安全事故案例可知，在地铁土建工程施工中，坍塌事故、物体打击、高处坠落这三类事故的发生概率最高。因此，本节用因果图分析法对这三种主要事故类型，从人员、环境、材料、管理、设备五个方面分析致因

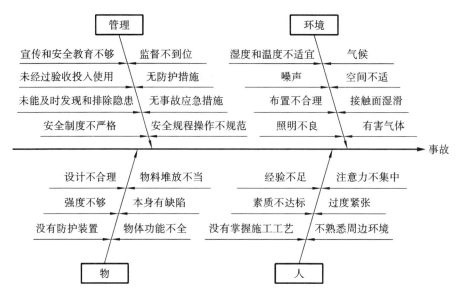

图 5.5 事故因果图分析法

因素。

1. 坍塌事故

坍塌事故指的是因设计、堆放或施工安排不合理,建(构)筑物、土方、杂物等发生坍塌所造成的危害的事故。坍塌事故主要分为以下类别:脚手架坍塌,大型机械安、拆过程坍塌,深基坑土石方坍塌,模板支撑失稳等。

在地铁土建工程施工过程中,坍塌事故主要分为车站在深基坑施工中引起的坍塌和隧道掘进施工过程中引起的路面塌陷。地铁车站在深基坑施工中引起的坍塌:基坑支护不及时或者支护结构设计不合理导致土压力过大,破坏维护结构而产生的坍塌;施工过程中,地下水暖管道被挖断,渗漏的水使土体软化,承载力降低,从而引起的路面塌陷;因为不良地质条件,例如空洞、古墓、软弱土层等引起的塌陷。地铁隧道掘进施工引起的坍塌:在盾构过程中遇到不良地质条件出现的坍塌;隧道围岩自身承载力低引起的隧道土体塌方;围岩支护设计不合理导致的坍塌,例如在二次衬砌过程中通常采用复合的方式,从而保证支护和围岩构成一个整体,如果衬砌防水失去效果,地下水上升,也会引起隧道坍塌;施工作业水平低,工人在操作过程中不按规范施工,在机械掘进过程中机械振动较大,对松散土层造成影响,破坏了土体稳定性,也会导致坍塌。在车站主体结构进行施工时,需要搭设脚手架,脚手架的搭设不合理或者底座不稳定,当荷载超过一定限度时,脚手架会发生坍塌;浇筑车站主体混凝土时,混凝土模板在设计计算有误或者未经过专家评审或者负荷太大情况下,也会引起坍塌事故;在多雨季节施工,软弱土体遭受大量雨水浸泡,土体强度降低,土的压缩性增大,施工过程中对土体再产生扰动,也会引起坍塌事故的发生等。

利用因果图分析法从人员、环境、材料、管理、设备五个方面对坍塌事故原因进行分析,见图 5.6。

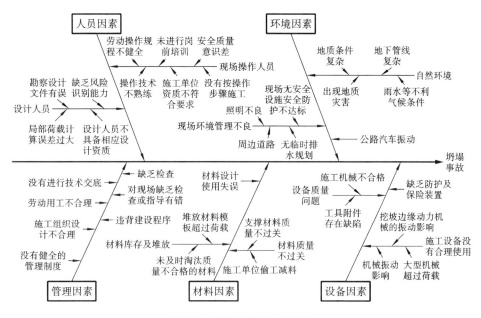

图 5.6　坍塌事故原因分析图

2. 物体打击

物体打击事故是指物体在外力的作用下产生运动,与人体接触后,对人体造成外在打击,使人体遭受不同程度损伤的事故。

在地铁土建工程施工过程中,物体打击事故主要发生于地铁车站施工过程中。造成物体打击的原因如下。①施工现场管理混乱:施工现场环境脏乱差;施工队伍在交叉作业时没安排好进场顺序,在施工作业时不注意安全;施工工人违反劳动操作规程,例如在车站主体工程施工中,工人在脚手架上作业往下乱扔东西。②安全管理不到位:施工现场有坠落可能的物件未进行拆除或未进行加固;拆卸下的构件随意丢弃;安全管理制度不健全;现场管理人员不负责,安全管理仅停留在表面。③机械设备不安全:对于明挖法施工的车站,施工主要为露天作业,长期风吹雨打,造成机械设备不安全,比如起重机械制动失灵,钢丝绳、吊钩断裂,链接松脱,滑轮破损,起重吊装时物体绑扎不牢,被吊装物超载外溢,吊装索具、索绳不符合安全规范技术要求。④施工人员违章操作或者操作失误:由于工人安全意识淡薄,现场安全教育不够或者工人不服从安全教育等。人的因素是造成物体打击事故的主要因素。因此在施工中,应该加强人员管理。

利用因果图分析法从人员、环境、材料、管理、设备五个方面对物体打击事故原因进行分析,见图5.7。

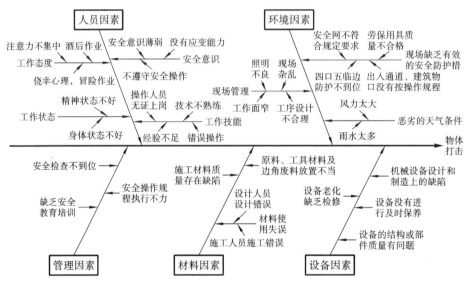

图5.7 物体打击原因分析图

3. 高处坠落

当工人作业面在2 m或者2 m以上时,就称为高处作业,在高处作业不幸发生坠落,即高处坠落事故。

在地铁土建工程施工过程中,高处坠落主要发生在地铁车站施工过程中。在地铁土建工程施工过程中造成高处坠落的原因有以下几个方面。①工人习惯性违章:例如在施工中,不遵守操作规程,在基坑围护结构支撑梁上行走,所搭设的脚手架无防护装置,高空作业时不按照要求系安全带等。②部分工艺不完善:例如在施工中,不按照施工顺序搭设脚手架,往往在搭设脚手板过程中并未搭设防护栏,没有为工人提供安全防护。③机械设备、防护设施固有缺陷:例如塔吊、龙门吊司机登爬梯进行作业,龙门吊或者爬梯无防护装置、无休息平台,这样会使司机处于一种未受保护状态,容易产生高处坠落事故。④人的因素:地铁土建工程施工现场人员组成复杂,有业主、施工方、监理方、作业队伍等,施工方安全教育培训组织太少,技术交底不详细,工人安全思想意识淡薄,不遵守操作规程,监理人员施工验收把关不严格，工作操作过程不使用防护用具，临边作业不搭设防护设施，或者防护设施搭设不规范。在施工中，高处坠落事故主要发生在车站建设过程中，主要有临边洞口坠落、脚手架作业时坠落等。临边洞口坠落具体原因：在临边洞口作业时，操作过程踩空，身体失去平衡；洞口未安装防护设施等。脚手架上坠落事故的具体原因：脚踩探头板；走动时踩空、绊、滑、跌；坐在栏杆或脚手架上休息、打闹等。

利用因果图分析法从人员、环境、材料、管理、设备五个方面对高处坠落事故原因进行分析，见图5.8。

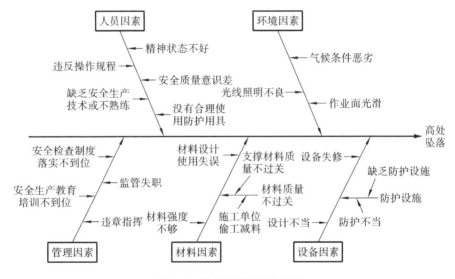

图 5.8　高处坠落原因分析图

由以上分析可以得出地铁施工安全事故致因因素及表现如下。

（1）人员因素及表现。

①工作态度。工作状态不佳，经常抱怨；不按劳动规程操作；不听从管理人员指挥；工作三心二意，注意力不集中等。

②身体健康状态。长期超负荷工作，体力跟不上；精神压力过大；天气变化引起身体不适；没有休息好，导致疲劳工作等。

③专业技能。未经过专业培训；培训考核不合格；操作过程不熟练；施工经验不足；受教育程度低；不懂各种技术标准等。

④安全意识。安全意识淡薄；不使用安全用具；危险作业时抱侥幸心理；思想麻痹大意；不用心发现安全隐患等

⑤心理素质。心理素质差，恐惧高处作业；抵抗不住高强度工作压力。

(2) 环境因素及表现。

①地质条件。地下水文地质条件、古墓、空洞、土层分布情况等不明。

②地下管线情况。雨水管、给水管、排水管、电缆、燃气管等不明。

③周边建筑物影响。周边商业楼、住宅楼、构筑物等杂乱。

④气候条件影响。风、雨、雷电、雪天气影响大。

⑤现场生产环境。夜间施工照明情况、基坑排水情况、物资材料摆放情况、人员交叉作业安排情况等不佳。

⑥周边道路交通情况。隧道或车站上部道路交通车流量以及车辆荷载的影响大。

⑦工作场所条件。工作场所杂乱,施工现场东西乱摆放。

⑧安全防护措施。临边洞口防护装置;安全警示标志;防护用具质量等不到位。

(3) 材料因素及表现。

①材料质量。规格、尺寸、大小、强度、耐久性、耐火性等不合格。

②材料存储状态。现场材料摆放区域布局不佳;材料未按照要求存放;危险性材料存放不当等。

③材料整理状态。未及时清理现场废料;未整理不用材料或按类分别整理存放。

④材料的适用性。材料强度、刚度、规格不符合设计要求。

⑤材料的有效性。材料不能够用于施工;材料耐久性、耐火性;材料安全性等不佳。

(4) 设备因素及表现。

①设备选型。设备与施工方法不对应;起重机械起重能力未满足要求。

②设备运行性能。设备年久失修,经常发生故障;运行不灵活;设备构配件有问题;设备难以操作。

③设备维修保养。设备未定期进行维修保养。

④零部件磨损和老化。设备零部件用的时间太长,发生老化;零部件在设备高强度工作下不断磨损;零部件更换不及时等。

⑤安全防护装置。安全防护装置配置情况不佳;安全防护装置不合理等。

(5) 管理因素及表现。

①施工组织设计。施工方案不符合要求,施工工法不能解决主要技术难题,施工场地平面布置不合理,安全管理责任制度不健全,劳动操作规程不健全,没

有完备的应急预案等。

②安全技术措施。技术措施不完整;专项工程施工技术方案(例如大型模板工程、脚手架工程等)不合理;施工技术方案未经过专家论证;大型设备安拆技术不合理;复杂分部分项工程没有对应的技术解决方案;技术人员未获得专业培训等。

③安全教育情况。安全活动未开展、项目管理人员的安全管理培训教育、施工工人未获得安全教育、特种设备操作人员未获得安全培训等。

④安全检查情况。未对施工现场环境进行检查,或者排查现场存在的主要安全隐患;未对施工场地地质条件进行勘察,或者检查不良地质条件;对采取的技术措施未检查;对安全责任制落实情况未检查;对临边洞口防护装置未检查等。

⑤安全技术交底。施工技术交底文件不合理;施工管理人员未对操作人员进行安全技术交底;施工工人未领会技术交底文件意图等。

⑥安全隐患整改。安全隐患未排查;对于排查出的安全隐患未采取合理方法进行处理等。

⑦应急预案。大型专项工程没有对应的应急预案,应急预案不可行等。

为了更为直观地表示上述地铁土建工程施工安全事故致因因素,见图 5.9。

通过对地铁土建工程施工安全事故案例分析可知,地铁土建工程事故的发生,不是偶然的,而是一系列原因相互交错所产生的必然事件,深入地分析事故背后的原因后,就需要根据事故的原因制定相应的防范措施,做到防患于未然,从而在施工前预测到将要发生的事故,做到事前控制。

5.3.2　地铁土建工程施工安全事故对策措施

5.3.2.1　人员管理

根据事故致因原理,任何事故的发生都是由两方面的原因导致的:人的不安全行为和物的不安全状态。在这两个原因中,人往往占主导,所以,要想从本质上消除事故,必须加强对人的管理,在人员管理方面下功夫,只有把人管好,才能更好地预防事故的发生。

人员的管理包含两个层面:管理人员和作业人员。由于建设规模的扩大,管理层人员数量急剧增加,但工作年限长、施工经验丰富的员工较少,现场管理层人员大多是毕业生,他们工作年限短,工作经验欠缺,必须加强其技术知识、劳动

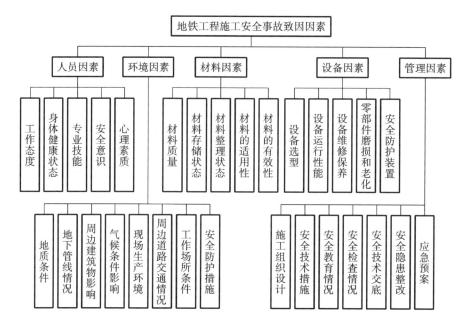

图5.9 地铁土建工程施工安全事故致因因素

纪律的管理。

作业层大多为工人,他们的文化素质不高,安全意识淡薄,也不清楚作业规程,更不懂得个人的安全防护,因此很容易在施工中发生事故。

1. 管理层人员管理

(1)安全理念教育。用各种方式对新来人员进行教育,让他们认识到安全的重要性,知道安全是第一要务,任何工作的开展都要以安全为重,安全事故发生后果的严重性,轻则通报批评,重则可能追究刑事责任。一旦发生安全事故,将造成人员伤亡、财产损失,并且有损企业形象,以后企业在相同工程投标会受到影响,最终会影响到管理人员的各种福利待遇,所以从上到下每个人都应重视安全问题。

(2)安全技术教育。邀请企业技术骨干或者高校相关专家,对新员工进行入职培训,重点讲解安全管理知识,用一些新颖的方式对员工灌输安全重要性的思想,首先从思想上重视安全,然后对其进行技术指导,讲解技术难点,以过来人的身份讲述自身专业经历。

(3)劳动纪律的教育。由于工作性质不同,工程一般连续作业才可以按期完工,收到良好的经济效益,工人不舍昼夜地施工,这种情况下,管理人员应该

24小时在岗,值班人员要负责任,不能擅自离岗,需要交接,必须填好交接手续,交接人员应签字。

2. 作业层人员管理

(1) 安全意识教育。收集事故案例,组织现场管理人员对工人进行详细讲解,分析事故原因,让工人意识到事故危害性,也可以通过开展安全教育日活动,增强安全意识,时刻将安全放在第一位。

(2) 安全技术培训。首先,在入场时,先要把好关口,项目经理部要建立一套进场流程,先进行人员登记,进行入场安全教育,然后发放工卡,考核特殊工种上岗证,领取劳动保护用品,施工前再进行教育,作业前进行技术交底,然后才能施工作业。如果工人没有参加培训,或者培训后考核不合格,没有参加培训考试,没有培训签到,就不发工卡,任何一个关节都要严格把关。其次,把好开工前教育这关,每次作业前点名,有专职人员负责此事,未到的人员则记录在案,按规章制度处理。最后,要把好特殊工种关,对起重机、电工、架子工、模板工等特殊作业工种,必须要求持证上岗,3个月没有作业的,必须进行再培训,经培训考核合格后方可上岗操作。

(3) 安全技术交底。首先一线操作人员受教育程度低,素质参差不齐,安全意识差,大多对技术交底不重视,从内心排斥交底,技术人员在讲解技术要求难点重点时,只是应付,不愿意听从。其次,现场负责监督管理的技术人员,思想意识薄弱,存在侥幸心理,交底时草草了事,工人并没有领会设计意图与施工要点。对于这种情况,项目部要制定详细的技术交底规章制度,让每一个人员意识到技术交底的重要性,必须对"什么时候交底,谁交的底,在哪儿交的底"做好记录,责任划分到每一个人。

5.3.2.2 技术管理

施工技术是施工过程中的核心,一切工程的实施都是在技术的指导下完成的,技术是项目的灵魂,所以必须要好施工技术管理。技术管理在整个项目中占有很重要的地位,但是很多施工企业却不重视技术管理,如不按照建设程序进行,边勘察、边设计、边施工,遇到问题再解决,而不是将问题阻止在萌芽阶段,摸着石头过河,或者不按照设计施工,不相信设计方案,得过且过,投机取巧,完全按经验而不是科学。因此要加强技术管理,从技术管理入手,解决这些问题。

(1) 图纸会审。图纸会审的目的就是让施工方领略设计意图,有不懂的地方现场可以提出来,设计人员考虑后可以进行修改,这样也是三方一次技术交流,一般包括各自学习、初审、会审、综合会审。在审阅图纸过程中,应该认真看,深入看,不放过任何一个符号和尺寸数字,弄清楚每一页图纸的设计思路,在脑海中构建出模型,不懂的问题记录下来,好的意见记录下来,在三方会审时向设计人员询问。在三方会审时,严格按照国家标准规范检查图纸设计是否准确,计算是否正确,建筑设计是否合理,结构形式是否布局合理,设计包含内容是否全面等。在会审过程中,发现问题要详细记录,最后纳入技术档案。

(2) 施工方案编写与审批。图纸会审完后,如果没问题,或者已经图纸改善好,施工单位就需要做施工方案,施工方案是整个施工过程的整体规划,必须按照施工图纸执行,工程部人员编写好施工方案后,报部长审阅,部长审查完毕之后,交技术总工核查,技术总工号召所有参见技术人员,详细分析该工程地质条件状况,借鉴之前施工经验结合本工程实际,从工艺流程、机械设备、材料入场、施工场地总平面布置等方面反复讨论,然后形成切实可行的施工方案,报总监理工程师批准,批准后的方案才能用来指导实际施工。

(3) 落实技术交底。总监理工程师批准施工方案后,总工程师应该组织各专业技术人员、劳务队队长、施工班组组长开会详细解答施工方案中所用的施工工法、施工技术、新材料和新工艺,重点讲解技术难点,让与会人员理解方案意图,做到心中有数,使一线作业人员了解技术交底内容,并严格按照内容施工。对一些比较重要的分部分项工程,例如模板工程、脚手架工程、深基坑工程,要进行详细的书面交底,由工程部部长和主管工程师对劳务队进行详细交底和专题教育,使一线作业人员能够完全领会意图,不至于在施工过程中犯错。

5.3.2.3　材料设备管理

任何项目都是各种材料有序堆砌的结果,因此材料在项目实施过程中至关重要。机械设备代替人施工,不仅效率高,而且可以做人做不到的事,因此,在施工过程中,材料设备的管理是非常重要的,必须予以重视。

(1) 物资设备的质量。严格执行物资设备的检验报验制度。所有机械进场必须经过报验,查验相关的证、照,现场检查机械性能,严禁证照不全、性能不合格的机械进场。

(2) 设备的使用维修保养。特种机械操作,必须取得上岗证,并经过实际操作培训合格后才能操作,禁止无证操作。实际施工中,项目部自己租用的机械,如起重机、挖掘机等,往往都能按制度执行。而对于一些外部劳务队伍租用的短期使用的机械设备,由于施工队不愿意报验或项目部人员责任心不强,往往没有严格执行报验制度。因此,项目部应树立所有进场设备均由总包单位负责思想,加强责任心,必须严格进行报验与查对上岗证。

(3) 材料的使用存放制度。材料的存放要做到分类存放、定位编号、专人管理,并保证堆放位置方便装卸、搬运。同时,材料堆放场地要做好防火、防雨、防盗、防风措施,并且要保证材料场地周围环境卫生状况良好。材料领取要进行登记,做好台账,做好领料卡与记录,并定期进行盘点清理,对比实际使用数量与设计用量,合理控制,出现节超必须认真分析原因,既不能偷工减料影响安全质量,又不能浪费材料,从而影响成本。

5.3.2.4 现场及周边环境

(1) 施工前做好周边建筑物和管线调查,成立专门的环境调查调查小组,对照设计图,对车站周边的地表情况进行详细的调查,编制环境调查报告准确绘制出道路及两侧建筑物和管线的位置关系。

(2) 对基坑与隧道周边管线要进行详细踏勘,摸清管线情况,如走向、埋深、材质,做好记录,与相关产权单位进行联系,制定相应方案。深基坑范围内的管线,具备条件的,优先改迁到基坑影响范围以外,无法改迁的,做好保护措施。施工过程中,管线一旦破坏,产生的影响比较大,因此事先做好应急预案,以防万一,做好各管线权属部门联络表,一旦出现损坏,立马联系单位负责人,标清埋至物系图,挂好标识牌,标志牌上注明管线类别与名称及注意事项。如果管线被挖断,应马上启动应急预案,根据管线性质,做出快速反应,疏导交通,疏散周边人员,禁止明火,封闭道路,上报上级主管部门,联系消防、交警、路政、市政管理部门。

(3) 周边建筑物监测点布设前,须先对建筑物原始状态、外观、内部主要部位等进行拍照存档。建筑物沉降观测点一般应均匀布置在建筑物外墙上,在立柱、门窗等位置如果观察到有裂缝,可以在裂缝处贴石膏饼,然后通过石膏饼观察裂缝发展情况。

(4) 加强施工过程中的常规监测,必要时加大监测频率,及时发现周边建(构)筑物的变形或沉降情况,以采取相应措施。

(5) 基坑周边超载的土方在施工前进行移除,在基坑周边 1 倍基坑开挖深度内的土方全部移除,1~2 倍基坑开挖深度范围内的土方堆载坡度不大于 45°,并对边坡采取必要的防护措施。

(6) 深基坑周边施工围挡实行全封闭管理,围挡四周设置醒目的警示标识和警示灯,道路两侧设立告示牌,围挡底部采用砖砌基础,防止车辆失控冲入场地。

5.3.2.5　施工安全监控及预警管理

施工现场实行以监控量测为主、现场巡查为辅的监控管理。项目部在现场按要求配备安全专职管理人员巡查,同时要求有较大风险作业时,现场管理人员必须在场监护。

项目部在获得监测数据或预警相关信息后,必须立即对突发事件发生的可能性和严重程度、可控性进行初步评估。当出现不危及人员安全、可以马上排除的小事故时,由项目应急指挥部发出应急预警;当出现根据监测数据认为有可能扩大成为危及人员生命安全的大事故时,尽快组织现场人员撤离危险区域,并采取紧急措施,防止事故的进一步扩大,同时立即上报地铁公司发出预警。

进入预警期后,可根据现场情况采取以下相关控制措施:启动应急预案;通知各应急小组进入待命状态;准备好应急处置工作所需的物资设备;对突发事件区域进行围挡隔离,阻止无关人员进入;项目部发布预警信息,对群众提出建议和劝告;做好各种接待工作。

5.4　基于信息化的地铁施工安全管理

5.4.1　地铁施工安全管理信息化的含义及必要性

5.4.1.1　地铁施工安全管理的方法

从施工角度来看,地铁施工安全管理与其他类型施工安全管理所使用的方法较为相似,而从施工安全管理的重要意义来看,地铁施工安全管理所使用的方法更为严格,要求更高。考虑到地铁施工特点与现场安全管理的难点,地铁施工安全管理所采用的方法除了传统的文字说明、条形图、网络工作图表,还会用甘特图、网络计划图和关键线路法等规划技术,但是这些传统方法与规划技术却存在一些弊端,如只注重进度上连续的工作任务,无法直观、全面地展示地铁施工安全管理的整体内容与具体过程。在此基础上,现代化信息技术的发展与应用,为地铁施工安全管理提供了一个更加全面、有效的方式,尤其是 BIM(建筑信息管理系统,全称为 building information modeling)的出现与应用,为地铁施工安全管理提供了虚拟施工过程技术、空间冲突检测技术、安全区域识别技术等先进的安全管理方法,实现了地铁施工安全管理的信息化、集成化。

随着现代企业管理制度的引入与应用,建筑施工企业积极应用先进的信息技术,对施工项目中的各个安全风险与隐患实施信息化管理机制。相比其他类型的建筑施工项目,地铁施工项目有其独有的特点与问题,对安全的要求更为严格,既要有效控制项目成本,还要保障项目顺利完成,更要全面保障人员和设备等的安全。基于此,地铁施工企业在对地铁施工项目实施安全管理的过程中,基本上都是引入信息化手段,建立信息管理系统,通过完善的管理平台功能,有效提高地铁施工项目监测监控和隐患排查效率,充分保证各项数据信息反馈的及时性和问题处理的效率,从而全面提升地铁施工安全管理的效率和水平,有力保障地铁施工项目人员、设备等的安全,有效控制和杜绝安全事故、安全隐患发生。

5.4.1.2 地铁施工安全管理信息化的含义

地铁施工安全管理是以工程安全质量管理为主,主要围绕着工程质量管理、安全管理和应急管理三大主体业务,对地铁施工过程和相关环节进行全面有效的安全管理。而随着大数据、云计算等先进的网络通信技术的全面推广和深入应用,地铁施工为提高自身安全质量管理水平和能力,也在积极探索和应用信息化技术,由此形成了地铁施工安全管理信息化系统。地铁施工安全管理信息化,就是将地铁施工安全质量管理以及应急管理等业务板块统一纳入一个内容丰富、功能强大的信息管理平台,以便地铁施工的相关单位负责人能在第一时间了解和掌握地铁施工质量安全管理情况,并通过系统平台对地铁施工过程中存在的人、机械等隐患因素进行全面有效的防控,以便有效排查治理安全隐患、最大化降低安全事故发生概率、最大限度保证地铁施工项目按时保质、顺利完成。

全方位搜集和整理相关信息、数据,是进一步优化和完善指标体系可操作性的基础,而且也是对现有指标体系加以补充和完善的基础,对于地铁后期建设有着重要现实意义。而只有真正意义上实现防、控一体,才能够保证管理、科技以及信息系统之间达成高效融合,从而为地铁施工安全管理的现代化建设提供必要的帮助和支持,进而建立主动安全和被动安全相结合的安全管理机制。

(1)系统信息化。

地铁施工信息管理平台在实际的应用过程中,对于施工安全管理有着重要的现实意义,具体来说,体现在如下几个方面。

①系统操作相对简单,相关人员无须经过专门培训即可上手操作,界面简洁,在技术层面具有一定的可行性。

②系统的运行环境为管理中心的网络,并且要求能在施工现场复杂的环境下发挥出预期的作用。而现有服务器在性能上可以完全支撑网页服务需求,为大规模网络应用提供强有力的支持。而且视频服务器、监控摄像头等硬件设备均为当下市场上的主流型号,可完全满足系统预期的设计要求。

③系统全面采用网络编程语言,并且开发过程中集中应用了当前先进的计算机框架。这些技术目前已经相对成熟,并有着大量的成功应用案例,可以较为充分地满足系统的设计需求。

(2) 管理信息化。

无论是技术角度还是管理、效益角度,当前安全管理信息平台开发的时机日益成熟,各个角度均有其实现的可能性。

利用万米单元网格进一步细分管理辖区,并以此为基础贯彻和落实责任到具体人员的头上,避免了原有的责任不清、权责不明、巡查难度大等问题,从而全方位提升安全管理督查力度,为工程施工质量的提升提供了强有力的支持。

以中心平台为基础,为安全管理的顺利流转提供全方位的支持,实现协同办公的同时,为管理者提供全面的数据普查服务支持,为事件定位提供必要的支持,最终为相关案件的整体处理效率的提升提供了强有力的支持,极大地提升了各种施工安全事件的处理时效。

集约型数字化管理系统在实际的设计过程中,引入符合国内住房和城乡建设部要求的评价体系,是政府管理创新的重要方面,管理层可以通过该系统实时掌握安全管理工作的开展现状,保障了监管工作的有序进行。

5.4.1.3 地铁施工安全管理引入信息化的必要性

随着信息化技术、互联网技术、监测技术等相关技术的发展,国内的地铁施工也进入信息化时代,尤其是在解决地下工程施工中各种不确定问题上更显现出特有的优势。施工监测属于施工的主要组成,对地下工程施工非常重要。施工监测的实施可以帮助施工企业掌握第一手现场数据和资料,通过数据分析处理向建设单位、设计单位、第三方监测机构等相关利益者提供参考和依据。

同时,施工监测数据还可以直接用于现场施工,对施工现场事故预报警、减少施工安全事故发生的具有积极的作用。监控检测技术在城市地铁建设工程中的应用可以有效避免因没有现场数据所导致的开挖、支护、掘进等工作盲目开展的问题,促进地铁施工安全有序进行,加快施工进度,提高建设项目经济效益。

首先,将信息化引入地铁施工监测,对于施工监测管理水平的进一步提升有着重要的积极作用。一方面,信息化建设对于施工和施工监测的有机融合提供了必要的技术支持;另一方面,这也为监测信息的存储、利用奠定了坚实的基础,极大地提升了施工信息的利用效率,从而为施工的整体信息化水平的提升提供了更为全面的支持。地铁施工监测信息化建设的推进和深化,也是当前阶段市场经济环境下,全面提升工程管理效率、降低工程信息不对称所带来损失的可能,而且在保障施工进度方面也同样有着不容忽视的重要作用。除此之外,施工监测信息化建设是管理者深入、有效分析当下安全形势的重要数据来源,尤其是GIS技术的应用,更是为管理者远程了解施工进度、施工现场等信息提供了巨大的支持,因此可以有效地提升决策的有效性和科学性。

其次,地铁施工隐患排查引入信息化,不仅能有效提升地铁施工的隐患排查能力,从人、机、物、环境等方面构建全方位的隐患排查体系,更能有效提高地铁施工隐患治理水平,遵循"发现一个隐患治理一个隐患"的原则,并通过全面有效的监督管理机制,尽可能地消除地铁施工过程中的各种隐患,以最大化降低地铁施工安全事故发生的概率。另外,通过建立隐患排查与治理的信息化系统,安全管理人员不仅能全面了解各个环节和工序等方面存在的各种隐患,还能通过存档的隐患状态,及时掌握隐患治理的最后效果,对于隐患治理不及时、不得力、不彻底的相关单位、部门以及人员,发出相应的督办意见通知,以督促其在一定时间内消除隐患,确保地铁施工安全、顺利完成。

最后,地铁施工安全预警引入信息化,为地铁施工提供了更加全面的安全保障,对顺利完成地铁施工目标具有重要的意义和作用。一是构建信息化的安全预警系统,可为地铁施工安全管理提供更加全面、有效的数据信息,便于安全管理人员在第一时间内对可能发生的事故隐患及时做出应对;二是构建信息化的安全预警系统,可以消除和解决地铁施工过程中人的不稳定性和物的不安全性,提供一套更具针对性且行之有效的保障机制,从根本上有力保障地铁施工顺利进行;三是构建信息化的安全预警系统,可为地铁施工过程中各个环节中各种可能发生的事故,提供一些具体、有效的应急方案,并能全面调动地铁施工相关单位和部门,在最短的时间内,将事故损害降到最低,有效减少地铁施工的人员伤亡和财产损失。

5.4.2 基于信息化的施工安全管理的方案设计原则和框架

5.4.2.1 原则

随着当前阶段我国信息技术、通信技术的不断发展,信息化建设已经成为当前信息时代进一步提升施工安全管理水平的必然选择。而作为地铁安全施工管理过程中的关键所在,基于信息化的地铁施工安全管理在构建的过程中,应着重强调如下几点原则。

(1) 构建一套涵盖应急管理、质量管理以及安全管理的信息平台,是当前推动我国城市轨道交通事业发展的必然选择,而这不仅需要建立数据标准接口,而且也需要数据交互、共享方面的支持。

(2) 统一规划、细分模块、分步实施。在实际建设过程中,应从所在城市的轨道交通建设安全管理实际需求角度出发,统一规划、模块施工,并以此为基础逐步拓展为一套完整的安全质量信息管理系统,从而为地铁的安全施工提供必要的帮助和支持。

(3) 简单实用、注重实效。平台只有具有良好的推广性、适用性,才能够在实际应用中发挥出预期的作用。

5.4.2.2 框架

地铁施工安全管理的主体是由建设单位、施工单位、监理单位及第三方监测单位等共同组成,而核心内容就是以监控监测、隐患排查为手段,以安全培训为保障,以安全预警为目标,正确、规范引导安全管理各个主体针对地铁施工现场和过程中发生的各种安全隐患与安全事故实施及时有效的安全应急方案及其相关应急措施,如图 5.10 所示。其中,监控监测主要包括基坑变形监测、沉降监测、盾构监测三个重要目标监测,其主要由第三方监测单位负责,而施工单位和监理单位配合第三方监测单位协同完成。隐患排查主要包括监控检测数据汇总上报、分级和报警,其他现场问题排查后的隐患上报,隐患治理,工程亮点,考核管理,工程资料,教育培训,审批管理。隐患排查主要由施工单位和监理单位共同负责和完成,建设单位负责检查施工单位和监理单位的完成情况,以及协调统筹施工单位、监理单位和第三方监测单位按照相关要求开展安全管理工作。

除了监控监测、隐患排查和治理,还要强化人员培训与绩效考核、安全应急

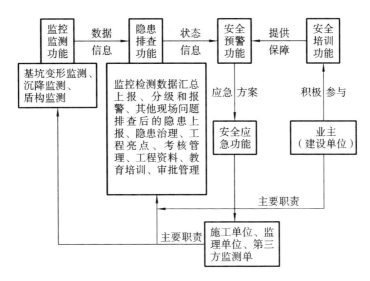

图 5.10 地铁施工安全管理框架

管理方案设计。包括地铁施工项目在内的任何施工项目都是由具体的施工人员完成各项施工任务,但在施工目标和各项工作完成的过程中,人的不稳定性和不安全性在很大程度上影响了施工项目的顺利完成以及施工项目的安全可靠性,因而非常有必要对施工人员和相关人员进行相关方面的技术培训、知识教育,以提高施工项目所有人员的安全观念和防范意识,进而有效降低安全事故发生的可能性,有力保障地铁施工项目的顺利完成。同时,在地铁施工等项目施工过程中,项目内部和外部存在很多不可控的影响因素,其中一些影响因素极易导致地铁施工项目发生较大的安全事故,而能否有效应对和妥善处理安全事故,则必须要制定和实施全面、有效的安全应急预案,以便在第一时间内及时控制和消除安全隐患,并尽可能地减少和降低因安全事故造成的人员伤亡和经济损失。

总而言之,一个完整的地铁施工安全管理框架是由监控监测、隐患排查、安全培训和安全应急管理等方面构成的。

5.4.3 地铁施工安全管理引入信息化的数据需求分析

地铁施工安全管理要想引入信息化,前提基础就是具备有关地铁施工过程和内容的全面数据信息,而这些数据信息涵盖了地铁施工的各个方面,如盾构施工法中盾构机的运行数据、基坑施工数据以及其他方面的数据。

5.4.3.1 地铁施工安全事故

地铁施工工程在具体的施工过程中存在大量的安全风险因素,而这些风险因素一旦失去有效控制,则会引发相应的安全事故,具体包括地铁隧道坍塌、物体打击、高处坠落、火灾和爆炸、机械伤害、触电、车辆伤害、起重伤害、中毒和其他伤害。前文也提到过,造成人员伤亡事故最多的事故类型为坍塌、高处坠落;单次事故伤亡人数最多的事故类型为坍塌。综合上述,坍塌事故是地铁施工过程中的高发、高伤亡事故,因此在地铁施工过程中要关注地质变化、施工技术、地下水位等因素的变化,避免坍塌事故的发生。

地铁施工安全事故与地铁施工项目所采用的施工工法紧密相关。轨道交通施工工法主要有明挖法、盾构法、暗挖法、盖挖法、高架和矿山法,但地铁作为城市轨道交通工具,主要穿行于城市地下空间以及部分地上空间,难免与城市的地下管网、建筑物及其基础结构以及绿化植被等产生交叉影响,故而地铁工程大多采用明挖法、盾构法和矿山法进行施工。地铁施工安全事故类别主要分为明挖法施工安全事故、盾构法施工安全事故、矿山法施工安全事故三种类别。

已发生的安全事故、未遂安全事故以及不安全行为,都是安全事故的重要内容。其中,已发生的安全事故的系统性分析,是一种建立在事故结果基础之上,推导事故发生原因的分析方式,是我们了解施工安全事故、积累安全施工经验的重要途径。已经发生的安全事故实际上只是所有安全事故中非常小的一部分,更多的是未遂安全事故和不安全行为,它们所带来的巨大隐患同样值得重视。而纵观所有行业,应及时采取针对性的风控措施以规避可能带来的损失,尤其是对未遂安全事故和不安全行为的控制和规避,始终是降低事故数量和影响的必然选择,所以这两项也应纳入安全管理工作的重点。因此,安全管理人员应当及时记录安全管理执行过程中所发现的各类问题,并对未遂事故、不安全行为等及时进行记录、总结以及分析。

5.4.3.2 地铁施工安全管理的监测对象

地铁施工项目主要采用明挖法、矿山法、盾构法等施工工艺,但是在施工过程中,受土质、周边道路、建筑物等因素的影响,地铁施工项目存在一些极为严重的施工安全事故,如基坑变形、隧道偏位、管线沉降等情况,不仅影响了地铁施工项目的安全管理,也为地铁施工项目建成后安全、平稳地正常运行,埋下了严重的致命隐患,因此,对地铁施工项目的基坑变形、沉降和盾构设备设施进行全面有效的监测监控,具有重要的意义和作用。

5.4.3.3 构建信息化地铁施工安全管理系统的需求分析

地铁公司构建信息化地铁施工安全管理系统,建立在大量需求数据分析的基础之上,而这些数据需求分析则是通过有针对性的需求调研来获取的。

1. 需求调研

需求调研主要通过对地铁公司、监理单位、施工单位与安全质量管理相关部门逐一走访,来开展调研工作,以达到对轨道交通工程建设的现状、管理模式,各参建单位的组织机构及岗位职责,各参建单位现有的安全质量隐患排查治理工作模式、工作流程的充分了解,并收集各参建单位的业务需求、相关业务表单等信息。

2. 需求分析

需求分析主要将走访调研的内容及搜集的资料从软件开发的角度进行整理、分析,厘清被调研单位部门(科室)的业务需求、功能需求、组织机构及职责、与安全质量隐患排查管理相关的岗位及职责、隐患排查治理流程、需要系统生成的报表、报告等。在分析过程中若发现疑问或搜集的相关资料欠缺,会根据实际情况对被调研单位部门(科室)进行二次调研沟通。

(1)用户特点分析。

隐患排查治理信息系统既是建设单位、监理单位、施工单位的协同工作平台,又是建设管理方与相关参建各方共同参与地铁施工项目建设安全质量隐患排查治理的重要工具。信息系统涉及的用户专业多、范围广、工作内容与职责差异性大,因此应根据地铁施工项目安全管理层次特点,结合业务需要,对信息系统的用户分级分类,对不同层级、不同身份的用户,系统应提供不同的系统页面并分配不同的功能权限与数据权限。

根据地铁施工项目的安全管理特点,隐患排查治理信息系统的用户可分为两个层级,包括决策层、实施层。其中,决策层是指地铁公司,实施层则施工单位、监理单位。

(2)用户主要职责内容。

隐患排查治理信息系统主要面向参与城市轨道交通建设的建设单位及相关参建方。按不同层级、不同专业分类,信息系统中用户参与的主要工作职责与涉及系统功能如下。

①地铁施工项目建设分公司：负责公司管辖内轨道交通建设工程的安全质量隐患排查与治理体系设计和有效运行；负责安全质量隐患排查与治理的管理办法、隐患分级、隐患排查要点及隐患排查清单等相关管理文件的制定、修订、宣传、培训；对各单位安全质量隐患排查与治理工作进行监督、指导和考核；负责"安全质量隐患排查要点"的发布与更新；对公司内部安全质量隐患排查与治理工作取得显著成绩的单位及个人提出奖励建议；对公司内部未履行安全质量隐患排查与治理职责的单位及个人提出处罚建议。

②安全质量部：开展安全质量隐患季度大检查；定期向公司主管领导及安全质量管理委员会报告安全质量隐患排查与治理情况；组织安全质量隐患排查与治理工作会议，定期编制安全质量隐患排查与治理报告。

③监理单位：对所监理的工程开展隐患排查与治理工作；保障安全质量隐患排查与治理工作所需要的人员、设备及相关费用；对施工单位安全质量隐患排查与治理工作进行考核，并将考核情况纳入对施工单位的履约评价中；总监理工程师对本监理标段的安全质量隐患排查与治理工作负总责，监督施工单位及时整改、消除安全质量隐患；对排查出的Ⅰ、Ⅱ、Ⅲ级隐患进行消除与批准；参加项目管理单位主持召开的安全质量隐患排查与治理工作会议，汇报隐患排查与治理情况，定期编制隐患排查与治理工作报告；提供所管辖标段监理组织机构及联系方式、监理规划、监理细则等相关资料，并上传至安全质量隐患排查与治理信息系统。

④施工单位：施工单位是安全质量隐患排查与治理工作主责单位，全面负责安全质量隐患排查与治理工作；施工单位工程指挥部（集团公司）对施工现场安全质量隐患排查与治理工作负领导责任。每月要组织一次安全质量隐患排查与治理工作；保障安全质量隐患排查与治理工作所需要的人员、设备及相关费用；项目经理对所管辖标段安全质量隐患排查与治理工作负总责；对排查出的Ⅰ、Ⅱ、Ⅲ级隐患进行消除；参加建设单位及监理单位召开的安全质量隐患排查与治理工作会议，汇报所管辖标段安全质量隐患排查与治理的工作情况，定期编制安全质量隐患排查与治理工作报告；提供合同标段隐患排查与治理工作所需的组织机构及联系方式、施工方案、专家论证方案以及勘察、环境调查与设计等相关资料，并上传至安全质量隐患排查与治理信息系统。

5.4.4 监测监控与隐患排查方案设计

5.4.4.1 监测监控信息管理

基于地铁施工项目安全管理构思,对基坑、地面和盾构设备设施进行监测监控方面的功能模块,提出了符合地铁施工项目安全管理要求的设计方案,具体情况如下。

1. 基坑变形监测

在系统分析了安全监控管理需求的基础上,进一步划分监控管理系统功能模块,主要有如下六大模块。

（1）安全预警管理模块。

该模块包括预警处理、预警以及安全形势现状三个子模块。

（2）监测信息管理模块。

数据分析、数据处理、数据上传以及数据查询都是该模块下的重要子模块。

（3）现场图片、视频管理模块。

该模块在实际的应用过程中,为管理者提供了现场监测的图片数据。

现场视频子模块：该模块在实际的应用过程中,管理者可以通过网络对施工现场加以实时观察,并且所采用的硬件设备支持全方位无死角自动控制,在施工关键部分有所分布,监测人员可以直接通过该模块掌握施工关键现场的安全管理情况,摆脱时间和空间对监测活动的限制,极大地提升了监管的便利性。

基坑视频监控系统是本系统的重点和难点,囊括了监控中心、现场监控中心、视频采集点以及远端监控用户端设备在内的各个子功能系统。其中,监控中心结合实际监控需求,配置了操作终端、多屏显示、分屏显示等多种数字化的硬件设备。

（4）工程资料管理模块。

这一模块在实际的应用过程中不仅可以为管理人员及时掌握电子数据提供支持,而且也是查询工程资料、存储工程资料的主要功能模块,可结合实际使用需求,提供包括地质资料、历史报告、合同在内的多种信息。

（5）信息交流模块。

该模块是本系统中的重要功能模块,在实际的应用过程中可以为各种施工会议的召开提供支持,而且也是施工各方人员交流的主要平台,对于施工效率的提升有着重要的积极意义,而且也是规避施工事故的重要方面。

(6)系统管理模块。

该模块为用户管理提供了必要的支持,系统将会按照预先设定的流程,分别授予用户不同的访问权限,从而完成对不同等级安全信息的访问,如现场图像、施工评价、基础信息、基坑信息等。

2. 沉降监测

主要用户分类:建设单位、第三方监测和风险咨询单位、施工单位、监理单位。

(1)建设单位。

预警管理有预警发布功能,向特定的隐患处置人员发送预警信息,数据流转到处置环节,同时发布预警短信,同时系统中会显示最新的预警信息。

预警信息发布后,便进入预警信息处置阶段。该阶段主要包括预警响应、预警跟踪、消警三部分。其中预警响应、预警跟踪操作后均会推送 OA(全称为 office automation)提醒,且跟踪会发送短信提示。而预警响应分为两部分:预警处置者和预警响应信息。预警处置者默认预警发布的人员,可增减,预警响应需上传预警分析、现场照片附件,可上传多个附件,附件可增减,保存后 OA 推送,还可再编辑。

(2)第三方监测和风险咨询单位。

第三方监测和风险咨询单位主要使用的功能包括基础数据维护、风险管理、监测管理、监管动态等。其中,基础数据维护模块包含第三方使用的功能有工点管理、测组管理、风险源管理、初始值控制管理 4 个主要内容。而工点管理是以二维地图的方式来显示全部线路、标段、工点信息,点击图中的某个工点,显示对应的工点基本信息,并结合列表显示线路、标段、工点信息,可对工点进行修改、删除、添加工点描述,设置工点参建单位,更改工点工程状态;测组管理是通过工点导航来显示某个工点下的测组列表信息,可添加、修改、删除测组,可在工点下添加 GIS 图,同时可以在某个测组下管理其测点信息;风险源管理是在添加风险源功能界面上,对填报的信息和数据后做出进一步的修改完善和删除,还可以通过"设置重大风险源提示"页面,对四级树状结构的最后一级的工点下的风险源信息进行相关操作设置,即可将风险源设置为重大风险源,并在风险管理-工程动态下的第三个数据域"重大风险源清单"数据列表,点击行数据右侧的"添加评估"链接,打开风险评估录入页面,从而对风险源进行评估。

在监测管理-监测数据查看菜单下,监测建设单位可通过构建的工点测组列表,列表行数据设置针对指定测组的监测数据操作链接,如录入、最新数据查看、历史数据查看,具备浏览查询多方单位上传的历史监测数据、联合巡检记录,以及各工点下的审批申报、历史记录。

(3) 施工单位。

施工单位主要使用的功能包括风险管理、监测管理、预警管理、工程数据库。而预警管理与工程数据库两项,与建设单位和第三方所使用的功能一致。风险管理主要包括工程动态、每日工况和动态评估。其中,工程动态部分是由多方信息上报汇总后呈现出来的结果状态,而施工单位可对己方上报的信息进行修改完善和删除操作。每日工况是施工单位对每个工点每天的施工进度和施工情况进行文字描述和图片展示。动态评估是施工监测单位对施工方的施工情况和施工安全风险进行评估的结果。同时,在停测审批上报方面,施工单位及其检测单位应对存在的施工风险做出相关分析,并就申请停测审批做出相关描述,上报至第三方,进入停测审批流程。

(4) 监理单位。

监理单位主要使用的功能包括监测管理、预警管理、工程数据库。监理单位主要通过监测管理-监理巡检对某个或多个工点的巡检情况做出巡检结果上报。

3. 盾构监测

盾构区间的监测及管理工作,涉及单位及部门包括建设单位、盾构中心咨询单位(下简称咨询单位)、勘察设计单位、盾构施工监理、施工及施工监测等单位。由建设单位和咨询单位组成盾构中心,全面负责盾构施工监测管理工作。而由勘察设计单位、监理单位、施工单位和施工监测单位构成的盾构现场监测分中心,则具体负责现场监测日常工作,监理单位负责现场监测分中心的运转,及各单位间的协调工作。

在完成测点验收及初值采集相关工作后,施工监测单位和第三方便可按照预定的监测方案对盾构施工过程进行监测,主要检测范围包括盾构法隧道管片结构和周围岩土体监测项目、盾构区间周边环境监测项目、盾构区间联络通道监测项目。其中,盾构法隧道管片结构和周围岩土体监测项目主要监测管片结构竖向和水平位移、管片结构净空收敛和应力、管片连接螺栓应力、地表沉降、土体深层水平位移和分层竖向位移,以及管片围岩压力和孔隙水压力。盾构区间周边环境监测项目主要监测建(构)筑物、地下管线、高速公路与城市道路、桥梁、既有城市轨道交通(地下)、既有铁路(包括城市轨道交通面线)的位移与沉降情况。盾构区间联络通道监测项目包括联络通道结构、联络通道两侧 50 m 范围内,隧道结构和联络通道中心正上方 20 m 半径内周边环境。其中,联络通道结构监测项目:联络通道结构沉降、横向收敛和温度。以上监测项目联络通道施工均应监测。联络通道两侧 50 m 范围内隧道结构监测项目:隧道沉降、径向收敛和水平位移。其中隧道沉降和径向收敛为必测项目,水平位移可根据现场实际情况考虑是否进行监测。联络通道中心正上方 20 m 半径内的周边环境监测项目:建(构)筑物沉降和倾斜、管线沉降、地表沉降。以上监测项目联络通道施工均应监测。

地铁施工远程监测监控系统还要满足以下管理需求:能够在工作中进行科学合理的监督管理;用更为先进的远程集中管理取代传统的分布式现场监管,并充分发挥图像数据的功能和作用,为数据的搜集和整理提供了极大便利,系统本身也要有较为理想的沟通功能、预警功能,保证在意外发生之后能够及时进行针对性的调整和应对;要有较为出色的预处理能力,全方位分析和总结所搜集到的信息,从而为决策者的决策行为提供更为强大的辅助支持,进而及时采取针对性的应对措施,将可能带来的损失控制在可以接受的程度以内;要预先设定预先管理策略,科学管理;要及时存储和搜集事故后相关数据,为后续研究工作的开展提供完整的数据支持,规避同类事故的发生;要具有自动报表生成、打印功能,规避外界因素所带来的不利影响,为监控工作的开展提供更为全面、更为高效的支持。

各方经过不断努力打造一套"统一指挥、集中控制"的安全检测信息管理平台。

5.4.4.2 隐患排查管理

为了最大限度地规避各类安全事故所带来的经济损失和不利社会影响,保障广大施工人员的人身安全,应构建完整的隐患项目排查数据库,并通过闭合管理和分级管理的有效配合,进一步落实责任,

加强对责任人的教育、监管,保障工程质量,保障工程施工安全,为城市地铁交通事业的发展做出贡献。

1. 隐患排查与治理管理功能模块设计

(1) 主要功能模块包括门户首页、隐患排查、隐患治理、综合统计、工程资料、通知通报、考核管理、手机客服端、系统管理以及隐患条目库十个功能模块。系统架构如图 5.11 所示。

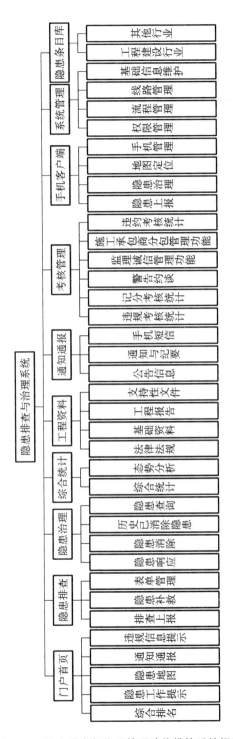

图 5.11 隐患排查与治理管理功能模块系统框架

（2）功能描述。

各功能模块的详细分析见表5.1。

表 5.1　隐患排查与治理管理功能模块的详细分析

序号	功能模块	一级功能	功 能 概 述
1	门户首页	综合排名	对相关单位的考核扣分情况、排查隐患数目进行排名
2		隐患工作提示	排查工作提示、响应工作提示、核准工作提示、消除工作提示、隐患治理跟踪
3		隐患地图	GIS地图显示隐患信息与预警信息
4		通知通报	包括相关的公告信息、会议通知与纪要等
5		违规信息提示	未排查、未响应、响应超时、核准超时、消除超时、排查不到位等违约信息提示
6	隐患排查	排查上报	根据安全质量隐患排查要点表及相关人员排查要求系统
7		隐患补报	上报不在隐患排查表的隐患
8		表单管理	根据情况在系统下达整改通知单、工作联系单或监理通知单
9	隐患治理	隐患响应	相关方对上报隐患通过系统进行响应并上传隐患治理意见与措施
10		隐患消除	相关方通过系统消除隐患
11		历史已消除隐患	已经消除的历史隐患
12		隐患查询	进行所有隐患及表单状态查询功能
13	综合统计	综合统计	对各层级的部门角色、等级、明细排查出的隐患进行统计,并进行对比统计
14		态势分析	按隐患的线路类型、线路等级、类型等级进行隐患统计,形成线状图、饼状图、柱状图
15	工程资料	基础资料	基础资料的增删改查
16		法律法规	法律法规的增删改查
17		工程报告	上传、查看隐患周报、月报、专题报告
18		支持性文件	上传、查看相关支持文件
19	通知通报	公告信息	对公告信息进行展示
20		通知与纪要	上传相关会议通知与会议纪要
21		手机短信	通过手机短信发送隐患信息

续表

序号	功能模块	一级功能	功 能 概 述
22	考核管理	违规考核统计	按线路、单位、部门、角色、人员对相关违规操作进行考核并统计
23		记分考核统计	按记分原则对相关违约操作进行考核并统计
24		违约责任追究	按约为责任追究原则对相关违约进行责任追究
25		警告约谈	系统发布警告、约谈信息
26		监理诚信管理功能	业主代表、施工单位、监理单位综合打分考核监理人员
27		施工承包商分包管理功能	施工承包商资质系统备案及纠纷信息系统备案
28	手机客户端	隐患上报	通过手机客户端随时随地对隐患进行上报
29		隐患治理	运用手机客户端随时随地进行隐患排查治理的相关工作
30		地图定位	通过手机客户端对隐患所在地进行地图定位和隐患信息标记
31		手机管理	对手机APP功能板块和上传的信息数据进行管理
32	系统管理	权限管理	各相关单位及各部门信息、人员信息、角色信息、账户信息的维护
33		流程管理	能够自定义流程包,流程包下能够自定义流程,流程能够新建、编辑、删除、发布版本
34		线路管理	按部门、角色、人员灵活对系统功能权限以及访问数据权限进行分配与设置
35		隐患信息	建立线路、标段、工区等基本信息
36		基础信息	包括预警级别、报警级别等基础信息的设置
37	隐患条目库	工程建设行业	分类建立工程建设行业的隐患条目
38		其他行业	建立其他行业的隐患条目

2. 隐患排查与治理分级管理

采取分级治理的方式,对质量隐患进行排查和治理。根据整改难度、危害程度等,将其进一步划分为一、二、三级。

隐患分级应按照如下原则进行。

一级隐患:此类安全隐患具有极大的危害性,所带来的经济损失、人身安全威胁非常大,并且有一定可能造成省级乃至国家级的社会危害。同时,事故发生率高,整改需要投入的时间、精力、资金量大,需要停工进行一段时间的针对性整改。

二级隐患:此类安全事故通常具有较大的危害,可能带来一般性安全事故,并可能导致一定的社会影响,整改过程中往往面临着较大的难度,需要经过针对性整改后方可排除。

三级隐患:整改难度相对较小,并且所带来的危害也相对较小,经过整改后可立刻排除。

隐患排查及治理流程如图5.12所示。

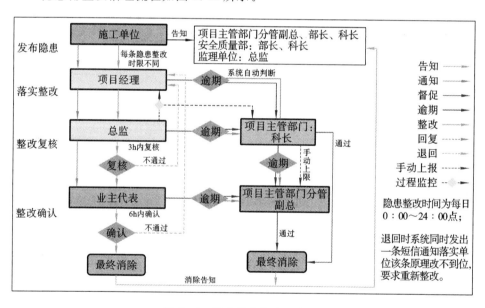

图5.12 隐患排查与治理流程

5.4.5 人员培训与绩效考核方案设计

5.4.5.1 安全培训管理

安全培训管理包括安全教育培训管理与安全教育培训题库两大部分。

安全教育培训管理又包括特种作业员工安全培训和施工阶段三级安全教育管理两个部分。在特种作业人员培训管理时，施工单位负责人员的培训、教育等具体工作，负责做好人员备案与记录。建设单位与监理单位负责特种作业人员资质与教育培训监督检查工作。要求所有参与建设特种作业人员的培训记录上传系统，方便统计和查询特种作业人员的信息。三级安全教育培训为一般培训工作，施工现场参与人员都要经过三级安全教育培训。同样，施工单位负责培训的制定、实施和记录，建设单位和建立单位负责监督与检查工作。在安全教育培训管理上，各标段施工单位只能看到自身的安全培训信息。

安全教育培训题库来源于安全规划时生产的危险源及其防护措施清单、施工过程中的安全事故和隐患等，培训素材既可以是现场图片和相关操作规范等，也可以是三维模拟图。另外，现场施工人员的文化水平较低，所以题库素材最好选择三维动画模式，通过语音对现场的施工要点、安全管理要求等进行说明和讲解。不能采用三维动画的，尽量选择图片，少用文字，提高施工人员的学习兴趣和学习积极性。另外，在培训完成之后可以通过系统自动生成相应的安全教育题目，对施工人员进行考核，提高施工人员的安全意识。

5.4.5.2 考核管理

在考核管理模块上，系统可以对员工的系统学习与使用情况进行记录，自动监测上传数据的准确性和及时性，并定期对监测单位进行统计。考核管理系统可以对施工单位的监控视频开通情况进行考核。同时，系统责任分解管理模块还可以对各方的工作进行分解，将各方工作展示给用户，并自动记录各方工作进度情况。考核信息统计模块可以对考核情况进行统计，生成统计报表。另外，系统中还有警告模块，根据各参建单位实际工作开展情况对其进行预警和通报，具体功能如表5.2所示。

表5.2 管理考核流程表

考核等级	指令	流程
红牌警示	创建	发起→审核→批准→发布公示
	撤销	申请撤销→审核→批准→撤销显示
黄牌警示	创建	发起→审核→批准→发布公示
	撤销	申请撤销→审核→批准→撤销显示

续表

考核等级	指　　令	流　　程
警告	创建	发起→审核→发布公示
	撤销	申请撤销→审核→撤销显示
优秀表扬	创建	发起→发布公示

其中，红牌警示与黄牌警示的审核阶段需由管理层领导会签审核；警告及以下的由发起警告的部门负责人审批即可。

5.4.5.3　审批管理

1. 人员请假

用户可在系统中填报请假申请，由管理人员进行审批，审批通过后，该用户的隐患排查治理工作由指定人员代替。

2. 人员变更

用户可在系统中填报人员变更申请，由管理人员进行审批，审批通过后系统维护人员会在后台进行变更处理。

3. 开工停工

用户可在系统中填报开工停工申请，由管理人员进行审批，审批通过后系统维护人员会在后台进行工点/区间开工停工设置。

5.4.6　安全应急管理方案设计

5.4.6.1　预警事件管理

预警事件的参与用户包括分中心用户与管理层用户两大类。

分中心用户是具体的操作和记录人员，对数据的异常情况、事件过程和升降级问题进行记录和说明。对于分中心用户来说，他们更关心信息的传递功能。在预警事件发生之后，他们需要对现场的事件情况、原因、可能危害程度等进行了解，并判断是否需要进行预警。同时，他们对预警事件的全过程进行记录，为后期的专家处理和管理层事件了解提供依据。

管理层用户是指挥层人员，需要对事件进行全面了解，及时处理。所以，对管理层用户来说，他们更关心事件的起因和进展，需要对事件进行全面的掌握和了解，需要进行整体的调度和掌握。同时，在管理层用户设置上还要注意权限的划分。

剥离事件是在安全评估中生成的原有机制，原有事件只作为监测异常事件。剥离事件需要根据当前的施工现场实际情况、工程项目进度、事件危害风险等进行综合评估。通常包括风险巡检中发现的问题、群体性事件等。每个事件都可以按照对应的事故类型走不同的处理流程或者升降流程。在对各类事件进行综合评估之后，通过科学的指标进行展示，见表5.3。

表 5.3 预警事件分类及其管理方式

事件类型	形成方式	事件入口	等级升降调控方式
数据事件	数据汇总自动形成，再由分中心确认升级	保留原机制	仅从数据异常起逐步升级，还可降级
风险事件	单独页面，由分中心手动填写	风险巡检与提示等嵌入	直接由分中心判断警情程度，直接选择事件等级，也可在事件发生后，根据事态发展情况，由既定流程逐级升级
行为事件		风险巡检等配入	
警情快报		类似安全评估直接生成事件的机制，由安全评估嵌入	

5.4.6.2 应急指挥管理

应急指挥管理主要在应急指挥调度页面进行。应急指挥调度页面可以对当前的应急物资管理情况、预警事件情况、参考案件、专家会商情况等进行查阅，具体模块措施如下。

建议处理措施：主要是对预警事件的对策和建议。

应急物资管理：当前预警状态下的相关应急物资储备情况。

应急处理人员：能查看工点相关信息及联系方式。

应急指挥流程：以预警事件等级为基础对应急指挥流程进行显示。

参考案例：相关参考案件。

5.5 宁波地铁建设单位安全信息化管理案例

5.5.1 项目概述

5.5.1.1 宁波地铁施工项目概况

宁波市轨道交通5号线一期工程线路起点站为鄞州区布政,终点站为兴庄路站(预留二期延伸成环条件),线路全长约27.945千米,共设22座车站,均为地下站,其中换乘站10座,分别与1、2(两次)、3、4、6、7、S3、K1、K2线换乘。全线平均站间距1.27千米,最大站间距2千米,为段梅路站至金房站区间;最小站间距0.73千米,为民安路站至会展中心站区间。该工程共用1号线东环南路线网控制中心,设主变电所2座(共用2号线双桥主变电所和4号线下应主变电所),设经堂庵跟车辆段和前殷停车场。

宁波市轨道交通5号线一期工程线开工日期为2016年9月28日,计划工期5年,到2021年底正式投入使用。

5.5.1.2 宁波地铁安全管理信息化的现状

按照《中华人民共和国安全生产法》、《城市轨道交通工程安全质量管理暂行办法》(建质〔2010〕5号)、《房屋市政工程生产安全重大隐患排查治理挂牌督办暂行办法》(建质〔2011〕158号)以及宁波市《关于加强安全生产促进安全发展的意见》(甬党发〔2014〕9号)、《2015年全市建筑施工安全隐患排查治理工作方案的通知》(甬建发〔2015〕86号)等相关要求,加强对建设施工单位的现场安全监督管理工作,提高事故防范能力。

宁波市轨道交通集团有限公司通过第一轮规划的建设,建立了较为完善的安全质量管理制度,建立了安全隐患排查治理的管控体系,安全工作取得了一定的成效和经验。但随着第二轮规划线路的开工建设,宁波轨道交通将迎来线网建设期,进入建设工程和机电工程建设的高峰期,施工作业面将达上千个,三宝、四口、临边防护、临时用电、动火作业、施工机具、起重吊装等涉及人的不安全行为和物的不安全状态以及质量和管理上的缺陷等安全质量隐患的排查治理问题将变得突出,安全质量事故发生的概率将增大。

为了提高系统的安全性,降低安全事故发生概率,宁波市轨道交通集团有限公司有必要引入新的技术手段与措施,实施"宁波市轨道交通工程隐患排查治理信息系统研发及技术服务"项目,以建立宁波市轨道交通建设工程隐患排查治理的体系和信息系统,制定隐患分级标准,隐患排查数据库,实现隐患的全面、分级与闭合管理。加强对各方参建单位的监督和考核,安全责任落实到人,为整个城市轨道交通建设项目的建设保驾护航。

5.5.2　信息化的应用情况

5.5.2.1　在安全预警中的应用

综合分析模块拟定为对隐患排查、治理情况的统计分析模块,拟定包含按部门角色统计、按等级明细统计、按线路等级统计、按类型等级统计、按线路类型统计功能。综合分析模块从不同的角度,对系统上已经上报和已经消除的隐患进行统计,并以表格、柱形图、饼状图等形式展示,供参建各方对本单位及下属单位在一段时间内的隐患排查治理工作有明确的了解,从而对下一阶段的安全质量隐患排查治理工作进行调整。

1. 按线路等级统计

当前用户可根据管辖的工点(车站/区间)的不同,对发生在所管辖的工点(车站/区间)中的隐患,按照需要对在选定的时间内全部类别下的各级隐患数量进行统计,可查看表格、柱形图、饼图等形式,并可以导出下载至本地。

2. 按线路类型统计

当前用户可根据管辖的工点(车站/区间)的不同,对发生在所管辖的工点(车站/区间)中的隐患,按照需要对在选定的时间内全部类别下的各级隐患数量进行统计,可查看表格、柱形图、饼图等形式,并可以导出下载至本地。

3. 按类型等级统计

当前用户可根据管辖的工点(车站/区间)的不同,对发生在所管辖的工点(车站/区间)中的隐患,按照需要在选定的时间内查看全部或若干隐患类型的隐患数量并进行统计,可查看表格、柱形图、饼图等形式,并可以导出下载至本地。

4. 态势趋势分析

当前用户可根据管辖的工点(车站/区间)的不同,对发生在所管辖的工点

(车站/区间)中的隐患,按照需要在选定的时间内查看全部或若干隐患类型的隐患数量并进行统计,可查看折线图,并可以导出下载至本地。

5. 环比统计

当前用户可根据管辖的工点(车站/区间)的不同,对发生在所管辖的工点(车站/区间)中的隐患,按照需要在选定的时间内查看全部或若干隐患类型的隐患数量并进行环比统计,可以导出下载至本地。

6. 按部门角色统计

按照部门的角色排查出来的角色来统计隐患,按照选定时间查看不同等级的隐患数量与级别。

7. 隐患反复统计

当前用户可根据管辖的工点(车站/区间)的不同,对发生在所管辖的工点(车站/区间)中的隐患按照需要在选定的时间内查看隐患内容的对比统计。针对已排查出来的隐患,隐患发布人(建设单位、监理单位或者第三方监测单位等)通过隐患排查治理系统发布预警信息,并对系统内相应单位发送预警信息。进入预警管理→预警发布菜单,在左侧"预警处置者"勾选处置人员(勾选的处置人会在预警发布后收到短信和 OA 信息推送),勾选的人员会自动显示在下方的"处置人员"内,预警基本信息内,红色星号项均为必填项,不填写完整会有提示信息"红色 * 号项均为必填,请补充完整再发布预警!","预警标题"不必填写,系统会自动生成预警标题,其格式为"211 TJ2218 枫园站蓝色预警 2018.5.21","211"为当前总预警个数,点击"发布"按钮,信息提交,页面跳转到预警处置列表。当预警信息发布成功后,数据流转到处置环节,同时发布预警短信,并在系统首页"今日关注"部分显示最新的预警信息,如图 5.13 所示。

图 5.13 预警信息发布界面图

在预警信息发布后,相关单位在接收到预警信息后须在规定时间内处置预警信息,并按照隐患治理模式,及时治理预警信息中的隐患,待隐患得到有效控制或者全面治理后,再通过系统平台向预警信息发布者上传预警处置情况,具体情况如图 5.14 所示。

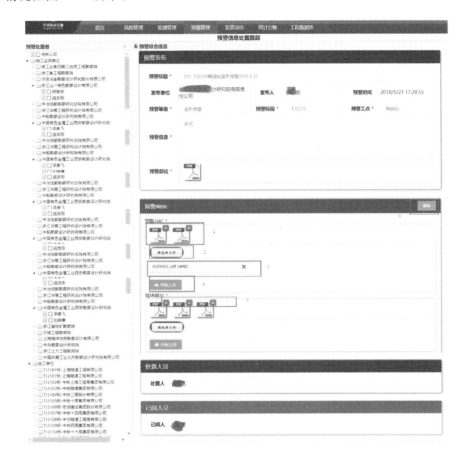

图 5.14　预警响应与处置功能界面

5.5.2.2　在安全监测中的应用

安全监测主要体现在对地铁施工现场各种隐患的有效排查和及时上报。基于此,宁波轨道交通公司引入了隐患排查系统,并开设了隐患排查治理功能,主要包括隐患提醒、隐患地图、违约提醒、隐患统计、隐患排查治理等功能。

1. 隐患提醒

(1) 隐患排查提醒。

可查看当前用户周期内的排查任务,并以倒计时的方式提醒,如每日排查、每周排查、每月排查任务等。

(2) 隐患提醒。

可提示当前用户有哪些隐患需要处理,以倒计时的方式提醒,如:集团有限公司/建设分公司经营层用户:整改确认等操作;建设分公司各部门用户:整改确认、手动上报等操作;业主代表/安全监理/第三方协作单位用户:复核、消除、手动上报等操作;监理单位用户:复核、手动上报等操作;施工单位用户:整改等操作;可提示当前用户管辖范围(车站或区间)内各隐患的治理情况,提醒该隐患目前处于治理的哪个阶段,哪些角色提出消除申请,哪些角色整改复核,哪些角色整改确认。

(3) 已消除隐患列表。

展示已消除的隐患列表,可点击列表标题查看隐患详情。

2. 隐患地图

用户能够在地图上查看管辖权限内各线路、标段、工点的地理位置情况。地图上能够显示该工点当前隐患的最高等级,其中一级隐患用闪烁的红色表示,二级隐患用闪烁的橙色表示,三级隐患用闪烁的黄色表示,绿色表示当前无隐患。而通过点击地图上的工点可以查看当前隐患数量、已消除隐患数量以及该工点的施工进度描述。

3. 违约提醒

系统可按照设定的排查任务及时效要求,对每个角色的违规信息进行提示,用户可查看以下违规形式的具体信息:未排查、排查不到位、排查居后、核准超时、消除超时、整改超时、整改不到位。

4. 隐患统计

按线路、标段、工点统计隐患数量、类型、治理状态,并以列表/饼状图和柱状图的形式展示。

通过这些功能,现场公司管理人员、施工管理人员和安全技术人员等,都能全面掌握各个工点、环节存在的安全隐患及其防控状态,及时了解隐患治理情况,以便充分制定和实施与各种安全隐患治理相符的有效措施,从而有效杜绝和避免隐患失控并导致严重的事故发生。

5. 隐患排查治理

（1）隐患排查模块。

隐患排查模块中包括个人排查与联合排查，根据建设阶段的不同，又将隐患排查入口分为土建工程隐患排查和机电设备安装工程隐患排查，见图5.15。

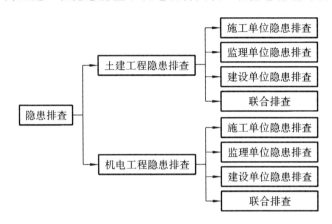

图5.15 隐患排查模块

隐患排查模块具有权限限制，不同单位类型的用户登录后只能看到本单位类型的排查入口。

隐患排查模块是日常排查、周检查、月度检查、季度检查上报隐患和排查记录的入口，提供排查要点库供用户根据排查要点库对现场进行逐项排查确认，若发现安全质量隐患，可直接将隐患上报至系统。上报需要填报隐患的具体位置、上传隐患照片等信息，系统会自动获取上报人的相关信息一起上传至系统。上报后根据隐患等级的不同，系统自动将隐患推送至各相关部门的相关岗位。

（2）隐患治理模块。

隐患治理模块拟定为隐患上报至系统后，各方参建单位治理隐患的操作模块。根据相关的管理制度，将梳理出的治理流程融入模块的功能中，实现隐患治理流程的流转。

①当前隐患。

在隐患排查上报后，系统根据隐患等级不同、排查单位的不同，根据系统流程自动将整改任务分配给施工单位相关部门；施工单位在整改后，由可操作的角色在系统上进行消除申请；根据流程若需要上级单位现进行复查，则由该单位的可操作人员在系统上进行消除或复核（各单位可操作的角色以及及时效的有关要求将在隐患排查治理系统相关管理办法中规定）。

②历史隐患。

根据用户各自所管辖的权限,按照线路、标段、工点查看历史已经消除的隐患信息。

③隐患管理。

隐患管理功能面向系统管理员用户和系统维护人员,可查看所有的已上报系统的隐患信息,并可以进行新增、修改、删除等维护操作。

5.5.2.3　在安全培训中的应用

通过地铁施工安全信息化管理系统,各单位相关人员上传安全教育培训的课件内容,供其他单位自主学习。从系统的教育培训功能模块内容来看,施工单位的人员培训内容来源比较广泛,不仅有企业内部的培训教育资料,还能学习其他单位的培训教育资料,实现了培训教育资料共享。这种培训教育方式不仅大大降低了培训教育的时间,更有效提高了培训教育的效率和质量。相比于传统的安全培训教育模式,这种将培训教育课件内容上传至系统平台并长期保存下来,以便所有系统用户随时随地调阅和利用课件进行培训教育。

首先,以系统平台保存的教育课件进行安全教育,打破了时空和地域的局限性,不用专门安排场地和教育时间对施工人员进行相应的教育培训;其次,长期保存的可共享的教育课件,不仅可为整个班组提供教育培训,还可满足个人通过客户端进行单独的培训教育,若一些施工人员因事缺席培训教育,则可自主学习,极大地提高了教育培训的时效性。

另外,系统培训教育功能模块还囊括了所有作业人员的相关信息,结合这些信息,可对新入职的作业人员进行三级教育培训,还可对特种作业人员进行针对性的教育培训。分类、分级、分人的教育培训模式,既能有效提高培训教育的质量和效率,还能大幅提升施工作业队伍整体的安全责任意识。

施工单位管理人员只需在登录系统后,选择安全培训功能模块,将单位所有作业人员的信息包括所在线路、标段、工点、部门、单位以及相关证件或照片上传至系统。系统内安全教育主管单位会依据这些信息对相关作业人员开展实名制安全培训。

5.5.2.4　在安全应急中的应用

在地铁施工安全信息化管理系统中,平台设置了隐患排查与治理功能模块。这样的模块不仅详细展示出各个工点和环节的各种隐患,还制定了与之相符的隐患治理措施和应急救援措施,更为重要的是,这些应急救援措施的审批落实到了个人及其所在的班组。

面对突发的安全事故,必须要及时调配应急救援人员和物资。而地铁施工安全信息化管理系统,能充分实现应急救援人员和物资的快速调配。安全事故一旦发生,也就触发了应急救援机制。首先,公司主要负责人、安全生产部门负责人在接到事故通知时,便可通过隐患地图调阅事故发生地相关信息,第一时间对人员和物资进行安排和调运;其次,事故发生地所在施工单位相关负责人也会收到事故通知,按照上级领导下达的指示,执行人员和物资调配工作,并在第一时间赶往事故发生地,对现场进行调查取证并上传至系统平台,便于为应急过程以及后续的事故调查处理提供相应的内容;最后,应急救援人员和物资在相关部门和人员的协同合作下,能在第一时间内被安排至事故现场。

其中,救援物资的调运较为烦琐,可能涉及大型救援车辆,因而必须对优先考虑救援物资调运问题。

5.5.3 实施效果

5.5.3.1 有效提高设备运行监控力度

在浏览器登录宁波轨道交通盾构中心平台,并在登录页面中输入用户名和密码即可登录平台,进入选择系统页面,见图 5.16。

在进入宁波轨道交通盾构中心平台盾构远程监控系统后,系统界面中设有施工总览(包括总览地图、信息总览、信息上传和总览日历)、在线监控、三图系统、预警系统、分析报告、专家辅助、隧道质量管理等功能。而应用平台上的这些功能不仅能使工作人员全面掌握盾构机等主要设备的运行状态,还能充分了解设备故障预警以及其他重要情况。

1. 全面掌握设备运行状态

平台信息总览功能界面不仅可以随时随地查询盾构机工作日报,如每日实时工况、设备参数、安全评估报告等,以便实时了解当前时刻盾构机环号、此刻盾构机本日掘进环数、累计环数、完成总环数的百分比,以及盾构机机头和盾首的水平及垂直偏差(图 5.17),还能即时掌握详细查看盾构机的施工参数、安全评估报告、成型隧道质量报告、风险提示、审阅意见。

2. 充分了解设备故障预警

预警系统功能的施工参数设置界面中预警规则和预警报警规则中输入参

图 5.16 宁波轨道交通盾构中心平台页面

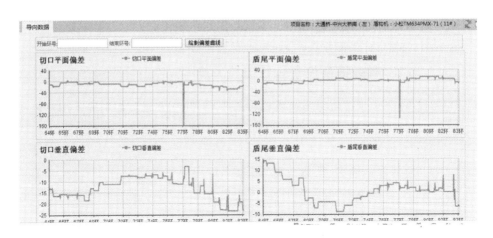

图 5.17 盾构机切口、盾尾水平垂直偏差导向数据

数,可添加新的预警点和发送规则。盾构姿态预警可反映姿态实时数据和状态,当实时数据超出预设值时,状态栏处根据预警和报警规则显示(图 5.18)。

另外,通过分析报告功能,可及时获取盾构施工进度分析报告。其中,施工进度分析报告可直观显示出已推进环数、项目总环数、项目预计工期等参数,由此表可大体了解盾构机的工作进展。

根据用户选择范围("环""天""月"),列出环号、时间相对应的明细表。同时会列出选定时间内,盾构机的运行时间、拼装时间以及停机时间,以此来了解盾构机的某个特定时间盾构机的状态,对盾构机的效率进行评估。

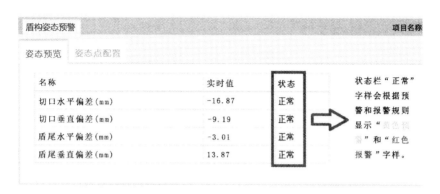

图 5.18 盾构姿态预警情况

5.5.3.2 有效提高隐患排查治理效果

登录"宁波轨道交通安全质量隐患排查治理信息系统",系统后便会进入隐患系统首页。该系统首页设置了隐患排查、隐患治理、等功能,如图 5.19 所示。

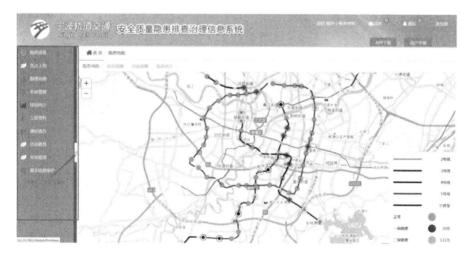

图 5.19 宁波轨道交通安全质量隐患排查治理信息系统首页

系统中隐患排查和隐患治理功能界面不仅可以快速调阅由建设单位、监理单位和施工单位三家单位独立排查和联合排查后上传的排查报告,并依据这些报告,对各类隐患进行数理统计和初步分析,还能使人及时了解和掌握排查后各个隐患的治理情况。

5.5.4 效益分析

5.5.4.1 经济效益

随着宁波轨道交通 5 号线工程施工安全管理深入引入和应用信息化管理手段，在很大程度上减少了安全隐患产生的可能性，并有效降低了安全事故发生的概率，更从直接和间接两方面降低了地铁工程项目的经济损失，提高了项目整体的经济效益。宁波轨道交通 5 号线工程截至 2019 年 8 月未发生一起人员伤亡事故，在此期间，共排查及治理隐患 8000 余项，其中预警基坑变形、地面沉降等可能导致重大事故隐患 10 余项，挽回经济损失上亿元。地铁施工安全管理引入和应用信息化管理后，安全隐患发现和消除率上升，而安全事故出现概率大大降低，全面有效地保障了施工人员、机械设备以及其他方面的安全，在很大程度上保障了地铁工程项目的顺利实施，减少了事故导致的项目停工等问题，无形中有效提高了项目的经济效益，虽然无法做出具体或较为明确的经济评估，但充分实现了建设方、施工方等相关机构的集体利益和预期目标。

5.5.4.2 管理效益

由安全隐患引起的安全事故，除了在经济上造成巨大的损失，还会给社会造成严重的不良影响。

据国家住房和城乡建设部统计，全国已开展安全隐患排查治理工作，参与单位超过 566 万家，排查出事故隐患超过 880 万项，其中重大隐患 16630 项（整改率约 89%）。2012 年 1 月，国务院安委会办公室印发了《关于建立安全隐患排查治理体系的通知》（安委办〔2012〕1 号）。利用信息化手段开展施工安全管理就是为了进一步落实《中华人民共和国安全生产法》等法律法规，落实国务院精神，依法对安全隐患进行监控、监督和管理，采取行之有效的方法和措施，创新机制、手段，控制事故发生，提高安全监管水平与效果，提高安全生产监督管理工作效率，防患于未然。

参 考 文 献

[1] 艾零件.复杂环境条件下的地铁矿山法施工技术[J].福建建设科技,2020(2):68-70+74.

[2] 北京城建设计研究总院有限责任公司.地铁设计规范 GB 50157—2013[S].北京:中国建筑工业出版社,2014.

[3] 崔志强,胡建国.地铁车站型式选择[J].隧道建设,2005(4):18-20.

[4] 北京交通大学.地铁工程施工安全管理与技术[M].北京:中国建筑工业出版社,2012.

[5] 段东旭,杨政忠.天津地铁车站附属工程围护结构 SMW 施工技术[J].西部探矿工程,2008,20(4):2.

[6] 方洲.城市双线矿山法隧道下穿建筑施工的变形分析及隧道加固措施研究[D].青岛:山东科技大学,2020.

[7] 高艾云.珠三角软弱围岩地铁区间隧道施工安全管理研究[D].兰州:兰州交通大学,2014.

[8] 高波.复杂环境下盖挖半逆作地铁车站施工技术研究[D].北京:北京交通大学,2013.

[9] 黄圣翔.城市轨道交通高架车站外围护体系装配式设计策略研究[D].重庆:重庆大学,2021.

[10] 贾小龙.地铁工程施工的安全管控方法及措施研究[J].工程建设与设计,2020,428(6):233-234.

[11] 中华人民共和国建设部,国家发展改革委员会.城市轨道交通工程项目建设标准(建标 104-2008)[S].北京:中国计划出版社,2008.

[12] 姜金言.岩石城市地铁施工应用复合式 TBM 风险研究[D].兰州:兰州交通大学,2017.

[13] 李首亨.地铁冷却塔布置形式讨论[J].工程建设与设计,2021(12):34-36+39.

[14] 李勋.地铁出入口及风亭环境景观设计研究[D].西北农林科技大学,2013.

[15] 刘明明.地铁拱盖法暗挖车站主体与风道接口方案研究[D].北京:北方工业大学,2022.

[16] 刘晓波.郑州地铁隧道盾构法施工表沉降数值模拟研究[D].淮南:安徽理工大学,2018.

[17] 卢立红,高苏.基于现浇施工法的地铁高架车站施工组织[J].济南:山东交通科技,2022(2):108-110.

[18] 孟景辉.浅埋偏压小净距隧道洞口段施工方法优化研究[D].重庆:西南交通大学,2016.

[19] 牟宗元.地铁车辆基地行车管理信息系统的设计与实现[D].重庆:西南交通大学,2016.

[20] 潘彦凌.基于信息化的地铁施工安全管理研究[D].杭州:浙江工业大学,2020.

[21] 全国起重机标准化技术委员会.起重机设计规范 GB/T 3811—2008[S].北京:中国标准出版社,2008.

[22] 苏效杰.居住主导型地铁车辆基地上盖开发设计研究[D].北京:北京工业大学,2016.

[23] 汤君军.武汉某地铁车站出入口施工技术研究[J].科技资讯,2013(12):48-49.

[24] 王凯.浅埋暗挖地铁车站结构型式和施工方法优化研究[D].北京:北京交通大学,2016.

[25] 王文军,苏培培,赵世冬.浅谈地铁车辆基地总平面规划设计[J].建筑技术开发,2021,48(23):21-22.

[26] 王勇.地铁工程施工安全事故致因因素及对策措施研究[D].西安:西安科技大学,2017.

[27] 温起峰.地铁车辆段施工技术应用研究[J].运输经理世界,2022(17):14-16.

[28] 吴晔晖,陈伟强.轨道交通车辆段工程业主施工管理工作指南[M].广州:暨南大学出版社,2019.

[29] 夏丹丹.明挖法地铁车站施工安全风险管理研究[D].北京:中国矿业大学,2016.

[30] 徐磊.武汉某地铁车站关键施工技术研究及风险控制[D].合肥:安徽理工大学,2017.

参 考 文 献

[31] 许景昭.北京地铁盾构施工安全管理与风险防范[J].施工技术,2010,39(S2):312-315.

[32] 杨思.明挖法地铁车站工程安全风险评估研究[D].福州:福建工程学院,2017.

[33] 姚红方.地铁隧道矿山法施工安全风险管理研究[D].北京:中国矿业大学,2016.

[34] 张青林.重庆地铁隧道TBM始发段的施工技术研究[D].北京:北京交通大学,2011.

[35] 张文丽.基于ANP-Fuzzy的矿山法地铁区间隧道施工风险管理研究[D].青岛:青岛理工大学,2015.

[36] 张英.青岛地铁X号线高架区间施工风险管理研究[D].青岛:青岛理工大学,2018.

[37] 赵瑞瑞.地铁在杭州城市形象塑造中的功能探析[D].兰州:兰州大学,2020.

[38] 郑立志.地铁车站附属结构复杂工况下的施工技术[J].建筑技术,2020,51(7):806-808.

[39] 中华人民共和国建设部.地铁限界标准CJJ 96—2003[S].北京:中国建筑工业出版社,2003.

[40] 中华人民共和国水利部.工程岩体分级标准GB/T 50218—2014[S].北京:中国计划出版社,2014.

[41] 周清福.地铁隧道矿山法施工危险因素分析与安全管控措施[J].交通世界,2021(8):13-14.

[42] 周双禧,李志华,陈非龙,等.城市轨道交通盾构法隧道施工新技术及应用[J].施工技术,2020,49(19):87-92.

[43] 朱庆松.地铁区间隧道火灾烟气流动特性及人员疏散研究[D].合肥:安徽工业大学,2019.

[44] 顾保南,叶霞飞.城市轨道交通工程[M].3版.武汉:华中科技大学出版社,2015.

[45] 王午生,许玉德,郑其昌.铁道与城市轨道交通工程[M].上海:同济大学出版社,2003.

[46] 张冰,于景臣,刘巧静.城市轨道交通工程施工[M].2版.北京:中国铁道出版社,2014.

后　　记

地铁已经成为现代城市人出行的重要工具,对于方便人们出行、缓解城市的交通压力具有重要的意义,是城市现代化的基础设施,在各大城市都得到了广泛的推广。但是地铁项目的复杂性、长期性,要求我们必须全过程管控,从人员、环境、材料、设备、管理等因素去分析地铁施工与安全之间的关系。因此,在地铁施工建设中,必须要保证其施工质量与安全性,对影响施工安全的因素进行分析,并加强安全管理,这是确保地铁施工稳定性,优化地铁施工过程,保证现代化地铁事业进步的重要举措。